Friederike Oeschger Babette Radtke

DIE MOSSDORFS

Das Schicksal einer Berliner Familie im 20. Jahrhundert

Aufgeschrieben von Michael Seufert

Hoffmann und Campe

1. Auflage 2014

www.hoca.de
Alle Bilder aus Privatbesitz, mit Ausnahme
der Abbildung auf S. 305 © Conti Press
Satz: Dörlemann Satz, Lemförde
Gesetzt aus der Minion Pro
Druck und Bindung: GGP Media GmbH, Pößneck
Printed in Germany
ISBN 978-3-455-50309-8

HOFFMANN
UND CAMPE

Ein Unternehmen der
GANSKE VERLAGSGRUPPE

Die Liebe höret nimmer auf
(1. Kor 13,8)

Unseren Eltern zum Gedenken

Prolog

DER BEGINN EINER ZEITREISE

Die Nachricht kam am Morgen des 14. Mai 2002: Tante Rosi war in der Nacht in einem Berliner Krankenhaus an Altersschwäche gestorben. Ihre beiden Nichten in Hamburg und ihr Neffe in Berlin hatten sich in den Monaten davor intensiv um sie gekümmert. Die alte Dame war mehrfach zu Hause gestürzt, ganze Nächte hatte sie hilflos in ihrer Wohnung gelegen. Eine Nachbarin hatte morgens auf dem Balkon ihre Hilferufe gehört und die Feuerwehr alarmiert.

Neffe Richard Mossdorf und seine Schwestern Friederike Oeschger und Babette Radtke hatten beschlossen, ihre Tante in einem Pflegeheim unterzubringen. Ganz in der Nähe hatten sie ein angenehmes Haus gefunden, ein schönes Zimmer sollte mit liebgewonnenen Möbeln aus der Wohnung eingerichtet werden.

Als sie von den Plänen hörte, weigerte sich Rosemarie Mossdorf. Sie war 1925 in der Prinzregentenstraße 83 im Stadtteil Wilmersdorf geboren worden, in dem Haus, in das ihre Eltern 1912 gezogen waren. Nach dem Tod ihrer Mutter hatte die promovierte Tierärztin in der herrschaftlichen 160 Quadratmeter großen Wohnung 26 Jahre allein gewohnt. Die »83«, wie das Haus in der Familie nur genannt wurde, war ihr Lebensmittelpunkt, ihr Kokon, der ihr Sicherheit bot; seit neunzig Jahren war an der Einrichtung fast nichts verändert worden war, alles war vertraut und voller Erinnerungen. Unmöglich dort auszuziehen. In einem einzigen Zimmer zu leben? Ausgeschlossen, lieber wolle sie sterben.

Ein Jahr zuvor hatte sie ihren 75. Geburtstag noch groß im noblen Tennisclub Rot-Weiß gefeiert, der rechte Ort für die ehemals passionierte Tennis- und Hockeyspielerin. Die ganze Familie war nach Berlin gekommen. Es wurden alte Geschichten erzählt. Etwa die, als Bruder Carl Friedrich Mossdorf 1935 als Vierzehnjähriger einen Aufsatz in Geschichte schreiben musste. Familienoberhaupt Otto Mossdorf, politischer Redakteur der *Deutschen Allgemeinen Zeitung*, las den Text und befand, das müsse von Grund auf neu geschrieben werden, und machte sich gleich selbst ans Werk. Carl Friedrich bekam dafür eine 5, damals die schlechteste Note. Vater Otto hielt sich fortan von den Schularbeiten seiner Kinder fern.

Und Friederike erzählte bei dem Geburtstag von den zahlreichen Weihnachtsabenden, zu denen sich die ganze Familie in der »83« traf. Das sei immer so spannend gewesen, denn zwischen Blauem Salon und dem Herrenzimmer gab es eine Schiebetür, die am 24. Dezember stets geschlossen war. Durch die matten Glasscheiben schimmerten die Kerzen des Weihnachtsbaums, und daneben meinte sie die Umrisse eines Schaukelpferdes zu erkennen, das sie sich so sehnlich wünschte, aber sie hatte sich jedes Mal getäuscht.

Nun war Rosemarie Mossdorf tot, und die »83« musste aufgegeben und geräumt werden. Liselotte Mossdorf, die Mutter von Richard, Friederike und Babette, hatte den Tag jahrelang kommen sehen und gesagt: »Mein Gott, Kinder, wenn ihr das mal auflösen müsst, das wird ja ganz gruselig. Was sich da seit 1912 alles angesammelt hat.«

Richard kümmerte sich um alle Formalitäten und um die Beerdigung. Friederike und Babette machten sich wenig später im Auto auf nach Berlin. Sie hatten verabredet, sich Zeit mit der Wohnung zu lassen. Drei, vier Tage hatten sie für die erste Bestandsaufnahme veranschlagt. Sie wollten in kein Hotel gehen, sondern in der »83« übernachten. Sie wollten noch einmal die Atmosphäre der Wohnung auf sich wirken lassen, in der sie als Kinder so oft gewesen waren, die über Jahrzehnte der Mittelpunkt der Familie gewesen war. Einen exakten Plan, wie sie vorgehen wollten, hatten sie nicht. Aber sie hatten grüne Klebepunkte eingepackt. Damit wollten sie Möbel, Bilder und alles markieren, was sie und ihr Bruder behalten wollten.

Die Tage in Berlin wurden zu einer Zeitreise mit immer neuen Überraschungen. So entdeckten sie im schmalen »Mädchenzimmer«, in dem früher die Dienstmädchen gewohnt hatten und in dem Tante Rosi in Mahagoni-Regalen ihre Akten lagerte, einen alten Notenschrank mit Rollladen. Er entpuppte sich als wahre Schatztruhe, voll mit Fotoalben, Urkunden, mit zahllosen Schreibmaschinenseiten und handschriftlichen Blättern und Büchern, mit Otto Mossdorfs Aufzeichnungen über seine Erlebnisse im Ersten Weltkrieg in Frankreich, Polen und seine Zeit als Kriegsgefangener in Ostsibirien. Seine Berichte aus der Nachkriegszeit, seine Besuche bei Kaiser Wilhelm II., der nach seiner Abdankung im niederländischen Doorn im Exil lebte und dort als Herrscher ohne Land Hof hielt.

Welchen Schrank sie auch öffneten, welche Schublade sie aufzogen – alles war randvoll. Natürlich gab es auch viel zu entrümpeln. 37 große blaue Müllsäcke wurden mit der Zeit gefüllt. Die »83« war inzwischen zur Hälfte geräumt, ein Auktionator hatte die Wohnung besichtigt und mehrere Bilder mitgenommen, ein Teppichhändler war aus Hamburg angereist, hatte einige Stücke und eine Kaminuhr aus Meißner Porzellan ausgewählt, ein dickes Geldbündel aus der Tasche gezogen und bar bezahlt, ein pfiffiger Trödler hatte sich für Möbel und allerlei Hausrat interessiert. Nun saßen die beiden Schwestern nach dem Abendessen bei einem Glas Wein vor dem kleinen Damensekretär, der ihrer Urgroßmutter gehört hatte. Sie öffneten die Türen und Schubladen und fanden die Tagebücher, die ihre Großmutter Else Mossdorf, geborene Krause, als junges Mädchen geschrieben hatte, dazu Poesiealben und die Liebesbriefe ihrer Großeltern.

Sie hatten ihre Großmutter, die 1976 im Alter von 91 Jahren in der »83« gestorben war, nur als alte Dame kennengelernt, die immer große Hüte trug, ein wenig plump auf dem Sofa saß und so gar nicht dem Bild einer »Kuschel-Oma« entsprach. Jetzt begegneten sie Großmutter Else als lebenslustiger junger Frau, die Schlittschuh lief, gern ritt und tanzte, in feinen Restaurants mit jungen Offizieren Champagner trank, durch Europa reiste, das Leben genoss und sich unsterblich in den jungen Otto Mossdorf verliebte.

Auch der Schreibtisch von Großvater Otto war vollgestopft mit Akten und Briefen. Als sie schon glaubten, alles ausgeräumt zu haben, entdeckten sie an der Vorderfront noch ein Geheimfach, in dem mehr als zwanzig Tagebücher versteckt waren, mit kleiner, schwer lesbarer Schrift gefüllt.

Alles, was ihnen wichtig erschien, wurde in Umzugskartons verpackt, Fotoalben in den einen, Tagebücher in den anderen, Familienpapiere in einen dritten. Gesichtet, sortiert und ausgewertet werden sollte zu Hause. Dreimal waren die Schwestern in Berlin, jedes Mal kehrten sie mit einem bis unters Dach beladenen Auto nach Hamburg zurück. Friederike hatte im Kellergeschoss ihres Hauses Platz geschaffen, dort stapelte sich nun das Familienerbe.

Zunächst trafen sich die Schwestern mehrmals mit ihren Eltern, um sich gemeinsam die zahllosen Familienfotos anzusehen und die abgebildeten Personen zu identifizieren. Die Eltern von Großvater Otto Mossdorf – Hugo und Amalie Mossdorf, die Eltern seiner Frau Else – Richard und Rosa Krause. Die Geschwister ihrer Tante Rosemarie und ihres Vaters Carl Friedrich Mossdorf – Anne-Regine und Richard, die sie nie kennengelernt hatten, weil Anne-Regine 1942 mit 28 Jahren an einer Mandelentzündung gestorben und ihr Bruder Richard 1940 als einundzwanzigjähriger Soldat in Frankreich gefallen war. Dazu gab es Dutzende Fotos von Gütern und Landsitzen von Verwandten in Westpreußen, wo die Familie Sommerferien verbracht hatte, Bilder von Urlauben, Schiffsreisen. Fotos aus zwei Weltkriegen.

Die schriftlichen Hinterlassenschaften zu erschließen, war häufig noch viel schwieriger. Briefe und andere Dokumente waren von Hand geschrieben, in Sütterlinschrift. Es dauerte eine Weile, bis Babette diese Texte einigermaßen problemlos lesen konnte. Tage und Wochen verbrachten die Schwestern mit der Transkription, eine las vor, die andere tippte.

Ebenso aufwendig war es, die kleinen Notizbücher von Else Mossdorf, die Tagebücher, Feldpostbriefe und die zahlreichen Berichte von Otto Mossdorf über seine Erlebnisse aus dem Ersten Weltkrieg zu sichten und aufzuarbeiten. Spannend war es, anhand von erhaltenen Geschenke-Listen und Tischordnungen nachzuvollziehen, wie Mossdorfs Familienfeste feierten und ihren Alltag gestalteten. In zahllosen Brieftelegrammen nachzulesen, wie es im Exil von Kaiser Wilhelm II. zuging, den Otto Mossdorf mehrfach in Doorn besuchte, um ihm Vorträge über die politische Lage in Ostasien zu halten. Als außenpolitischer Redakteur der *Deutschen Allgemeinen Zeitung* war dies sein Spezialgebiet. Die Dokumente berichteten von den Schicksalsschlägen, die die Familie getroffen hatten, und davon, wie die Mossdorfs auch schwere Zeiten überstanden hatten.

Vor den beiden Schwestern lagen Zeugnisse aus einem ganzen Jahrhundert. Sie waren einfach aufbewahrt worden und durch die Jahrzehnte erhalten geblieben. Auch die Bombennächte im Zweiten Weltkrieg, in denen ganze Städte in Schutt und Asche versanken, hatten sie überstanden. Das Haus in der Prinzregentenstraße 83 war zwar von einer Brandbombe getroffen worden, aber das Feuer hatte schnell gelöscht werden können, der Schaden hielt sich in Grenzen. Von vielen Nachbarhäusern standen nur noch Ruinen.

Hier war die Geschichte einer Berliner Familie über ein Jahrhundert außergewöhnlich umfassend und intensiv dokumentiert, vom Kaiserreich über den Ersten Weltkrieg, Kapitulation, Weimarer Republik mit Inflation und Wirtschaftskrise, die NS-Diktatur, den Zweiten Weltkrieg, den Sieg der Alliierten, die Teilung Berlins, die Gründung der Bundesrepublik und der DDR, den Bau der Mauer 1961, bis zum Fall der Mauer 1989 und der Wiedervereinigung 1990 – alles aufgeschrieben und kommentiert aus dem Blickwinkel einer gutbürgerlichen Familie in Berlin, der Familie von Otto und Else Mossdorf. Ein Glücksfall für eine dokumentarische Familiengeschichte, wie man sie nur selten findet. Das musste genutzt werden.

Kapitel 1

EINE KINDHEIT IM KAISERREICH

Johann Gustav Otto Mossdorf wurde am 8. April 1882 in Erfurt geboren. Vater Hugo, ein kräftiger Mann mit Backen- und Schnauzbart in Gehrock mit flotter Fliege, war Angestellter und später Teilhaber eines Garngeschäfts en gros. 1889 hatte er mit seinem Partner Otto Schotte eine Segeltuchweberei übernommen. In der Fabrik standen vierzig Webstühle, siebzig Menschen arbeiteten hier und stellten neben Segeln auch Planen und Säcke her.

Mutter Amalie war die Tochter des Spediteurs Johann Caspar Müller und galt in der Familie als »leidlich gute Partie«. Was dazu führte, »dass meine Eltern nicht in gedrückten Verhältnissen leben mussten«, wie Sohn Otto später in seinen Jugenderinnerungen schrieb. Amalies Mutter war bei der Geburt gestorben, deshalb wurde die Tochter, obwohl evangelisch, in einem Nonnenkloster aufgezogen, streng, kühl, ohne Liebe, was sie für ihr ganzes Leben prägte.

Erfurt, die Hauptstadt Thüringens, hatte damals etwa 60 000 Einwohner, war preußische Garnisonsstadt mit Regierungspräsidium, Landratsamt, Amts- und Landgericht. Bis Mitte des 19. Jahrhunderts war Erfurt Festung gewesen, dann strich die preußische Militärverwaltung die Stadt aus der Festungsliste, die Bollwerke und Wälle wurden geschleift, die breiten Gräben wurden Teil von Flutgräben, mit denen man sich gegen Hochwasser der Gera schützen wollte.

Amalie und Hugo Mossdorf, um 1900

Die freien Flächen waren begehrte Bauplätze für neue Bürgerhäuser und Villen.

Nach dem Sieg über Frankreich im Krieg 1870/71 war das Deutsche Reich gegründet worden. In Berlin saß seit 1888 Kaiser Wilhelm II. auf dem Thron. Deutschland erlebte einen wirtschaftlichen Aufschwung, an der Ruhr entstand eine riesige Stahlindustrie, in Berlin baute Werner von Siemens seinen Elektrokonzern auf. 1886 erfand Carl Benz das Automobil, das seinen weltweiten Siegeszug antrat. Deutschland stieg nach England zur zweitgrößten Industrienation auf. Wo immer in Europa politische Konflikte in kriegerische Auseinandersetzungen zu münden drohten, war Reichskanzler Otto von Bismarck als »ehrlicher Makler« gefragt. In der deutschen Politik gaben Adel und Militär den Ton an.

Dass die Sozialdemokraten im Oktober 1891 nach der Aufhebung von Bismarcks Sozialistengesetz im Erfurter Kaisersaal unter Führung von August Bebel sechs Tage lang über ihr neues Programm berieten, gleiches Wahlrecht, den Acht-Stunden-Tag und besseren Arbeitsschutz forderten, aber eine proletarische Revolution nicht mehr auf der Tagesordnung stand, war bei den Mossdorfs kein Thema. Kaisers Geburtstag hingegen war in der Familie ganz selbstverständlich ein hoher Feiertag. Genauso selbstverständlich stand fest, dass Otto später einmal die Offizierslaufbahn einschlagen würde.

Gemeinsam mit seinem zweieinhalb Jahre älteren Bruder Erich wuchs er unter den strengen Augen der Mutter auf, der Vater war eher zu Späßen aufgelegt. So tobte er eines Tages mit dem Sohn durch das elterliche Schlafzimmer, hob ihn in die Höhe, wirbelte ihn im Kreis herum und ließ ihn endlich unter Gelächter von oben auf das Bett fallen. Im selben Augenblick schrie er auf und krümmte sich – ein Hexenschuss. Hugo Mossdorf band sich längere Zeit ein Katzenfell auf den Rücken.

1887, Otto war fünf Jahre alt, zog die Familie aus der Futterstraße in der Innenstadt in einen viergeschossigen Neubau in der Pförtchenstraße, der jenseits der Festungswälle errichtet worden war. Die großzügige Wohnung war mit allem Komfort ausgestattet – ein großer Salon, Wohn- und Herrenzimmer mit Erker, Esszimmer, Kinderzimmer, Schlafzimmer der Eltern, Küche und Nebenräumen. Fließend Wasser und überall Gasbeleuchtung. »Unsere Wohnung«, so Otto, sei den »spießbürgerlichen Verwandten als der Ausfluß modernen Protzentums und unerhörter Erhebung« vorgekommen. Zumal die Fenster mit schweren gerafften Vorhängen und Quasten und die Türen mit Stuckaufbauten geschmückt waren. Zwei Dekorateure aus Berlin waren fleißig am Werk gewesen. Auch die meisten Möbel waren aus der Hauptstadt geliefert worden.

Die Baustellen in der Nachbarschaft waren für die beiden Brüder Otto und Erich ein Eldorado. Besonders beliebt war bei ihnen eine Lorenbahn, mit der Erde von den Wällen zu den Fundamenten der Neubauten transportiert wurde. An Sonn- und Feiertagen, wenn nicht gearbeitet wurde, zogen sie gemeinsam mit Nachbarjungen los und schoben die Loren den Hügel hinauf, setzten sich hinein und sausten jubelnd wieder bergab. Die Eltern hatten nichts gegen diesen Spaß. Das änderte sich schlagartig, als die Brüder eines Sonntags mit ihren neuen, fleischfarbenen Trikot-Anzügen in die Lore stiegen und mit Teer-Flecken und Spuren von Wagenschmiere darauf zum Mittagessen nach Hause kamen. Statt des Sonntagsbratens gab es eine ordentliche Tracht Prügel.

Ihre Erziehung sei nicht übermäßig streng gewesen, erinnerte sich Otto Mossdorf später, aber »wenn nötig« habe der Vater »tüchtig zugeschlagen«, wobei die Mutter ihn angefeuert habe und »das dem Vergehen entsprechende Maß an

Schlägen regulierte«. Für schwerere Fälle hatte der Vater den »gelben Onkel«, einen knapp einen Meter langen Rohrstock, den die Jungen ein paar Mal aus dem Haus schafften. Das nützte aber nichts, es wurde ein neuer angeschafft.

Die Schulzeit erlebte Otto als »Qualzeit«. »Nach damaliger Knabensitte trug ich bis zur Untersekunda kurze Kniehosen und Stulpstiefel … so hatten die Fußgelenke nie einen festen Halt, und ich litt häufig an verstauchten Füßen.« Die drei Grundschuljahre waren für ihn mehr oder weniger ereignislos, er kam gut mit, ohne großen Fleiß zu entwickeln, und bekam die Empfehlung für das königlich-humanistische Gymnasium.

An diese Zeit erinnerte er sich später mit »Galle und Ekel«. Seine Lehrer beschreibt er als »kleine, kleinliche und von Schildbürgergeist durchsetzte Dozenten. Nicht ein Einziger mit etwas innerem Schwung, der auch seine Lehrtätigkeit in etwas höhere Sphären erhoben hätte! Alles Typen und schulmeisterliche Mißgeburten, wie sie in Witzblättern und theatralischen Possen dem Spott des Publikums preisgegeben zu werden pflegen.«

Deshalb habe ihn die gesamte Schulzeit nur ein Gedanke beschäftigt: »Wie kannst Du diese herzlosen Gesellen so auf's Blut ärgern? Deshalb auch die große Freude, der von Herzen kommende Jubel, wenn ein Streich gegen sie gelungen war.« Sehr bald habe ihn ein »eingewurzelter Ekel« gepackt, »vor diesen Lehrkreaturen zu kriechen; ihnen mehr als die nötigsten Worte zu geben … So wurde schon in der Jugend der Stolz großgezogen, nicht vor anderen aus kriecherischen Motiven einen Millimeter den Buckel zu krümmen«.

Genüsslich erinnerte er sich an heimliche Karten- und Würfelspiele unter der Schulbank, daran, wie er beim Transport von Klassenarbeiten in die Wohnung der Lehrer in seinen Heften noch Fehler korrigierte (»Auf diese betrügerische Weise wusste ich gute Arbeiten zu liefern, ohne dass mein finsteres Beginnen entdeckt worden wäre.«), mit Spickzetteln arbeitete und sich auf Umwegen Prüfungsthemen beschaffte.

Ein einziges positives Ereignis blieb ihm aus der Schulzeit im Gedächtnis – der Zusammenschluss der »Dick-Leute«, acht Schüler, die sich zu einem Schutz-, Trutz- und Freundschaftsbund zusammenfanden, der auch viele Jahre nach dem Abitur noch hielt. Dabei waren zwei Söhne von Richtern, der Sohn eines Mühlenbesitzers, eines Steuerrates, eines Brauereibesitzers, des Bürgermeisters und Ernst Benary, der Sohn des bekannten Blumen- und Gemüsezüchters Friedrich Benary. Zusammen mit ihm ließ Otto voller Übermut eines Tages eine Straßenbahn entgleisen, indem sie eine Weiche manipulierten. »Die Sache verlief ganz programmgemäß. Der Wagenführer glaubte, die Weiche stünde wie immer auf glatter Durchfahrt und fuhr ziemlich forsch darauf los. Schon sprang der Wagen aus den Schienen und stand mit allen vier Rädern auf dem Pflaster. Sonst passierte weiter nichts. Glücklicherweise.«

Die »Dick-Leute« hielten zusammen, auch wenn der eine oder andere die Klasse verließ, weil er sitzen geblieben war. Dieses Schicksal ereilte Otto in der Obersekunda. Zu seinem Glück befanden sich seine Eltern da gerade auf einer Italien-Reise, sie erfuhren davon in Mailand. Das Donnerwetter fiel dann tatsächlich milde aus, weil die Reise besonders schön gewesen war.

Als Grund für das schulische Scheitern machten die Eltern die Tatsache aus, dass Sohn Otto zum Präsidenten des Schüler-Turnvereins »Friesen« gewählt worden war, in dem Sport getrieben wurde und wo man sich einmal im Monat in einem verschwiegenen Bierlokal traf, wo »der erste Vorsit-

Die »Dick-Leute«: hinten links Otto Mossdorf,
davor Ernst Benary, um 1895

zende nach studentischer Sitte mit einem Schläger präsidierte«. Otto Mossdorf hatte sich extra ein Heftchen mit Comment-Vorschriften gekauft, um bei den Zusammenkünften keine Fehler zu machen. »Das ging dann auch bald ganz gut mit: ›Silentium!‹, ›Cantus‹ und ›ein bierehrlicher Fuchs kreide ihn an!‹« Höhepunkt jedes Jahres war das Stiftungsfest, das in einem Nachbardorf bei Tabakqualm und viel Bier gefeiert wurde. Sein Präsidentenamt musste Otto auf Befehl der Eltern niederlegen, er wurde aber dann ein halbes Jahr später erneut gewählt.

Bei seinem letzten Streich, den Otto mit seinen sieben Freunden unternahm, war er bereits Unterprimaner. Im Hotel *Römischer Kaiser* hatten die Dickleute die bestandenen Abiturprüfungen von Boehr, Kühlewein und Pippow ausgiebig gefeiert. Gegen drei Uhr morgens machten sie sich sehr fidel auf den Heimweg. Im Augustapark kamen sie an einem Blumenbeet vorbei, das mit einem runden Drahtgitter eingefasst war. Sie beschlossen, das Gitter zu entführen. Flach zusammengeklappt schleppten sie es zur Kuhweide im Steigerwald, die etwa eine dreiviertel Stunde entfernt war. Dort stand ein hölzerner Tempel zum Unterstellen für Spaziergänger. Die Jungs bauten das Gitter darin auf.

Otto schrieb in sein Tagebuch: »Am nächsten Morgen war ich mit meinem Onkel zu einem Spazierritt verabredet. Wir kamen auch an dem Tempel vorbei, wo eine Ansammlung von Spaziergängern meinen Onkel veranlasste, näher heranzutreten. Das Gitter stand noch im Tempel und die braven Bürger Erfurts beratschlagten, was wohl der ›Verschönerungsverein‹, welchem die Pflege der Wege etc. oblag, mit dieser neuen Einrichtung beabsichtigt haben möchte.«

Zwei Tage später berichtete sogar der *Erfurter Allgemeine Anzeiger* darüber: »Lose Burschen verübten einen bösen Streich, indem sie ein Gitter von einem Beet des Augustaparks entfernten und in den Tempel der Kuhweide einstellten.« Dieser unerwartete Medienerfolg begeisterte die Missetäter. Dann kam Ottos Vater von einer Sitzung des Verschönerungsvereins nach Hause und erzählte, dass der üble Streich das Hauptthema der Sitzung gewesen und der ganze Verein empört und aufgebracht sei. Otto: »Ich stand dabei, ohne mich und meine Kameraden zu verraten, hatte aber meine innere Freude. Nachdem einige Monate verstrichen waren, habe ich meinem Vater dann den ganzen Hergang erzählt. Da war der Zorn bereits verraucht, und mein Eingeständnis wirkte nun nur noch belustigend.«

Otto hatte inzwischen die Oberprima erreicht, und hier erteilte Direktor Dr. Thiele, genannt »der Pieps«, den Lateinunterricht, womit Otto seine Probleme hatte. Eine Klassenarbeit gab Thiele ihm voller Abscheu mit der Bemerkung zurück, »der reitet spazieren!«. In der Tat durfte Otto nachmittags das Pferd seines Vaters reiten. Offenbar aus Neid darüber hatte der Lehrer nach einem groben Fehler in der zweiten Zeile der Arbeit alle Seiten rot durchgestrichen und eine große 5 daruntergesetzt. Vater Hugo war empört, suchte den Direktor auf und »machte ihm klar, dass ich mit väterlichem Einverständnis dem Reitsport nachginge, sintemalen ich bei einer berittenen Waffe bereits als Fahnenjunker angenommen war … Außerdem ginge das die Schule gar nichts an und wäre nicht mit den direktorialen, pedantischen Schulauffassungen in einen Topf zu werfen«. Otto ritt weiter.

Doch je näher der Abiturtermin rückte, um so mehr begann Otto nun wirklich für die Schule zu lernen. Denn im Oktober 1899 war er als Fahnenjunker beim Feldartillerieregiment 31 im elsässischen Hagenau zum April 1901 angenommen worden. Voraussetzung: ein bestandenes Abitur. Mit Nachhilfestunden in Latein und Mathematik und viel

Fleiß versuchte er, im Weihnachtszeugnis in allen Fächern mindestens »genügend« zu erreichen, um überhaupt zum Abitur zugelassen zu werden. Das »heißersehnte Ziel« sei doch zu greifbar gewesen, »wo man endlich den verhaßten Schulstaub von den Füßen schleudern konnte – und die Bücher in die Ecke –, daß man alle Kraft daran setzte, um loszukommen«. Sogar seine Geigenstunde gab er für ein halbes Jahr auf. »Nur meine Schüler-Liebe behielt ich bei. Sie half über manche sorgenvolle Examensstunde hinweg.« Einzelheiten dazu sind nicht überliefert.

Um Schummeln beim schriftlichen Abitur auszuschließen, mussten die Gymnasien in den schriftlichen Prüfungsfächern Latein, Griechisch, Französisch, Mathematik und Deutsch je drei Themen beim Provincial-Schul-Kollegium in Magdeburg einreichen, das dann eine Auswahl traf. Die Behörde schickte ihre Themen in versiegelten Umschlägen zurück, die erst bei der Prüfung geöffnet wurden.

Otto Mossdorf freute sich noch Jahrzehnte später darüber, dass er auch dabei die Vorschriften trickreich umgehen konnte. »Beim Abiturienten-Examen schoss ich in der Hinsicht den Vogel ab.« Gemeinsam mit seinen »Dick-Leuten« gelang es ihm, sich Kopien der Themen zu beschaffen, bevor sie nach Magdeburg geschickt wurden. So konnten sich die Freunde optimal auf die Prüfung vorbereiten. Das Verfahren bewährte sich, denn die griechischen Texte waren so ausgefallen, dass sie sich die deutschen Übersetzungen telegraphisch aus Ulm schicken lassen mussten, in Erfurt waren sie nicht zu haben. Dank der entsprechend guten Ergebnisse entfiel für Otto die mündliche Prüfung. »Nun wurde kein Buch mehr angerührt.«

Am 13. März 1901 erhielt er sein Reifezeugnis mit einem »sehr gut« im Turnen. »Endlich frei! Aller Fesseln der verhassten Schule ledig!« Er absolvierte mit seinen Freunden einen feuchtfröhlichen Frühschoppen und reiste am 14. März zum Militär nach Hagenau, wo ihn eine kalte Dusche erwartete: »Mein rascher Eintritt in die Armee brachte bald die Ernüchterung, besser gesagt: ließ es gar nicht zu einem Rausch der Freude und des Stolzes kommen.«

Kapitel 2

»ICH WÜNSCHE DIR GLÜCK ZUM LEUTNANT!«

Zu Beginn des 20. Jahrhunderts bahnten sich Entwicklungen an, die das politische Geschehen in den kommenden Jahrzehnten prägen sollten. Kaiser Wilhelm II. rüstete, motiviert vom Staatssekretär des Reichsmarineamtes, Admiral Alfred von Tirpitz, die deutsche Marine auf. Die britische Politik des »Two-Power-Standards«, nach der auf ein deutsches zwei britische Kriegsschiffe kamen, wurde mit dem Bau zusätzlicher Kreuzer und Schlachtschiffe herausgefordert, man strebte das Verhältnis zwei zu drei an.

Die deutsche Volkswirtschaft wuchs weiter stürmisch, bei der Stahlindustrie und in der Elektrotechnik war Großbritannien inzwischen überholt. Mehr als 56 Millionen Menschen wohnten im Reich, ihre durchschnittliche Lebenserwartung lag bei fünfzig Jahren. Immer mehr Deutsche arbeiteten in der Industrie, in Sachsen waren es sechzig Prozent der Einwohner, nur noch vierzehn Prozent waren in der Landwirtschaft beschäftigt. Das Eisenbahnnetz war auf mehr als 50 000 Kilometer angewachsen. Auch in den Naturwissenschaften war Deutschland führend. Als 1901 die Nobelpreise zum ersten Mal verliehen wurden, waren zwei Deutsche unter den Ausgezeichneten – Wilhelm Conrad Röntgen erhielt den Nobelpreis für Physik und Emil Adolph von Behring für Medizin.

Im krassen Gegensatz dazu standen die Themen in den

Medien: Die Zeitungen und Illustrierten strotzten von Hofberichterstattung, sie widmeten mehr als die Hälfte ihrer Artikel dem Kaiserhaus und den Adelsfamilien. Neues vom Hofe, in allen Einzelheiten wurde das Publikum darüber unterrichtet, wer welchen Orden verliehen bekommen hatte oder in den Adelsstand erhoben worden war und welcher Prinz welche Prinzessin geheiratet hatte. Nachrichten über die soziale Lage der Arbeiter, ihre Forderung nach dem Acht-Stunden-Tag und Lohnerhöhungen fanden ihren Weg nur selten in die Zeitungen. Nicht nur die Familie Mossdorf war nationalbewusst und kaisertreu.

Soviel Otto Mossdorf über seine Kindheit und später über seine Kriegserlebnisse notiert hat, so wenig ist über seine Zeit als Fahnenjunker in Hagenau überliefert. Seine Briefe sind offenbar verlorengegangen. Doch anhand der zahlreichen Briefe, die ihm sein Vater Hugo in die Kaserne schickte, lassen sich diese Jahre nachvollziehen.

Schon im Sommer 1902 hatte Otto sein Leutnants-Examen mit »sehr gut« bestanden. Am 20. August schrieb ihm der Vater: »Soeben erhalten wir Deine Depesche, haben aber auch heute Mittag schon Deine Beförderung in der Zeitung gelesen.« Er beglückwünscht den Sohn und fährt fort: »Du bist nun an dem heiß ersehnten Ziel angelangt und spielst nun eine andere Rolle, ich kann mir wohl denken, wie diese Veränderung ein erhabenes Gefühl erzeugen muss.« Der Vater berichtete von einer nötigen Reise zu einem Medizinprofessor in Berlin und bat den Sohn, ihm Briefe ins *Palast Hotel* zu schicken: »Berlin ist so entsetzlich langweilig.«

Mutter Amalie fügte hinzu: »Ich wünsche Dir Glück zum Leutnant. Moltke hatte nicht Unrecht, als er sagte: Wenn unsere Feinde uns auch alles nachzumachen suchen, den preußischen Leutnant gibt es nur einmal.« Dann erinnert sie den

Sohn, sich für schriftliche Glückwünsche auch zu bedanken. Doch sie ermahnt ihn »energisch«, dies nicht bei Schottes – dem Partner des Vaters – »thun zu wollen, die sind für uns nicht mehr auf der Welt. Mündlich darüber mehr! Herzlichen Gruß! Deine Dich liebende Mutter.«

Aus einem Brief des Vaters vom Oktober 1902 lässt sich der Grund herauslesen. Er teilt seinem Sohn mit, dass »Onkel Schotte« an den Folgen einer Diabetes gestorben sei. »Sende eine Karte mit kurzem Beileid an Frau Schotte. So wäre dann dieser Fall auch erledigt … Die Familie Schotte war nie besonders auf Offiziere zu sprechen.«

Kurz darauf kündigte sich der nächste Todesfall an, diesmal in der Familie. Vaters Bruder, Onkel Henri, lag mit Herzbeschwerden und Arterienverkalkung im Sanatorium. Anfang Dezember 1903 dann die Todesnachricht. Hugo Mossdorf schrieb an seinen Sohn: »Mein Bruder wird mir ferner sehr fehlen. Er war ja der Einzige, mit dem ich noch in richtigem geschwisterlichen Verkehr stand, und wie viele frohe Stunden haben wir zusammen verlebt.« Zehn Tage später drehte sich die Stimmung, der Onkel hatte wohl sehr über die Verhältnisse gelebt: »Jedenfalls stehen sie vis-à-vis de rien, unter Umständen bleiben auch noch Schulden.« Und drei Tage später: »Es ist eine so leichtsinnige, jämmerliche Handlungsweise vom Onkel, er sinkt dadurch sehr in unserer Achtung. Es wurde immer auf großen Füßen in den Tag hinein gelebt.« Als Otto daraufhin seinen Wunschzettel zu Weihnachten zusammenstrich, beruhigte ihn der Vater: »Hast Du Angst, es könnte uns ebenso ergehen? Nein, lieber Otto, so steht es bei uns denn doch nicht.«

Ein Jahr später stand die Weltpolitik im Blick des Vaters. In der Kolonie Deutsch-Südwest hatten sich die Herero und Nama gegen die Kolonialherren erhoben. Die Schutztruppe war hilflos. Erst als das Militär auf schließlich 15 000 Mann aufgestockt und mit Maschinengewehren und Maschinenkanonen ausgerüstet worden war, gelang es Generalleutnant Lothar von Trotha, den Aufstand bis August blutig niederzuschlagen. Die Überlebenden flüchteten in die Omaheke-Wüste, von Trotha verjagte die Menschen von den wenigen Wasserstellen, Tausende verdursteten. Der General wollte die Hereros ausrotten. »Ich glaube, daß die Nation als solche vernichtet werden muß«, verkündete er. Der Chef des Generalstabes, Alfred Graf von Schlieffen, unterstützte ihn darin: »Der entbrannte Rassenkampf ist nur durch die Vernichtung einer Partei abzuschließen.« Etwa 90 000 Herero und Nama starben, es war der erste Völkermord des 20. Jahrhunderts.

In der Heimat verfolgte man die Entwicklung mit Interesse, Sorge und Sympathie für die deutsche Sache. Im Januar 1904 schrieb Vater Hugo an Sohn Otto: »Morgen zu Kaisers Geburtstag begieße Dir nicht die Nase ... Deutsch-Südwestafrika scheint doch nicht so ganz harmlos zu sein. Ob die dorthin geschickten Mannschaften zur Niederwerfung des Aufstandes ausreichen werden? Die letzten Nachrichten klingen wenig erfreulich.« Und Anfang März: »Die Kämpfe in Südwestafrika sind keineswegs harmlos, die faule Hererobande hat uns schon recht herbe Verluste gebracht.« Und Mitte April fragt er seinen Sohn: »Warum schickt man nach Südwestafrika nicht noch wenigstens 5000 Mann, die schwarzen Halunken schießen zu gut, beschränken sich nicht nur auf die Verteidigung, sondern greifen selbst an. Hauptmann von Bagensky war früher hier Oberleutnant im Regiment 71, kaum hingekommen und schon todtgeschossen.«

Sehr besorgt schrieb der Vater zwei Tage darauf: »Ich habe neulich gehört, daß die Offiziere sich vielfach gegen Unfälle versichern, was ich für ganz richtig halte. Bist Du schon in einer derartigen Versicherung, wie hoch und zu welchem

Prämiensatze?« Und auch um ein bisschen Glanz war der Vater besorgt: »Was macht Dein Reittier, wie steht es mit der Photographie zu Pferde? Ich denke, sie kommt bald, dann sende sie nur der Mutter, die würde sich besonders freuen.« Im nächsten Absatz fährt er dann fort: »Süd-Westafrika soll ja nun endlich auch ordentlich in Angriff genommen werden. Schade um das unsinnig viele Geld, noch mehr aber um die tapferen gefallenen Krieger ... Die Kommandierung von Major v. Reitzenstein hatten wir schon gelesen. Ich wünsche ihm auch besten Erfolg, feste drauf auf die schwarzen Kerle. Wenn jetzt mehr Truppen hinkommen, muß es doch ordentlich vorwärts gehen.«

Wenn es um das Wohl seines Sohnes ging, war Hugo Mossdorf ganz der besorgte Vater. Nicht nur, dass er dem jungen Offizier über die hundert Mark monatlich ohne Wissen seiner sparsamen Ehefrau so manchen Extra-Schein zukommen ließ, er versorgte Otto auch mit Gesundheitstipps. Als der im September 1904 in Hagenau von einer Gelbsucht geplagt wurde, schrieb er: »Ich glaube, daß das Reiten Dir geschadet hat. Ich mache mir ordentlich Vorwürfe, vergessen zu haben, Du möchtest Dir eine Leibbinde zulegen. Die wirst Du nicht ablegen dürfen, besonders wo auch die kalte Jahreszeit losgeht. Ich denke, daß Du bei weiterem vernünftigen Leben nach ärztlicher Vorschrift bald wieder gesund wirst.«

Wenig später wurde Leutnant Mossdorf ins brandenburgische Jüterbog abkommandiert. Hier befand sich seit 1890 die zentrale Schule der Artillerie des Deutschen Kaiserreiches mit dem großen Schießplatz Birkheide. Auf dem Stundenplan stand eine umfassende theoretische und praktische Ausbildung im Umgang mit großkalibrigen Geschützen.

Die Vorstellung, dass der Sohn nun viel näher an Berlin lebte und schnell mit der Berlin-Anhaltischen Eisenbahn in die Hauptstadt kommen konnte, war für den Vater reizvoll. Die einsamen Aufenthalte dort mit zahlreichen Arztbesuchen gingen ihm nämlich inzwischen auf die Nerven: »Denn unter solchen Umständen hängt mir jetzt schon das ganze Berlin zum Halse heraus.« Er hoffte, dass Otto ihn in die Theater begleiten würde, die er häufig besuchte. Seinem Sohn schickte er Kurzkritiken: »Gestern war ich im Theater, es wurde *Die Gespenster* von Ibsen gegeben, ein scheußliches Stück.« – »*Nachtasyl* ist ein ganz tolles Stück. Ich glaube nicht, daß der Dichter seinen Zweck erreicht, damit erzieherisch zu wirken.« – »Ich war auch im Apollo-Theater, *Berliner Luft* hat mir weniger gefallen, die Sache ist zu dumm.« – »Warum man im Metropol-Theater mit hohem Hut erscheinen muß, das begreife ich nicht.« Die beiden trafen sich häufiger in der Hauptstadt, und wehmütig erinnerte sich der Vater später: »Wenn ich auch bald wieder hinkomme, so ist es dann doch nicht zu vergleichen mit der Zeit, wo wir zusammen uns amüsieren konnten.«

Vater und Sohn korrespondierten über den russisch-japanischen Krieg, der in der Mandschurei tobte und der mit der Niederlage des Zarenreichs endete, über einen Kriminalfall in besten Erfurter Kreisen: »Patentanwalt Mayer war wegen Unregelmäßigkeiten in der Geschäftskasse und wer weiß was sonst noch von seinem Teilhaber aus dem Geschäft hinausgetan worden. In Folge Anzeige beim Staatsanwalt ins Untersuchungsgefängnis gebracht, wo er sich erhängte«, und über einen Streik: »Die Arbeiter haben schon viel zu viel Courage. Was soll daraus werden. Wenn es so weiter geht?«

Das wichtigste Thema war aber das Pferd, das sich der junge Leutnant zugelegt hatte und von dem er dem Vater vorschwärmte. Der antwortete: »Aus allem geht hervor, daß Deine ›Beate‹ ein recht gutes Pferd ist. Freilich hat sie Dir viel Arbeit gemacht. Du wirst die Arme ordentlich gespürt haben. Aber so eine vorzügliche Springerin ist auch etwas Schönes. Vielleicht gelingt es Dir, zum Hubertusrennen etwas zu erreichen, wenigstens wünsche ich Dir das Beste dazu.« Der Sohn war erfolgreich, der Sieg wurde gefeiert. Das ging ins Geld, genauso wie der Unterhalt des Pferdes. Der Vater half stets heimlich: »Nun komme ich zu Deinen Finanzen, denen ich wohl auf den Damm helfen will. Ich schicke Dir offiziell 50 Mark und erhöhe diese Summe privat auf 100 Mark, damit wirst Du wohl in durchaus geordnete Verhältnisse kommen, etwas Rauchbares ist auch mit dabei.«

Um die Jahreswende 1905/06 machte sich Hugo Mossdorf erneut große Sorgen, es könne ein Krieg ausbrechen. Anlass war die sogenannte Marokko-Krise. Dabei ging es um die politische und wirtschaftliche Vorherrschaft in Nordafrika. Spanien, Frankreich, England und auch Deutschland verlangten gleichermaßen Einfluss in dem Sultanat. Die Briten, seit 1904 mit Frankreich in der Entente cordiale verbunden, unterstützten Paris. Bei der Konferenz von Algeciras wurde der Konflikt 1906 schließlich friedlich beigelegt.

Hugo Mossdorf hielt mit seinem Groll gegen die Briten nicht hinterm Berg: »Die unverschämten englischen Landen sind hier die Störenfriede. Recht schade, daß man denen nicht mal gehörig auf's Maul klopfen kann. Aber die Gesellschaft auf ihrer Insel mit der großen Flotte, da wird nicht viel zu machen sein. Ich habe nicht viel Besorgnisse, allerdings sitzt Du an der heißen Ecke, und es ist wohl richtig, wenn Du an Ausrüstung denkst.« Und Mitte Januar: »Man liest jetzt überall von Krieg und Verwicklungen, die vielleicht eintreten könnten. Ich möchte Dich daher fragen, ob es bei Euch vielleicht auch kriegerisch aussieht und Du doch ernstlich an Deine Kriegsausrüstung denken müßtest?« Zum Glück für Vater und Sohn ging die Sache ja noch einmal gut aus.

Am 3. Februar berichtete Hugo Mossdorf seinem Sohn ganz nebenbei von einem Verwandtenbesuch in Berlin: »Werner hatte im Januar auf 14 Tage seine Mutter und Ilse in Berlin, die bei einer Freundin, Frau Krause, wohnten. Da soll es sehr nobel gewesen sein.« Gemeint war damit Rosa Krause, geborene Krieger, wohlhabende Tochter eines Gutsbesitzers aus Westpreußen, die in Berlin ein großes Haus führte. Deren Tochter Else sollte im Leben von Otto Mossdorf einmal die Hauptrolle spielen. Das ahnte der junge Artillerie-Leutnant natürlich noch nicht.

Hugo Mossdorf wurde inzwischen von den Aktivitäten seiner Ehefrau in Atem gehalten. Auf ihr Betreiben hatten die Eheleute eine neue Wohnung bezogen, die auf das Nobelste ausgestattet wurde. Alle Möbel stammten aus einer Meisterwerkstatt in Berlin, auch die Vorhänge und Volants wurden aus der Hauptstadt geliefert. Entnervt schreibt der Vater: »Nun komme ich zur Wohnung. Es ist kein Fertigwerden. Heute sind die Telephonleute wieder darin, um die Leitung zu verlegen, da dieselbe dummerweise über die elektrischen hinweg ging, und ein Nagel diese getroffen, so daß am Sonnabend Kurzschluß eintrat, und es an einem Knipser zu brennen begann. Auch der Maler muß noch mal antreten. Kurzum die Schweinerei ist groß, ich habe mich fürchterlich geärgert.« Es sollte wochenlang so weitergehen: »die ganze Woche schauderhafteste Klopferei« … »den ganzen Tag Spektakel«.

Ob ihm die Sache auf den Magen geschlagen war? Jedenfalls musste Hugo Mossdorf während einer Reise im Juni in Würzburg ins Krankenhaus, wo ihm im Magen-Darm-Trakt ein Tumor entfernt wurde. Im September schrieb er: »Ich bin noch nicht wieder so im Stande, wie es sein muß. Ab und zu zwickt es in den Därmen, gerade keine großen Schmerzen, aber Unbehaglichkeit.« Die ärztlichen Konsultationen und Klinikbesuche häuften sich. Die Kommentare des Patienten wurden immer verzagter: »Ich glaube, die Ärzte sind selber nicht klar, was zu thun ist. Das heißt, ob sich eine Operation nöthig macht, ich habe durchaus keine Angst davor.« – »Natürlich wird die Mehlsuppe regelmäßig geschluckt, was gerade kein Vergnügen ist. Austern und Sekt bei Kempinski ist mir lieber, aber was hilft es, ich muß weiter würgen.« – Und dann: »Heute sende ich Dir 120 Mark für April. Ich weiß nicht, ob ich später dazu im Stande bin. Hoffentlich sehen wir uns Ostern wieder. Herzlichen Gruß Dein Vater.«

Von nun an hielt Mutter Amalie den Sohn auf dem Laufenden. 9. März 1907: »Vater sah in letzter Zeit erbärmlich elend aus, wie vom Tode gezeichnet … Heute früh war endlich die Operation und ich war so froh darüber und hoffte das Beste. Aber sie hat keinen Wert und keinen Erfolg gebracht.« Am 18. März erreichte Otto ein Telegramm in Jüterbog: »Komme sofort, Vater sterbend, Mutter.«

In der Lokalzeitung erschienen fünf Todesanzeigen. Die Firma Schotte & Mossdorf betrauerte »einen aufrichtigen, ehrenfesten Charakter«, Magistrat und Stadtverordnete nahmen Abschied von ihrem Mitglied, das seiner Vaterstadt »allezeit in uneigennützigster Weise und mit großer Pflichttreue gedient« habe, der Verschönerungsverein Erfurt dankte für »seine Arbeitskraft und Sachkunde«, und die Brauerei Gottlieb Büchner AG nannte ihn »ein überaus pflichttreues, zuverlässiges Mitglied unseres Aufsichtsrates«. Die Witwe zeigte den Tod so an: »Statt besonderer Meldung – Heute verschied nach längerem Leiden mein lieber Mann, unser guter Vater Herr Hugo Mossdorf«.

In ihrem Bericht *Mein Leben*, den Amalie Mossdorf im Juni 1933 aufzeichnete, ist über den Tod ihres Mannes eine ganz andere Geschichte nachzulesen: »Mein Mann starb an derselben Krankheit und fast in demselben Alter wie seine Mutter. Und doch behauptet die Medizin, dass Krebsleiden nicht erblich seien. Ich hab bis zuletzt meine Pflicht und Schuldigkeit getan, habe mit zusammengebissenen Zähnen täglich mehrere Stunden in der Klinik an seinem Bett gesessen, alle Launen des Kranken geduldig ertragen, ihm zuletzt auch die Augen zugedrückt. Schmerz und Trauer konnte ich kaum empfinden. Es war so das Beste. Nicht lange mehr, und wir wären bettelarm durch ihn geworden.«

Amalie war noch keine drei Jahre alt gewesen, als ihre Mutter starb. Das Kind wurde in ein Ursulinerinnen-Kloster in Erfurt gegeben, später in ein Pensionat nach dem anderen und zog schließlich zu ihrer Großmutter. »Nie habe ich sie lachen gesehen und nie ein zärtliches Wort oder Lob von ihr gehört. Trotzdem denke ich ihrer mit großer Dankbarkeit, denn sie hat auch viel Gutes an mir getan.« Nach der Schule kam die Vierzehnjährige in ein vornehmes Mädchen-Pensionat nach Dresden, wo sie sich »den letzten Schliff« holen sollte. Sie dachte danach immer »mit großer Freude« an diese Zeit zurück.

Wieder in Erfurt machte bald »ein Märchen von großem Vermögen, das ich einst zu erwarten haben sollte«, die Runde. »Kein Wunder, dass ich sehr begehrt wurde. Ich tanzte viel mit Offizieren, die auch mit meinem Vater verkehrten.« Vater und Großmutter waren allerdings überzeugt, »dass einzig der Kaufmannsstand das wahre Glück brächte«. Und ehe sie es sich versah, war sie mit Hugo Mossdorf verlobt. Ihr Wunsch, das Lehrerinnen-Examen zu machen, war energisch abgelehnt worden. Der Bräutigam erwies sich als knauserig, ihren Verlobungsring musste sie selbst bezahlen. Die Hochzeitsreise endete vorzeitig – »wahrscheinlich Ebbe in der Reisekasse«. Genauso spärlich wurde

Otto Mossdorf auf Igazán mit Krähe Jacob und Hund Tobbi, 1908

die Haushaltskasse bestückt. »Wir mussten uns viel versagen, obzwar wir äußerst billig bei meinem Vater wohnten.«

Hugos geschäftliche Aktivitäten waren nach dem Urteil der Ehefrau wenig erfolgreich. »Er fühlte sich bei dem bequemen Leben sehr wohl. Man war ja Stadtverordneter, hatte seinen täglichen Frühschoppen und regelmäßige Billardnachmittage. Mich fragte einmal ein bekannter älterer Herr, Kaufmann, wie mein Mann bei dem täglichen Frühschoppen überhaupt arbeiten könne? Er arbeitete eben nicht.«

Die gemeinsam mit Familie Schotte betriebene Fabrik konnte nur über Wasser gehalten werden, weil Hugo die

Hypotheken seiner Frau ohne ihr Wissen zu Geld machte. Da dies entgegen den Bestimmungen einer Generalvollmacht vollzogen worden war, konnte sie eine der Aktionen rückabwickeln. »Dadurch rettete ich wenigstens ein kleines Kapital.« Nach dem Tod ihres Mannes gelang es Amalies Anwalt, den Geschäftspartnern noch etwas Geld abzuhandeln. »Immerhin konnte ich auskömmlich mit den Kindern leben. Aber es hieß sparen und Geschäftliches zu erlernen.« Amalie Mossdorfs Fazit ihrer Ehe fiel vernichtend aus.

Den Tod ihres Mannes hat sie wohl eher als Befreiung angesehen. Aus der Ehefrau, die es sich gefallen ließ, von geschäftlichen und finanziellen Entscheidungen ausgeschlossen zu werden, wurde eine Witwe, die ihr Leben in die Hand nahm. Sie mietete eine kleinere, billigere Wohnung, trennte sich vom Personal. Sie kümmerte sich vor allem um ihre Söhne. Erich konnte sie zwar keine Traumposition verschaffen, aber er verdiente ein auskömmliches Gehalt im Büro einer Fabrik in Hannover. Otto besuchte inzwischen in Berlin die Kriegsakademie, seinen monatlichen Unterhalt musste sie nolens volens etwas kürzen.

Er schickte ihr ab und zu Fotos, die ihn als schmucken Soldaten zu Pferd zeigen. 1908 präsentierte er sich auf dem Kasernenhof von Hagenau in Uniform mit Pickelhaube und Schärpe auf »Igazán«, daneben sein schwarz-weiß gescheckter Hund Tobbi und eine Krähe namens Jacob. Aus demselben Jahr stammt eine Aufnahme, die ihn gemeinsam mit Kameraden auf dem Weg zu einer Schießübung in der Eifelstadt Elsenborn auf seinem Pferd »Forelle« zeigt, dahinter ziehen Pferdegespanne schweres Geschütz. Otto trägt einen grauen Reitermantel und lächelt in die Kamera. Und 1911, Otto war inzwischen zum Oberleutnant befördert worden, steht er voller Stolz mit zwei Kameraden auf dem Kasernen-

Else Krause, ca. 1905

hof von Hagenau, die linke Hand elegant auf dem Degen abgestützt. Mutter Amalie war stolz auf ihren Sohn, sie lud ihn zu einem zweiwöchigen Urlaub an die Riviera ein.

Aus dem Kontakt von Ottos Cousine Ilse in Nordhausen zu der Gutsbesitzertochter Rosa Krause in Berlin und ihrer Tochter Else im Februar 1906 war inzwischen eine herzliche Freundschaft geworden. Ilse traf Else des Öfteren in Berlin und brachte 1910 auch ihren Verlobten Paul Hause mit. Man besuchte Museen, das Schloss und soupierte in feinen Restaurants. Am 4. Januar 1911 notierte Else Krause in ihrem Tagebuch: »Morgens früh gepackt, um 10 Uhr zur Bahn, gegen 3 Uhr in Nordhausen zum Cafe bei Bitters. Abends Polterabend von Ilse Mossdorf u. Paul Hause, sehr nett musiziert, getanzt u. sehr gut unterhalten.« Und am 5. Januar: »Lange geschlafen, angezogen. Um 2 Uhr Trauung. Wieder sehr nett unterhalten, alles in allem ein ganz famoser Tag, bis 2 Uhr.« Wieder zurück in Berlin notiert sie unter dem 12. Januar: »Sehr netter Brief aus Hagenau.« Der Absender war Oberleutnant Otto Mossdorf, der völlig verzaubert war von der hübschen Else Krause.

Die Fotos zeigen eine attraktive junge Frau mit Vorliebe für große, dramatische Hüte, die selbstbewusst in die Kamera schaut. Eine Großbürgertochter, die aber wusste, was sie dem Vaterland schuldig war, und sich zur Rot-Kreuz-Schwester im Garnisonslazarett Berlin ausbilden ließ. Else war am 22. Oktober 1884 als Tochter von Rosa und Richard Krause geboren worden. Die Eltern waren ein glückliches Paar. Zum achtzehnten Hochzeitstag schickte Rosa ihrem Mann einen Blumenstrauß nach Magdeburg, wo er als Offizier des IV. Armeekorps stationiert war. Er bedankte sich: »Mein liebes gutes Herzensmuttchen, meines Herzens Roselchen! ... ja, ja der Rückblick auf die 18 Jahre zeigt seine verschiedenen Bilder, aber ich meine, man soll nicht tüfteln und grübeln, was hätte sein können. Und wenn Du meinst, ich soll Dich ferner so lieb haben, wie zu Anfang der 18 Jahre, so ist das ein merkwürdiger Wunsch, denn ich habe Dich jetzt viel lieber als damals ...«

Else war ein geliebtes Kind, das behütet aufwuchs. Die weitverzweigte Verwandtschaft mit ihren Gütern in Westpreußen bot die Bühne für ein aufregendes Leben. In den Sommermonaten reiste Else mal mit, mal ohne Mutter oder Vater von Gut zu Gut, von Tante zu Tante, von Cousine zu Cousine, von Onkel zu Onkel. Man besuchte sich vierspännig oder zu Pferde, man spielte Tennis, veranstaltete Maskeraden, organisierte Jagddiners und Bälle, spielte Bridge, Whist und Skat. Elses Tagebucheintragungen hätten Theodor Fontane zu einem Roman inspirieren können.

Als sie vierzehn Jahre alt war, unternahm sie mit Vater und Bruder Werner eine ausgedehnte Reise nach Südtirol, ihre Mutter wartete schon in Meran. Die Krauses konnten sich ein sorgloses Leben leisten, denn Mutter Rosa hatte ein ansehnliches Erbe mit in die Ehe gebracht. Man reiste erster Klasse und stieg nur in den besten Hotels ab.

Am 22. Dezember 1898 nahmen sie im westpreußischen Tergewisch (heute Targowisko) den völlig überfüllten Zug nach Berlin. Dort besuchte man das Königliche Opernhaus, sah *Zar und Zimmermann* und bestieg kurz vor Mitternacht den luxuriösen Schlafwagen gen Süden. Bei strahlendem Sonnenschein wurde der verschneite Brenner überquert. In Meran hatte Rosa Krause in der Villa Elsenburg fünf große, komfortable Zimmer gebucht. Gegessen wurde im Hotel *Austria*. Am Heiligen Abend war Bescherung unter einem geschmückten Weihnachtsbaum. »Es war ein schönes, sonderbares Gefühl, auch im Süden der schönen deutschen Sitte nachhängen zu dürfen«, notierte Else in ihrem Reisetagebuch.

Richard und Rosa Krause, ca. 1880

Die Eltern genossen den Urlaub, Else und ihr zwei Jahre jüngerer Bruder Werner bekamen viereinhalb Monate lang Privatunterricht bei fünf extra engagierten Lehrern. Jeden Vormittag mehrere Stunden Englisch, Französisch, Deutsch, Rechnen, Religion, Geschichte, Geographie und Klavier. Nachmittags unternahm die Familie Ausflüge und Wanderungen in die Berge. Nach Weihnachten kehrte Vater Richard wieder nach Magdeburg zurück. Dort quittierte er den Militärdienst wegen eines anhaltenden Magenleidens und mangelnder Karriereaussichten. Anschließend mietete er eine elegante Wohnung am Victoria-Luise-Platz 8 in Berlin an, dem zukünftigen Zuhause der Familie Krause. Mitte Mai schloss sich eine Reise mit seiner Familie über Verona nach Venedig an, Markuskirche und Dogenpalast wurden besichtigt, Tauben auf dem Markusplatz gefüttert und Gondelfahrten unternommen. Per Schiff ging es weiter nach Abbazia (heute Opatija), dem mondänen Seebad an der kroatischen Küste und Treffpunkt der gekrönten Häupter. Hier war für Else eine große Gruppe Delphine die Hauptattraktion. Ausflüge nach Slowenien folgten, es wurde ausgiebig gebadet und gesegelt. Nächste Station war Mailand, dann Lausanne und Montreux. Per Seilbahn wurden Alpengipfel erklommen, ehe es per Dampfer nach Genf weiterging.

In einer engen, steilen Felsenschlucht erfuhr Else Krause eine Gruselgeschichte, die sie sogleich aufschrieb: »Vom obersten Rand war vor 6 Jahren eine Engländerin ausgeglitten und ohne aufzuschlagen in den Bäumen des Vorsprungs hängen geblieben. Doch die Höhe war so beträchtlich, dass sie bei dem Fall erstickte. Die Herabnahme des Leichnams hat die Verwandten mehrere tausend Franken gekostet.«

Dem Reisevergnügen tat das keinen Abbruch. Die vier Krauses fuhren über Luzern weiter nach Zürich mit Einkaufsbummel und Besichtigungsprogramm, anschließend über Heidelberg, Frankfurt, Wiesbaden nach Magdeburg.

Den Juli 1901 verbrachten Mutter und Tochter bei einer Kur im vogtländischen Bad Elster. Man trank aus der Moritzquelle (»ein wahrer Jungbrunnen der Lebensfreude«), nahm Fichtennadelbäder, hörte das Kurkonzert und ging früh zu Bett. Am Ende des Monats brachen die beiden von Hamburg aus zu einer Schiffsreise nach Norwegen und Schweden auf.

Else reiste nach England, tanzte auf Bällen, besuchte Theater und Opern. Zurück in Berlin, wo sie seit 1899 wohnten, notierte sie im Mai 1903 in ihrem Tagebuch: »Führe ein herrliches Leben, spiele viel Tennis, mache Radtouren und Ausflüge. Mittwoch Ausflug nach Werder. Hin ging's per Bahn, Kaffee getrunken, Luftschaukel, Aussichtsturm, Schießbude, Obstwein getrunken, kaufte mir Narzissen. Zurück mit dem Dampfer, die ganze Zeit gesungen, bis Potsdam. Und dann auch noch getanzt, einfach herrlich, ein Parkett – man flog nur so.« Kurz darauf bekam sie ihren ersten Heiratsantrag. »Ich wusste damals selbst nicht aus noch ein, und es hat Tage gedauert, ehe ich einen Entschluss fassen konnte. Die Antwort lautete: Nein.«

Ein halbes Jahr später dann ein tiefer Einschnitt: am 24. Juli 1904 starb Richard Krause, königlicher Major, auf Tergewisch, dem Gut seiner Frau, im Alter von fünfzig Jahren. Der Tote wurde umgehend nach Berlin gebracht. Die Witwe notierte in ihrem Tagebuch tags darauf: »Begräbnistag meines innig geliebten Mannes auf dem Jerusalemer Kirchhof, Bellealliancestraße, unter Militair-Musik seines alten Regiments, des Leib-Grenadier-Rgt. No 8 zu Frankfurt/Oder, um 5 Uhr.«

Im Mai 1908, Tochter Else war inzwischen vierundzwanzig, starteten Mutter und Tochter eine Reise nach Russland.

Anlass war der XI. Internationale Schiffahrtscongress, an dem Elses Onkel Paul Krause als Delegierter teilnahm. »Mutter und ich benutzten die schöne Gelegenheit, auch etwas vom russischen Reich kennen zu lernen, und schlossen uns an.« In St. Petersburg logierten die Damen im feinen *Hotel d'Europe*. Auf Spaziergängen bewunderten sie das Winterpalais, besichtigten die Auferstehungskirche und das Haus Peters des Großen – eine Hütte, von der aus der Zar den Bau der neuen Hauptstadt dirigiert und überwacht hatte. Sie besuchten Empfänge und Bälle und die feierliche Eröffnung des Kongresses im Konservatorium, »geschmückt mit den Farben aller Länder, eben derer Vertreter in ihren bunten Uniformen mit Ordenssternen«. Am Abend fand ein Empfang in der Staatsduma statt – »Viele Reden, viel Sekt und liebenswürdige Menschen.«

Man unternahm Bootsausflüge, Kurzreisen ins finnische Wyborg, traf Großfürst Michael Alexandrewitsch bei einem Gartenfest. Weiter ging es per Schiff und Zug über Nischni Nowgorod nach Moskau. Wieder wurde das volle Programm der Sehenswürdigkeiten mit Kreml, Erlöserkirche, Eremitage und Tretjakow-Gemäldegalerie absolviert. Einen Abend feierten Mutter und Tochter mit Freunden und Bekannten.

Wir tranken ein paar Flaschen Sect, und dann ging es weiter in die Nacht hinein in ein maurisches Café, lauter kleine Pavillons. Der Russe ließ uns eine Zigeuner-Capelle kommen, die er zum Schluss selber dirigierte. In rasendem Tempo ging es dann nach Moskau zurück, wo wir bis Morgengrauen um 4 Uhr anlangten.

Am Abend des 15. Juni waren Mutter und Tochter wieder auf Gut Tergewisch, und Else schrieb in ihr Reisetagebuch: »In 3 Jahren ist wieder ein Congress, wo ist noch unbestimmt.

Schön wäre es, all die lieben Bekannten dann wieder zu sehen.«

Doch statt 1911 noch einmal zu dem Schiffskongress zu fahren, war sie im Januar 1911 in Nordhausen zur Hochzeit ihrer Freundin Ilse Mossdorf mit deren Bräutigam Paul Hause eingeladen. Dort traf sie Ilses Cousin Otto. Eine Begegnung, die beider Leben auf den Kopf stellte.

Kapitel 3

»MEIN GELIEBTES ELSENKIND«

Es begann nun eine Liebesgeschichte, die achtundvierzig Jahre andauerte, die zwei Weltkriege, Gefangenschaft in Sibirien, Inflation, Nazi-Herrschaft, Bombennächte und Währungsreform überstand. Eine Familiengeschichte über drei Generationen, die in der Prinzregentenstraße Nr. 83 über mehr als neunzig Jahre ihren Mittelpunkt hatte. Eine Familien-Saga, in der sich die deutsche Geschichte widerspiegelt. Alles begann mit einem Brief, den Oberleutnant Otto Mossdorf in der Kaserne im elsässischen Hagenau am 11. Januar 1911 an »Hochwohlgeboren Fräulein Else Krause, Aschaffenburger Straße 3 II, Wilmersdorf b. Berlin« schrieb. Er nahm dabei sein Herz in die Hand und setzte alles auf eine Karte:

Hochverehrtes gnädiges Fräulein!

Verzeihen Sie, wenn ich mir die Freiheit nehme, an Sie zu schreiben. Ich will keine großen Umschweife machen, sondern mein Anliegen vortragen, wobei ich um Entschuldigung bitte, dass ich bei unserem Zusammensein jüngst in Nordhausen noch nicht die Frage gestellt habe. In dem allgemeinen Trubel kam ich nicht dazu.
Nun musste ich mir erst auf dem Umweg durch meine Tante in Nordhausen Ihre Adresse schreiben lassen.

Ich mache es kurz, doch seien Sie von der aufrichtigen, von Herzen kommenden Wahrheit meiner Worte überzeugt: Ich liebe Sie und möchte Sie um Ihre Hand bitten. Ich bin nicht ungeduldig und dränge nicht. In Geduld will ich Ihre Antwort erwarten, um die ich Sie ganz ergebenst bitte! Ich versichere Sie meiner aufrichtigen Hochachtung und Wertschätzung und bleibe

Ihr sehr ergebener
Mossdorf

Oberleutnant und Adjutant im
1. Unter-Elsässischen-Feld-Artillerie-Regiment Nr. 31

Schon einen Tag später, am 12. Januar, die Reichspost arbeitete präzise, notierte Else in ihren »Trowitzsch's Damenkalender«: »Wieder Lazarett. Nachm. bei Krauses in Nikolassee, sehr nett. Brief aus Hagenau.« Doch sie ließ sich fünf Tage Zeit, ehe sie antwortete:

Sehr geehrter Herr Mossdorf.

Für Ihren Brief sage ich Ihnen meinen besten Dank. Ich muß gestehen, dass mich derselbe doch überrascht hat. Ich kann zwar nicht leugnen, dass Sie mir gleich sehr sympathisch gewesen sind, aber – kennen wir uns nicht doch noch zu wenig, um diesen ernsten Schritt zu machen? Ich meine ›ja‹. Verzeihen Sie mir meine Offenheit. Aber was wissen Sie eigentlich von mir oder ich von Ihnen? Doch nur, dass wir uns gegenseitig ganz gut gefallen haben und der Wunsch nach einem Näherkennenlernen vorhanden ist. Es ist ja nun so schade, dass die Entfernung von Hagenau so groß ist und ein Wiedersehen schwer zu be-

werkstelligen ist. So sind wir für's Erste nur auf schriftlichen Verkehr angewiesen. Wenn Sie mir also ab und zu mal schreiben wollen, so bin ich gern bereit zu antworten.

Mit besten Grüßen
Ihre K.

Otto antwortete postwendend:

Von Ihrer Erlaubnis, dass ich wieder schreiben darf, möchte ich gleich Gebrauch machen … ich bin glücklich, dass Sie in Aussicht stellen auf meine Briefe zu antworten.

Ihr treu ergebener
Otto Mossdorf

Else ließ wieder ein paar Tage verstreichen und antwortete am 24. Januar:

Leider komme ich erst heute dazu, Ihnen zu antworten. Ich weiß nicht, ob ich Ihnen erzählt habe, dass ich einen Kursus für Kriegskrankenpflege mitmache. Das nimmt nun immer den ganzen Vormittag in Anspruch, aber es macht mir doch sehr viel Freude … Wissen Sie, ich habe das Gefühl, als wenn der Brief furchtbar dumm ist! Aber ich finde es so schwer zu schreiben, wenn man gar nicht recht weiß, was wohl den anderen interessiert. Ja, das haben Sie nun davon, solche Briefe lesen zu müssen … Erzählen Sie mir doch etwas von Ihrem Leben.

Otto antwortete wieder prompt:

Ich habe recht viel von Ihren Briefen, die ich nicht nur einmal lese, sondern des Öfteren ... Sie werden mir auch Glauben schenken, wenn ich Ihnen versichere, dass Sie mich mit Ihrer Antwort etwas haben zappeln lassen. Die Zeit wird hoffentlich bald und recht vielerlei bessern.

Dann berichtete er vom Leben in der Kaserne:

Hier war ein Kostümfest im Kasino, wo ich als »Dame« aufgetreten bin. Mit der Tochter meines Majors und einem Kameraden stellten wir eine »Damenkapelle« vor. Mein Kostüm war mir durch das Kinderfräulein einer Hauptmannsfamilie zusammengeschneidert worden. Ganz weiß mit blauem Gürtel. Wir haben musiziert und gesungen, letzteres besonders zur Laute, und hatten guten Erfolg.

Worauf ihm Else antwortet, dass sie zwar Gesangs- und Klavierunterricht nehme, aber: »Es ist mein persönliches Pech, dass ich Musik so sehr liebe, und selbst nichts kann.«

Otto hatte sich offenbar freundlichere Zeichen erwartet, denn er schrieb zurück: »Heute ist gewissermaßen ein kleines Jubiläum. Heute vor einem Monat waren wir auf Ilses Hochzeit zusammen, wo mein Entschluss reifte, der nachher in meinem Brief zum Ausdruck kam. Da ich mich jetzt viel mit Taktik beschäftige, möchte ich sagen: mein erster Angriff wurde abgeschlagen. Die Schlacht blieb unentschieden.« Wenn man weiter nur Briefe wechsle, trete womöglich »eine gefährliche Waffenruhe ein ohne jegliches Geplänkel ... Machen Sie mich glücklich, indem Sie meiner Hoffnung eine bejahende Antwort geben. Oder aber, wenn Sie glauben, dass wir nicht für einander geschaffen sind, vertrauen Sie es dem Papier rücksichtslos an. Doch stürzen Sie mich dann aus allen Himmeln.«

Else erbat sich Bedenkzeit, die Ausbildung in der Klinik habe sie doch sehr mitgenommen.

In der Nacht von Sonntag zum Montag hatte ich eine sehr ernste Nachtwache bei einem Schwerkranken von 20 bis 6 Uhr im Lazarett, schwere Brust- und Bauchfellentzündung. Leider war nichts mehr zu machen, und starb der Ärmste noch am folgenden Nachmittage. Sie können sich wahrscheinlich denken, dass mich das selbst mitgenommen hatte.«

Nun sei ein Kursus abgeschlossen, und sie fahre erst einmal nach Westpreußen. »Die ganze Gegend ist dort voll von Bekannten, Freunden und Verwandten.« Im nächsten Brief konnte Otto Mossdorf dann Hoffnungsvolles lesen:

Schriftlich ist eben vieles nicht zu machen. Wenn wir uns doch im Frühjahr irgendwo mal wieder sehen könnten! Es ließe sich über alles so viel besser reden, und wir würden uns dann auch viel schneller und besser kennenlernen. Meinen Sie nicht auch?!

Otto antwortete begeistert:

Da Sie von dem gleichen Wunsch beseelt sind, so wollen wir doch dem Unternehmen etwas näher treten. Entsprechend gegenseitigen Einverständnisses wird also hiermit der feste Plan gefasst, dass wir uns im Frühjahr wiedersehen. Kennen Sie Baden-Baden im Frühjahr?

Es sollte noch bis Juli dauern, ehe sich die beiden in Baden-Baden trafen. Else hatte inzwischen ihre Schwestern-Prüfung mit Glanz bestanden. Sie sei »mit Diplom und Rot-

Kreuz-Brosche belohnt« worden. »Anfang Juni ist eine große Übung der freiwilligen Krankenpflege vor dem Kriegsministerium und einem großen Publikum.« Achthundert Übungs-Leicht- und Schwerverletzte sollten medizinisch versorgt werden. »Alles soll wie im Ernstfall vor sich gehen.«

Auch Otto hatte fünf Tage lang Examensarbeiten schreiben müssen. Im Frühjahr 1911 trat er im großen Saal des Militärkasinos in Straßburg zur Aufnahmeprüfung für die Kriegsakademie in Berlin an. Jeder Kandidat hatte einen allein stehenden Tisch. Abschreiben unmöglich. Die Arbeiten bekamen Nummern und keinen Namen, Begünstigung sollte ausgeschlossen werden.

Die wichtigste schriftliche Arbeit befasste sich mit Taktik. Dafür hatte sich Otto etwas Besonderes ausgedacht: »Es erregte bei meinen Nachbarn Aufsehen, dass ich auf der Karte die gestellte Aufgabe mit eingesteckten Nadeln mit roten und blauen Köpfen markierte, um sofort auf den ersten Blick die Lage der beiden Seiten zu überblicken.« Er schrieb noch etwas über automatische Waffen und einen Text auf Französisch, er hätte auch Russisch wählen können, er war nämlich »mit gutem, ja sehr gutem Ergebnis auf der Kriegsschule in die Geheimnisse der schwierigen russischen Sprache eingedrungen.« Das sollte ihm später noch sehr nutzen.

Dass er die Prüfung bestanden hatte, erfuhr er durch ein Glückwunschtelegramm eines Regimentskameraden, der schon ein Jahr zuvor nach Berlin gegangen war. Von den aufgenommenen 160 Kandidaten hatte er das Examen mit Platz 48 gemacht.

Am 31. Mai meldete er jubelnd nach Berlin an Else:

Mein hochverehrtes gnädiges Fräulein! Gleich sollen Sie die Freudenbotschaft erfahren. Erhalte eben Telegramm, dass ich das Akademie-Examen bestanden habe. 3 Jahre

Berlin! Und welche neuen Perspektiven eröffnen sich für uns beide! Für heute nichts weiter. Herzliche Grüße Ihr treu ergebener O. M.

Else hatte dem passionierten Reiter Otto geschrieben, dass auch sie sehr gern reite und auch Tennis spiele. Otto war hocherfreut: »Ich bin in dem Sport sehr tätig. Unser Regiment hat einen sehr guten, eigenen Platz.« Und Else hatte Otto anvertraut, dass sie schon »26 Jährchen auf dem Rücken«, habe, »bekommen Sie nur keinen Schreck«. Otto, halb Kavalier, halb Pragmatiker, antwortete: »Ich finde das nicht so entsetzlich. 26 und 29 ist doch eine passende Konstellation. Ich halte sie für besser als 19 und 29. Und Elogen mache ich nie, wie Sie wissen.«

Je näher das Treffen in Baden-Baden rückte, umso sehnsüchtiger wurden die Briefe. Am 7. Juli schrieb Else Krause aus Baden-Baden: »Was sagen Sie nun? Seit gestern Abend sind wir hier.« Otto antwortete postwendend: »Ich treffe heute gegen 1/2 7 abends dort ein und hoffe auf ein Wiedersehen im Abend-Kurkonzert.« Else Krause notierte: »Vorm. genäht und geschrieben. Nachm. im *Gunzenbachhof* gegessen. Abends im Concert kam Otto Mossdorf, mit dem wir bis nach 1 Uhr zusammenblieben.« Und hielt auch die nächsten Tage in ihrem Tagebuch fest: »9. Früh mit Otto Spaziergang nach dem Schirmhof, wo wir zusammen Kaffee tranken. Viel über Vieles gesprochen. Mittags in den *3 Königen* gegessen. Nachm. gemeinsame Spazierfahrt nach Ebersteinburg. Ausguck!!! Abends im Kurconcert, Feuerwerk, Otto fuhr 11 Uhr.« – »11. Nachm. kam Otto, tranken im *Gunzenbachhof* Tee. Mutter lange Unterredung mit Otto: mit dem ›Die Sterne herunterholen‹ wurde es nichts, man muss abwarten. Abendbrot im *Krokodil.*« Otto schrieb zurück: »Hoffen wir vereint auf ein glückliches Ende dieser Qualen.«

Mit den Qualen meinte Otto offenbar die zähen Verhandlungen mit seiner zukünftigen Schwiegermutter, die dem Schwiegersohn finanziell kräftig unter die Arme greifen sollte. Denn Offiziere hatten im Kaiserreich zwar ein hohes gesellschaftliches Ansehen, aber das erwartete standesgemäße Familienleben konnte sich ein Oberleutnant mit seinem Sold nicht leisten.

Und Else antwortete ganz offen: »Und doch, warum soll es eigentlich nicht gehen? Ist das innere Glück nicht mehr wert als ein paar Äußerlichkeiten, von mehr oder weniger Luxus? Wo ein Wille ist, ist auch ein Weg, und ich habe den Willen zum Glück. Aus der anfänglichen Sympathie ist immer mehr geworden – Liebe! Warum soll ich Ihnen das nicht sagen.«

Die kalte Dusche folgte am 14. Juli. Else: »Hässlicher Brief von Otto.« Der schrieb jetzt Klartext: »Sie wissen, dass ich prinzipiell 10 000 Mark für unser Leben als notwendig erachte. Bis jetzt kommen wir zu folgender Summe:

6.000 Mark	*von Ihrer Mutter*
2.100 Mark	*Gehalt von mir*
570 Mark	*Wohnungsgeld-Zuschuss in Berlin*
1.200 Mark	*Zulage meiner Mutter*
9.870 Mark,	*fehlen also noch 130 Mark.«*

Es folgten weitere Details von Kosten, möglichen mütterlichen Darlehen und zukünftigen Gehaltserhöhungen. Dann fuhr er fort: »Das ist also die Prosa. So hässlich es ist, dass ich Ihnen diese Rechnung mache, so glaube ich es mit gutem Gewissen tun zu müssen, da Sie orientiert sein müssen.« Er werde seiner Schwiegermutter in spe noch die gewünschten weiteren Unterlagen schicken und um ein neues Gespräch bitten. Das fand einen Tag später statt. Otto reiste morgens

Otto und Else im Jahr ihrer Verlobung, 1911

wieder aus Hagenau an, traf sich mit Rosa Krause, und die Sache wurde besiegelt. Else in ihrem Tagebuch: »Mutter vorm. in der Stadt nochmals Unterredung mit Otto. Beide kamen mich abholen und ›Die Sterne wurden heruntergeholt‹. *3 Könige* gegessen. Zweite Spazierfahrt, abends im *Goldenen Kreuz*. Verlobungstag!« Die beiden gingen zum Fotografen, um das freudige Ereignis festzuhalten: Else in Rock und Seidenbluse mit kleinem Blumenstrauß, über den Schultern eine Pelzstola, in der Hand einen großen Pelzmuff. Otto in schlichtem Uniformmantel, Mütze in der Rechten, die Linke auf den Offiziersdegen gestützt.

Mutter Rosa ließ eilig Anzeigen für die zahlreiche Verwandtschaft drucken: »Die Verlobung meiner einzigen Tochter Else mit Herrn Otto Mossdorf, Oberleutnant und Adjutant im 1. Unter-Elsässischen-Feldartillerie-Regiment Nr. 31, beehre ich mich anzuzeigen. Frau Rosa Krause, z. Zt. Baden-Baden.« Otto ließ die frohe Botschaft unter der Rubrik »Familien-Nachrichten« im *Militärischen Wochen-Blatt* veröffentlichen.

Fortan reiste Otto immer nach Dienstschluss nach Baden-Baden. Am 22. Juli brach das Brautpaar mit Mutter Rosa zu einer Verlobungsreise nach Shanklin auf, einem Seebad auf der Insel Wight. Die Insel war auch ein Lieblingsurlaubsort von Kaiser Wilhelm II. Die Fahrt ging per Zug bis Wiesbaden, dort bestieg man einen Dampfer rheinabwärts bis Ostende. »Vorm. Abfahrt über Dover, London nach Shanklin. In Victoria Station war Jessie auf der Bahn, in Portsmouth empfing uns Werner. Im Hotel *Holliers* hatte er alles schön mit Blumen geschmückt.« Es wurde eine fröhliche Woche mit Baden und Ausflügen, Tea-Time und Abendessen im Hafen.

Per Telegramm wurde Oberleutnant Otto plötzlich nach Hagenau zurückbeordert. Trennung für acht Wochen hieß es. Am 29. Juli fuhr er zurück. Einen Tag zuvor hatte Else heimlich einen Brief geschrieben, den er bei seiner Rückkehr im Elsass vorfinden sollte:

Mein geliebter Jung, es ist ½ 8 früh, und so will ich Dir einige Zeilen schreiben, damit Du in H. einen herzinnigen Gruß von mir vorfindest … Wenn es nur nicht volle acht Wochen wären! Und doch müssen wir dankbar sein für die einzig schönen Tage unserer Verlobungsreise! Wie wunderschön dieses ungestörte Beisammensein – Du, Du, mein Mann. Doch nun leb wohl mein Lieb. Mutter grüßt herzlich. Dir aber von mir tausend innige Grüße und Küsse von Deiner E., die Dich mehr liebt, als Du weißt!

Otto Mossdorfs Rückruf in die Kaserne hatte einen dramatischen politischen Hintergrund – die zweite Marokko-Krise. Am 18. Mai hatten französische Truppen auf Bitten des Sultans die Hauptstadt Fez besetzt. Einen Monat später übernahmen sie dort auch die Polizeigewalt – ein Bruch des Marokko-Vertrages von 1906. Noch im Januar 1911 war das vierzigste Jubiläum des neuen deutschen Kaiserreichs festlich begangen und Wilhelm II. als »Friedenskaiser« gefeiert worden. Doch nun griff Deutschland aktiv in den Konflikt ein, der in einen großen Krieg zu münden drohte. Auf persönlichen Befehl des Kaisers nahm das Kanonenboot *SMS Panther* Kurs auf Marokko. Am 1. Juli erreichte das Kriegsschiff den Hafen von Agadir. Das Außenministerium in Berlin begründete den Einsatz: »Angesichts der Unruhen in Marokko haben deutsche Firmen sich mit der Bitte um Schutz an die kaiserliche Regierung gewandt.« Eine bestellte Bitte, wie sich später erwies.

Die Presse bejubelte den *Panther*-Sprung nach Agadir. Die konservative *Kreuzzeitung* kommentierte: »In Deutschland ging ein Aufatmen durch das gesamte Volk.« Der *Frankfurter Zeitung* reicht dafür ein Wort: »Endlich!« Der Vorsitzende der Deutschkonservativen Partei, Ernst von Heydebrand und der Lasa, verkündete: »Wir sind bereit, wenn es die Stunde erfordert, wenn es die Ehre und das Ansehen unseres Landes verlangen, nicht nur Worte zu machen, sondern Opfer zu bringen an Gut und Blut.« Die SPD hingegen organisierte in vielen Städten Massenproteste gegen den drohenden Krieg, zur größten Demonstration versammelten sich im Treptower Park in Berlin 200 000 Menschen.

Bei der Londoner Nachrichtenagentur Reuters ging am 21. August die alarmierende Meldung ein, Deutschland und Frankreich befänden sich im Krieg. Am Nachmittag dann das Dementi aus Paris und Berlin – die Verhandlungen gingen weiter. Im November beendete ein neues Abkommen zwischen Deutschland und Frankreich den Konflikt. Berlin akzeptierte die französische Herrschaft über Marokko, Paris trat einen Teil von Französisch-Kongo an Deutschland ab. Reichskanzler Theobald von Bethmann Hollweg, wegen seiner Kompromissbereitschaft heftig attackiert, sagte über seine Kritiker: »Krieg für den Sultan von Marokko, für ein Stück Sus oder Kongo oder für die Gebrüder Mannesmann wäre ein Verbrechen gewesen. Aber das deutsche Volk hat diesen Sommer so leichtfertig mit dem Krieg gespielt. Das stimmt mich ernst, dem musste ich entgegentreten.«

Otto Mossdorf blieb also ein Kriegseinsatz vorerst erspart. Er konnte sich auf seinen Umzug nach Berlin und auf die Kriegsakademie vorbereiten. Und dies im Bewusstsein, im Gegensatz zu den Berufsdiplomaten bei den Verhandlungen mit Frankreich bei seiner Schwiegermutter einen Erfolg auf ganzer Linie erzielt zu haben. Er hatte 10 000 Mark jährlich als Mindesteinkommen für das Leben mit Else bezeichnet und die nötigen Zuschüsse dafür bei Rosa Krause durchgesetzt. Ein Vermögen, wenn man bedenkt, dass 1911 das Durchschnittseinkommen der Deutschen 1119 Mark pro Jahr betrug.

Ottos Regiment marschierte von Hagenau zur Zitadelle Bitsch in Lothringen, eine Festung, die schon im Mittelalter auf dem Sandsteinplateau oberhalb der Stadt gegründet worden war. Im Krieg von 1870/71 hatte sie einer 230 Tage langen Belagerung durch bayerische Truppen widerstanden. Die deutsche Militärverwaltung ließ sie nach dem Sieg ausbauen und modernisieren. Auf dem Weg nach Bitsch schrieb Otto an »Mein geliebtes Elsenkind, ich bin hier gut untergekommen. Es ist ein Gasthaus, wo wir auch essen … Nun will ich mit meinem Herzenskind, das so gut zu mir ist, etwas recht Nettes plaudern …«

Zwei Monate später war er wieder in Hagenau und berichtete: »Mein Nachfolger trifft erst morgen Abend ein. Ich muss ihm dann am Mittwoch früh meinen Laden übergeben und denke mittags 12 Uhr fortzukönnen. Ich bin erst wieder froh, wenn ich meine Wohnung in Berlin habe.«

Kapitel 4

DIE »83« – DAS NEUE ZUHAUSE IN WILMERSDORF

Die *Königlich Preußische Kriegsakademie* ging auf eine Gründung von Friedrich dem Großen zurück, der 1785 in Berlin die *Academie des nobles* aus der Taufe gehoben hatte, in der junge Adlige das Rüstzeug für ihre Karriere in Armee und Verwaltung bekommen sollten. Die Ausbildung war breit gefächert, Geschichte, Geometrie, Geographie und Festungsbau wurden ebenso gelehrt wie Philosophie, Rhetorik und Grammatik, auch Tanzen, Reiten und Exerzieren standen auf dem Stundenplan. 1801 folgte die *Akademie für junge Offiziere der Infanterie und Kavallerie*, die in dreijährigen Kursen den militärischen Führungsnachwuchs ausbildete. 1859 erhielt die Akademie Universitätsstatus und ihren endgültigen Namen. Sie bezog einen Schinkel-Bau an der Prachtstraße Unter den Linden. Hier waren Hörsäle, Bibliothek, Pferdeställe, Büros und ein Saal für die Sandkastenspiele der Taktiklehre untergebracht.

Es war eine Elite-Lehranstalt mit strengen Aufnahmeregeln. Wichtige Voraussetzung war eine Empfehlung des Regimentskommandeurs, er musste bestätigen, dass der Kandidat sowohl fachlich als auch charakterlich geeignet war. Gute Gesundheit und wissenschaftliches Streben wurden ebenfalls verlangt. Es folgten mehrtägige schriftliche Klausuren. Nur knapp zwanzig Prozent der Bewerber schafften die Aufnahme. Ein Jahrgang bestand aus hundertsechzig Teilnehmern. Nach drei Jahren Studium bestanden im Durchschnitt nur etwa dreißig Prozent von ihnen das theoretische und praktische Examen. Die Kriegsakademie hatte einen so exzellenten Ruf, dass Gastoffiziere aus zahlreichen Ländern hier studierten.

Otto Mossdorf hatte also alle Hürden überwunden. Anfang Oktober 1911 begann er sein Studium in Berlin. In der Niebuhrstraße 71 in Charlottenburg nahe des Kurfürstendamms hatte er eine Wohnung gefunden. Else Krause vermerkte in ihrem Tagebuch: »1. Oktober Fahrt mit Otto nach Berlin, sehr schöne Fahrt mit einer halben Flasche Sect. Muttchen holte uns ab. Otto blieb den Abend über.«

Es wurde eine glückliche Zeit. Originalton Otto: »Tatsächlich sind die drei Jahre auf der militärischen Hochschule von 1911 bis 1914 die schönste Periode der militärischen Laufbahn gewesen. Der Hörsaal lief im allgemeinen von 9 bis 13 Uhr. Dann war man ein freier Mann, der sein Leben in Zivil nach Gutdünken einrichten konnte.«

Fast täglich trafen sich nun die Verlobten, nur am 4. Oktober nicht: »Otto kam nicht, da er mit dem Umzug zu tun hatte.« Else spielte Tennis, übte Klavier, stickte, nahm Gesangsunterricht. Gemeinsam besuchten sie Freunde und Verwandte. 13. Oktober: »Abends Pläne gemacht für Hochzeitsreise.« Und immer wieder der Eintrag: »auf Wohnungssuche«. Am 22. Oktober feierte Else ihren 27. Geburtstag: »Morgens früh Blumen von Otto, der um 10 Uhr kam. Noch schöne Sachen und Briefe … Nachm. auf Wohnungssuche« abends Familienfeier, »alle sehr vergnügt«.

Am 30. Oktober ein Jubelschrei: »Wohnung gefunden! Prinzregentenstraße 105.« Der Architekt K. Gundermann hatte in einer Zeitung annonciert:

Euer Hochwohlgeboren

In meinen neuerbauten hochherrschaftlichen Häusern

Prinzregentenstr. 105 – 106

sind per sofort evtl. später noch einige

5 und 6 Zimmer-Wohnungen

zu vermieten. Dieselben sind ausgestattet mit dem modernsten Komfort wie Warmwasserheizung und -Versorgung, Vakuum, Tresors, Wandspinden, Wäscheschrank, große Balkons, Erker, Haustelefon, Gas, elektrisch Licht, 2 Toiletten, Mädchenzimmer, Bad, Fahrstuhl etc. und enthalten reichlich Nebengelass.
Die Häuser haben freie Aussicht über gegenüberliegende große parkartige Gärten und durch Straßenbahnen und Untergrundbahn (Bahnhof Bayrischer Platz) bequeme Verbindung nach allen Teilen der Stadt.
Höhere Schulen für Knaben und Mädchen liegen in unmittelbarer Nähe.

Der Mietvertrag wurde zum 1. April 1912 geschlossen. Für die sechs Zimmer, Küche, Bad, Gästetoilette, Mädchenzimmer in der 4. Etage und reichlich Nebengelass im Keller und auf dem Boden waren 2250 Mark jährlich in vier Raten zu zahlen. Für den frischgebackenen Studenten der Kriegsakademie war das wirklich eine hochherrschaftliche Bleibe. Das Haus – die Hausnummer wurde 1914 in Nr. 83 geändert – wurde zum Refugium und Mittelpunkt der Familie Mossdorf in den kommenden Jahrzehnten.

Nun tauchen in Elses Tagebuch immer wieder Notizen

auf wie: »Möbel angucken«, »Krohne & Flickschu zur Besprechung wegen der Möbel«, »mit Otto und Mutter Silber ausgesucht«, »Muttchen und ich in der Wohnung, Maße genommen. Nachm. wir 3 bei Krohne & Flickschu und in der Porzellanmanufactur«, »in der Stadt Glas und Porzellan ansehen«, »mit Mutter bei Strunkmann & Meister (Wäsche)«, »in der Stadt bei Knauth (Teppich)«, »Vorm. Tapeten ausgesucht mit Otto zusammen«.

Die Aktivitäten zur Einrichtung der Wohnung hielten die beiden Verlobten aber nicht davon ab, das Leben in der Großstadt zu genießen. Berlin war inzwischen ein europäisches Zentrum von Schriftstellern, Malern, Dramatikern, Sängern und Musikern geworden. Die Maler Max Liebermann, Lovis Corinth, Käthe Kollwitz, Heinrich Zille und Max Slevogt hatten sich zur Berliner Secession zusammengeschlossen und präsentierten ihre Werke, die so gar nicht dem konventionellen Kunstverständnis des Kaisers entsprachen, in eigenen Ausstellungsräumen am Kurfürstendamm. Die Künstler der »Brücke«, Ernst Ludwig Kirchner, Karl Schmidt-Rottluff und Erich Heckel, zogen aus Dresden an die Spree und machten Berlin zum Mittelpunkt des deutschen Expressionismus. 1911 stellte Oskar Kokoschka mit den Kollegen vom Blauen Reiter, Wassily Kandinsky und Franz Marc, ihre Bilder aus. Die modernen Maler sorgten für Furore.

Im April 1913 gab es eine heftige Debatte im Preußischen Abgeordnetenhaus. Ein Parlamentarier wetterte: »Meine Herren, wir haben es hier mit einer Richtung zu tun, die eine Entartung bedeutet, Symptom einer kranken Zeit.« Das Protokoll vermerkte: »lebhafter Beifall«. Die Presse urteilte, dass hier »die Talentlosen in Reih und Glied aufgestellt« seien. Und im sozialdemokratischen *Vorwärts* war zu lesen, die

Künstler seien »Hottentotten im Oberhemd, eine Horde farbenspritzender Brüllaffen«. Für den Kaiser war es schlicht »Rinnsteinkunst«.

Wilhelm II. hatte in einer Grundsatzrede schon 1901 die Parole ausgegeben: »Die Kunst soll mithelfen, erzieherisch auf das Volk einzuwirken, sie soll auch den unteren Ständen nach harter Mühe und Arbeit die Möglichkeit geben, sich an den Idealen wieder aufzurichten … Wenn nun die Kunst, wie jetzt vielfach geschieht, weiter nichts tut, als das Elend noch scheußlicher hinzustellen, wie es schon ist, dann versündigt sie sich damit am deutschen Volke.«

Und auch was Theateraufführungen anging, hatte der Kaiser klare Vorstellungen. Gerhart Hauptmanns Drama *Die Weber* war 1892 vom Berliner Polizeipräsidenten verboten worden. Das Verwaltungsgericht bestätigte das Verbot »wegen Gefährdung der öffentlichen Ordnung«. Das Oberverwaltungsgericht entschied ein Jahr später zugunsten von Hauptmann, es gab das Stück aber nur für das Deutsche Theater frei. Begründung: »Wie bekannt sind die Plätze des Deutschen Theaters so theuer, daß dieses Theater vorwiegend nur von Mitgliedern derjenigen Gesellschaftskreise besucht wird, die nicht zu Gewalttätigkeiten oder anderweitiger Störungen der öffentlichen Ordnung geneigt sind.« Nach der Premiere schrieb Theodor Fontane an den Intendanten: »Das Stück ist vorzüglich, epochemachend.« Er wünschte sich, dass »das deutsche Theater ein Zug- und Kassenstück gewonnen haben möge«. In der Tat wurden *Die Weber* in den folgenden zwei Jahren zweihundertmal gespielt.

Wilhelm II. hingegen kündigte aus Protest seine Loge im Deutschen Theater. Auch mit der Musik hatte der Monarch seine Probleme. Die Premiere von Richard Strauss' *Rosenkavalier* verließ er empört und grantelte: »Det is keene Musik für mich!«

Else Krause und ihr Verlobter Otto Mossdorf waren häufig im Theater und in der Oper. Sie schwärmte für die tschechische Sängerin Emmy Destinn (bürgerlich Ema Destinová), die Primadonna der Staatsoper Berlin, die 1906 die Salome in Richard Strauss' gleichnamiger Oper gesungen hatte. Und für die niederländische Mezzo-Sopranistin Julia Berta Culp, die als »holländische Nachtigall« gefeiert wurde. Man amüsierte sich beim musikalischen Lustspiel *Hans Sonnenstößers Höllenfahrt* von Paul Apel, in dem die weibliche Hauptperson Else heißt; man besuchte die Opern *Turandot*, *Der Rosenkavalier*, *Parsifal* und *Rheingold* und tafelte anschließend im noblen *Weinhaus Rheingold* in der Nähe des Potsdamer Platzes, im Feinschmeckerrestaurant *Trarbach* in der Behrenstraße oder im *Kaiserkeller* in der Friedrichstraße. Sie feierten Bälle, besuchten Ausstellungen. Elses Onkel Paul Krause gab Feste in Berlin-Nikolassee, die oft mit einem nächtlichen Feuerwerk endeten. Und Else war häufig auf der Rennbahn in Hoppegarten und Grunewald, um ihrem Bruder Werner und ihrem Cousin Jenö von Egan-Krieger bei ihren Pferderennen zuzujubeln.

In ihrem Tagebuch kommentierte sie die Unternehmungen mit Bemerkungen wie »reizend«, »sehr gemütlich«, »furchtbar nett«, »viel getanzt«, »sehr fidel«, »alles ganz elegant«. 1949 schrieb sie: »Zurückschauend weiß man, dass 1918 das Ende von Deutschlands Herrlichkeit bedeutete. Was davor lag, war so märchenhaft schön, wie es nie wieder kommen kann und heute fast unvorstellbar ist.«

So flirrend und kosmopolitisch das Leben in Berlin auch war, so aufsehenerregend die Erkenntnisse der deutschen Wissenschaftler, die zwischen 1901 und 1918 mit 21 Nobelpreisen ausgezeichnet wurden, auch waren, so beherrschend war doch der Einfluss der Militärs. Und das Zentrum dieses

Denkens war die preußische Garnisonsstadt Potsdam. Hier befand sich die Kaserne des 1. Garderegiments zu Fuß, eine Infanterie-Truppe, die aus Resten der im Krieg gegen Napoleon 1806 bei Jena und Auerstedt besiegten preußischen Garde-Einheiten aufgestellt worden war. Seither war es das Leibregiment der Könige von Preußen.

Der Spiegel-Redakteur Karl Heinz Krüger schrieb 1993 über den Einfluss dieser Elitetruppe: »Nach den Siegen von 1871 über Frankreich nahmen die Arroganz des Militärs und die Militarisierung der Potsdamer Gesellschaft Formen an. Der preußische Leutnant war kein Witz, sondern Realität: Beim Gruß kurz zusammengeklappt, Monokel wieder eingesetzt. ›Zivilist‹ wurde zum Schimpfwort. Alle Welt war um ›kasinofähigen‹ Umgangston bemüht.« Der Dichter Theodor Fontane fand das »alles antiquiert«. Die Haltung dieses Adels sei »eine Mischung von Borniertheit, Dünkel, Selbstsucht« und habe den »Charakter des Unverschämten« angenommen.

Und ausgerechnet diese Leibgardisten des Kaisers wurden Statisten in einer Kriminal-Groteske, über die alle Welt lachte. In diversen Trödelläden hatte sich der Schuhmacher Friedrich Wilhelm Voigt die Uniformteile eines Hauptmanns des 1. Garderegiments zu Fuß zusammengekauft. Am 16. Oktober 1906 hielt er in diesem Aufzug mittags in Berlin beim Wachwechsel eine Gruppe Gardesoldaten an und fuhr mit ihnen »auf allerhöchsten Befehl« in der S-Bahn nach Köpenick. Dort ließ er »im Namen seiner Majestät« den Bürgermeister und den Oberstadtsekretär verhaften und die Stadtkasse mit 3557,45 Goldmark beschlagnahmen. Den Gardisten gab er den Befehl, das Rathaus noch eine halbe Stunde zu bewachen. Er selbst fuhr mit der Beute nach Berlin zurück. Zehn Tage später wurde er verhaftet und anschließend zu vier Jahren Haft verurteilt. Der Kaiser begnadigte ihn.

Für die *Berliner Volks-Zeitung* war die Köpenickiade voller Symbolgehalt: »Umkleide dich in Preußen-Deutschland mit einer Uniform, und du bist allmächtig ... Der Sieg des militärischen Kadavergehorsams über die gesunde Vernunft, über die Staatsordnung, über die Persönlichkeit des einzelnen, das ist es, was sich gestern in der Köpenicker Komödie in grotesk-entsetzlicher Art offenbart hat.«

Zwei Jahre später wurde des Kaisers Leibgarde in der Revue *Donnerwetter, wir sind Kerle* im Berliner Metropol-Theater vom Komponisten Paul Lincke kräftig durch den Kakao gezogen:

Garde meist sehr exklusiv
vom feudalen Geist,
sieht auf Bürgerpack nur schief,
weil der Grundsatz heißt:
Adelsprädikat bezweckt,
dass kein Plebs uns naht!
Völlig wertlos so'n Subjekt
ohne Prädikat!
Besteigen wir keck die Schabracken,
da geben wir allen was vor.
Man kennt die Manöverattacken
der Jungs vom Garde du Corps!

Donnerwetter, Donnerwetter, wir sind Kerle!
Bei Kritik sagt Majestät: Famos! Famos!
Donnerwetter, jeder einzelne 'ne Perle!
Also wirklich: Donnerwetter, tadellos!

Der Kaiser war über das freche Libretto so empört, dass er seinen Offizieren verbot, das Revue-Theater zu besuchen. Trotzdem oder gerade deswegen wurde *Donnerwetter, wir sind Kerle* neben *Frau Luna* der größte Erfolg des gefeierten Musikstars.

Ein Höhepunkt des Jahres war für die Studenten der Kriegsakademie der »Friedrichstag«, der immer am 24. Januar, dem Geburtstag vom Alten Fritz, von der *Militärischen Gesellschaft* festlich begangen wurde. Selbstverständlich war auch der Kaiser jedes Mal im Großen Saal der Kriegsakademie anwesend, wenn ein besonderer Kenner von Friedrich dem Großen einen Vortrag hielt. Unten saßen die Offiziere aller Dienstgrade und Waffengattungen in ihren Ausgehuniformen, die Studenten durften von der Empore aus die Veranstaltung verfolgen.

Beliebt war auch der jährliche Ball im Stadtschloss Unter den Linden. Wobei die Bezeichnung »Ball« ziemlich irreführend war, »Parade im Saal« wäre passender gewesen. Otto Mossdorf hat an der »etwas komischen Angelegenheit« einmal teilgenommen und sie plastisch beschrieben:

»Wer mitmachen wollte – die Teilnahme war freiwillig – wurde längs der Seitenwände unseres großen Saales viergliedrig aufgebaut. Auf ein Kommando setzte sich die Phalanx links herum in Bewegung. An der Stelle, wo die Thronsessel des Kaiserpaares angenommen wurden, erfolgte eine Linkswendung, dann eine leichte Verbeugung, wieder eine Rechtswendung und der Weitermarsch zum angenommenen Ausgang. Nachdem das in der Vorbereitung geklappt hatte, war man für die Teilnahme im Berliner Schloss selbst befähigt.«

Alle Truppenteile der Berliner und Potsdamer Garnison wurden in gleicher Weise gedrillt. Gala-Uniform war vorgeschrieben.

Zeitig stieg man im Schloss die breiten hell erleuchteten und mit herrlichen Blumenarrangements bestellten Trep-

pen hinauf. Vor, neben und hinter einem rauschten breite Schleppen der geladenen Damen vorbei und hinauf, die Schleppen von Dienern getragen und in den Abmessungen genau vorgeschrieben. In irgendeiner Adlerkammer versammelte man sich, um auf ein Zeichen in der eingeübten Art den Saal zu betreten. Die Kriegsakademie marschierte, so weit ich mich erinnere, fast an letzter Stelle hinter dem Garde-Train-Bataillon. Immerhin machte sich ihr Pulk recht prächtig.

Angesichts der langen Vorbereitungen, des Drills und der bombastischen Inszenierung im Schloss war die Ernüchterung dann doch groß: »Nur hatte man vom Kaiserpaar nicht viel. Plötzlich sah man sich nach der ersten Wendung vor dem erhöhten Thron. Die Kaiserin in weißer Seide sitzend, neben ihr der Kaiser stehend in seiner Uniform. Schon hatte man seine Verbeugung gemacht und marschierte mit abgewandtem Gesicht vom Kaiserpaar hinaus. Ob es danach ein Buffet gab, oder ob ich es schießen ließ, weiß ich nicht mehr.«

Ganz anders die Hochzeit im März 1912. Schwiegermutter Rosa Krause hatte alles präzise vorbereitet und zwei Feiern organisiert. Zum Polterabend am Dienstag, 19. März, traf sich eine »kleine Runde« mit dreißig Gästen zur »Hochzeits-Vorfeier« im Hotel *Prinz Albrecht* – Hoflieferant des Königs von Rumänien, des Fürsten zur Lippe und des Herzogs von Sachsen-Coburg-Gotha. Drei Musiker begleiteten das festliche Menu.

Am Tag darauf fand um vierzehn Uhr die Trauung in der Alten Garnisonskirche am Hackeschen Markt statt. Hofprediger und Militär-Oberpfarrer Georg Goens vollzog die Zeremonie unter den eroberten Fahnen aus den Kriegen von Friedrich dem Großen, die in der Kirche hingen. Anschließend begab sich die Hochzeitsgesellschaft ins Hotel *Prinz Albrecht*, wo für sechzig Gäste gedeckt war. Für die lange u-förmige Tafel hatte Rosa Krause eine ausgefeilte Tischordnung in gestochen scharfer Schrift entworfen.

Üppig und erlesen waren die Speisefolge und die Auswahl der dazu angebotenen Getränke:

Holländische Austern mit Caviar garniert
dazu Imperialsekt
Rinderkraftbrühe mit Mark
dazu ein Deidesheimer Riesling
Gedämpfte Pute auf Trüffelreis mit frischen Edelpilzen dazu ein Grand Clapeau Olivier aus dem Medoc
Warmer Helgoländer Hummer mit Sauce Provençale und Kräuterbutter
dazu ein Brauneberger Moselriesling Auslese
Hirschkalbrücken mit Orangengelee
dazu ein Château Pichon Longueville aus dem Paulliac
Artischockenböden mit Gemüse gefüllt
dazu Champagner
Prinz Albrecht-Eisspeisen
Käsebrötchen und Chestersoufflées
Früchte und Nachtisch

Jetzt spielten vier Musiker auf, zwölf Stücke wurden geboten, ein buntes Potpourri aus Opernmelodien, Walzern und Märschen, etwa das Steuermannslied aus *Der fliegende Holländer* und das Liebeslied aus *Die Walküre* von Wagner, die Fantasie aus *Carmen*, der Walzer *Rosen aus dem Süden* von Johann Strauß und der Hohenfriedberger Marsch, einer der beliebtesten Militärmärsche, mit dem an den Sieg Preußens über die Österreicher und Sachsen 1745 in der Schlacht bei Hohenfriedberg erinnert wurde. Hotelchef

A. Huster beehrte sich tags darauf, 2077,60 Mark in Rechnung zu stellen. Das war fast so viel wie die Jahresmiete für die »83«.

Für die Hochzeitsreise hatte Bräutigam Otto achtzehn Tage Urlaub von der Kriegsakademie bekommen. Das Brautpaar diskutierte als Reiseziele die Krim – schied aus, weil Russland als einziger europäischer Staat Passzwang hatte – oder das kroatische Seebad Abbazia, das Else allerdings schon kannte. Schließlich fiel die Wahl auf »den zauberhaften Paradiesgarten Korfu. Wohin wir außer einer schönen Festlandfahrt noch eine längere Seereise durch die Adria genießen konnten«. Den unverhofften Höhepunkt der Reise beschrieb Otto Mossdorf so: »Wir waren auf einem Ausflug im Inneren der Insel, als ein Salut von einigen Schüssen anzeigte, dass sich ein hoher Gast der Insel näherte. In Begleitung des Torpedobootes *Sleipner* war die kaiserliche Yacht im Hafen von Korfu vor Anker gegangen, an Bord Seine Majestät mit der hohen Gemahlin und Prinzessin Victoria Luise. Wir hatten nicht von dem hohen Besuch vorher gewusst, der uns zu unserer schönen Reise noch zugebilligt wurde.«

1907 hatte Wilhelm II. auf Korfu die Sommerresidenz *Achilleion* der österreichischen Kaiserin Sissi gekauft, die seit deren Ermordung 1898 in Genf verwaist war. Ein Denkmal, das Sissi zu Ehren des von ihr verehrten Dichters Heinrich Heine im Park des Schlosses hatte aufstellen lassen, ließ der Kaiser sofort abräumen, denn für ihn war Heine der »größte Schmutzfink im deutschen Dichterwald«. Für Else und Otto dürfte das keine Rolle gespielt haben, sie waren vor allem stolz darauf, zu den wenigen Deutschen zu gehören, »die ihren Aufenthalt mit dem Kaiserpaar teilen durften«.

Zurück in Berlin bezogen die jungen Eheleute ihre neue

Wohnung, die inzwischen behaglich eingerichtet war. Einen Ehrenplatz auf dem Schreibtisch bekam eine Bronzebüste des Alten Fritz, die ihnen Ottos Kameraden von der Kriegsakademie zur Hochzeit geschenkt hatten. Otto hatte sie sich gewünscht, »weil wir im ersten Jahr im Unterricht über Kriegsgeschichte die Feldzüge Friedrich des Großen durchgenommen hatten«.

In den Sommern zwischen den »Hörsaaljahren« reiste Otto Mossdorf zu den vorgeschriebenen Übungen bei Infanterie und Kavallerie. »Wozu ich mir für erstere die Kronprinzess-Grenadiere in Königsberg, für letztere das 2. Leib-Husaren-Regiment in Danzig-Langfuhr ausgewählt hatte, als der Kronprinz Kommandeur des ebenfalls dort stationierten 1. Leib-Husaren-Regiments war. Ich habe in beiden Fällen die Wahl nicht bereut.«

Von Königsberg aus genoss er den weißen Sand des Seebades Cranz (heute Selenogradsk), das mit der Eisenbahn schnell zu erreichen war. Die 1400 Meter lange Strandpromenade führte in westlicher Richtung zum Herrenbad und in östlicher zum Damenbad. Am Abend wurde die Promenade elektrisch beleuchtet, damals an der Ostseeküste eine einzigartige Attraktion. Die Hotels boten großen Komfort, die regionale Delikatesse waren die Cranzer Räucherflundern.

Nach Danzig begleitete Else ihren Mann. Sie wohnten gemeinsam in Zoppot (heute Sopot), »wesentlich feudaler« als Cranz. Es war seit 1823 Seebad mit Kursanatorium und entwickelte sich alsbald zu einem mondänen Urlaubsort. Die »Zoppoter Woche« Mitte Juli war mit Pferderennen, Radrennen, Segelregatten und einem vom Kaiser gesponserten Tennisturnier ein Publikumsmagnet. »Da man in beiden Kommandos für den ersten Monat ein Tagegeld von zehn

Mark über das Gehalt hinaus bekam, konnte man die Zeit schon nutzen.« Als Otto ins Manöver in die Tucheler Heide (heute Bory Tucholskie) abfuhr, besuchte Else die Güter ihrer westpreußischen Verwandtschaft.

Die Zeugnisse der Kriegsakademie bescheinigten Oberleutnant Otto Mossdorf gute Noten: Taktik »gut, ziemlich gut und sehr gut«, Befestigungslehre und Waffenlehre »ziemlich gut«, Französisch »gut«, Generalstabsdienst »sehr gut«. Außerdem bestand er die Dolmetscher-Prüfung in Französisch. Seine Kameraden dichteten für ihn nach der Abschlussprüfung:

Wer blickt so finster drohend und schlau?
Herr Mossdorf ist es aus Hagenau.
Ein Meister der Geige nach einem ›on dit‹.
Im Hörsaal hört selten man ihn oder nie.

Während Otto Mossdorf auf der Kriegsakademie über Taktikfragen brütete und sich mit Sandkastenspielen beschäftigte, spitzte sich die Lage in Südosteuropa immer mehr zu. Um von innenpolitischen Problemen abzulenken und die Massenauswanderung in die USA und nach Südamerika einzudämmen, verlangte Italien ultimativ vom Osmanischen Reich, seine nordafrikanischen Besitzungen Libyen und Cyrenaika abzutreten. Als die Türkei sich weigerte, annektierten italienische Truppen die Gebiete als neue Kolonien.

Kurz darauf, im Herbst 1912, sah ein Bündnis aus Serbien, Bulgarien, Griechenland und Montenegro die Zeit für gekommen, das militärisch durch die Niederlage und interne Aufstände geschwächte Osmanische Reich im Ersten Balkankrieg aus Europa zu verdrängen. Die osmanischen Soldaten erlitten Niederlage auf Niederlage. Auf Druck der

Großmächte endete der Krieg Ende Mai 1913 mit dem Londoner Vertrag. Das Osmanische Reich musste sich bis auf Ostthrakien aus Europa zurückziehen. Die Jahrhunderte währende Herrschaft der Osmanen auf dem Balkan war auf einen Schlag beendet.

Doch bei der Aufteilung der Kriegsbeute gerieten die ehemaligen Verbündeten schnell in Streit. Schon im Juni 1913 begann der Zweite Balkankrieg, der mit großen Gebietsverlusten für Bulgarien endete, Serbien verdoppelte sein Territorium. Fast 400 000 Soldaten waren in den beiden Kriegen gefallen oder schwer verletzt worden. Nicht gerechnet die zahlreichen Zivilisten, die Opfer ethnisch motivierter Massenmorde wurden. Der Balkan hatte sich zu einem Pulverfass entwickelt. Russland vertrat seine Interessen an der Seite von Serbien. Die Spannungen mit Österreich-Ungarn, das 1908 Bosnien annektiert hatte, verschärften sich. Es fehlte nur noch ein Funke zur Explosion.

Am 28. Juni 1914 erschoss ein jugendlicher Attentäter in der bosnischen Hauptstadt Sarajevo den österreichischen Thronfolger Erzherzog Franz Ferdinand und dessen Frau Sophie bei ihrer Autofahrt durch die Stadt. Kaiser Wilhelm brach bei der Nachricht die Kieler Woche ab und fuhr zurück nach Berlin. Else Mossdorf notierte in ihrem Tagebuch: »Erzherzog Franz Ferdinand und Frau ermordet.« Um dann vergnügt wie immer fortzufahren: »Werner bei uns zu Tisch und Kaffee. Abends wir 3 bei Ernst und Mussi – sehr, sehr gemütlich und fidel bis 2 Uhr.«

Am 27. Juli verkündete das mit Russland verbündete Serbien die Mobilmachung. Einen Tag später erklärte Österreich-Ungarn Serbien den Krieg. Der russische Zar befahl daraufhin die Mobilmachung. Unter dem 30. Juli schrieb Else nun hoch besorgt: »Die politischen Nachrichten lauten immer schlimmer. Mit Otto das Burschenzimmer aufgeräumt, Satteltaschen etc. nachgesehen. Um 7 Uhr Telegramm: Umgehende Meldung beim Regiment! – Mein Otto – bis 2 Uhr gepackt und bis 1/2 6 geruht. Mein Glück, Mein Alles.«

Am nächsten Tag stellte Kaiser Wilhelm II. dem Zaren ein Ultimatum. Gegen 18 Uhr verkündeten Extrablätter der Berliner Zeitungen den »allgemeinen Kriegszustand«. Der Erste Weltkrieg hatte begonnen.

Kapitel 5

MONOKEL, SEIDENHEMDEN UND ZIGARREN – OTTO ZIEHT IN DEN KRIEG

Otto Mossdorf war am Sonntagnachmittag, dem 28. Juni 1914, mit der Elektrischen unterwegs zu einem abendlichen Familientreffen. Am Fehrbelliner Platz stoppte die Straßenbahn, der Schaffner stieg »plötzlich ab und brachte ein zerknittertes Papier herauf, das sich als Sonderblatt des *Lokal-Anzeigers* entpuppte«, woraufhin er »über die Schultern des Mannes die erste Meldung von der grausigen Mordtat las. Es ging uns damals heiß und kalt über den Rücken.« Wenig später telefonierte er mit seinem Schwager Werner Krause, und sie waren sich sofort einig: »Das gibt die Veranlassung zu einem Weltkrieg.«

Doch zunächst blieb noch alles ruhig, nur das diplomatische Säbelrasseln verstärkte sich. Otto unternahm ab 1. Juli wie geplant nach Studienende an der Kriegsakademie die obligate dreiwöchige Abschlussreise durch Mecklenburg, das Vergnügen stand dabei im Vordergrund. In Gedanken war Otto schon in Frankreich. Dort wollte er bis zum 1. Oktober seine Französischkenntnisse aufpolieren und nebenbei das Land genießen. Per Schiff sollte es bis Cherbourg gehen. »Dann ein langsames Trotten durch die Bretagne: St. Malo, St. Dinard, dann Belle Isle, Loire mit ihren Schlössern, und, wenn das Geld noch reichte, noch einige Tage Paris.« Da ihm die Passage auf dem neuen Hapag-Flaggschiff *Imperator* mit

150 Mark zu teuer schien, buchte er die Reise mit der *Kronprinzessin Cäcilie* für den 6. August. Doch da tobte schon der Krieg.

Vorsorglich erkundigte sich Otto Mossdorf am 30. Juli 1914 bei seinem Regiment in Hagenau nach dem Stand der Dinge und erfuhr, dass er zum »Ältesten Offizier der 2. Batterie des Regiments« berufen worden war. Er solle sich bereithalten. Eines Nachmittags berichtete sein Bursche Heinrich Nössler, er habe beim Mittagessen einige von Ottos Akademiekameraden getroffen, die zu ihren Regimentern gerufen worden seien. Ein Alarmsignal. Sofort musste Heinrich, der im Burschenzimmer im Dachgeschoss der »83« wohnte, die Pferdedecken ausklopfen, in denen sich die Motten eingenistet hatten. Weil kein Klopftag war, wollte der Hausmeister diesen Frevel stoppen. Auch in Krisenzeiten mussten schließlich die Vorschriften eingehalten werden. Aber Heinrich hielt sich an das Wort seines Herrn.

Der saß derweil unruhig am Kaffeetisch. Es klingelte. Vor der Tür ein Postbote. Doch der hatte kein Telegramm, sondern den Sold für Heinrich. Kurzes Aufatmen, aber die Spannung blieb. »Die Zeit vergeht schneckenartig. Gegen 7 Uhr abends wieder ein Klingeln. Ich gehe äußerlich ruhig selbst hinaus, gefolgt von Else: der Telegrammbote! Telegramm. Inhalt: ›Umgehend Meldung beim Regiment.‹ Else ruft: ›Also doch!‹ worauf der Bote eisig antwortet: ›Ja! Jetzt müssen sie alle zurück!‹«

Nun brach Hektik aus. Die Szene trägt groteske Züge, wenn man liest, was Otto Mossdorf für seinen Kriegseinsatz alles benötigte. »Was ist alles in der kurzen Zeit noch zu tun. Denn natürlich fehlt noch Dies und Das an der Mobilmachungs-Ausrüstung. – Kursbuch! Heute Abend noch fahren? Eine Nacht im eigenen Hause wird man noch vergönnen. – Telephon, an Gerold: ›Sofort Zigarren und Zigaretten schicken.‹ – ›Sind in ¾ Stunden da.‹ – An Meester: ›Brauche sofort 2 Brillen, 6 Monokel.‹ – ›Jawohl! Welche Augenweite? Sind in einer Stunde im Hause!‹ – An Kühl, Leipziger Straße: ›Brauche sofort: Seidene Hemden, vier Stück. Können Sie die Auswahl noch heute Abend schicken?‹ – ›Jawohl, das Fräulein kommt selbst.‹« Eine Stunde später probierte Otto die Hemdenauswahl an, entschied sich und zahlte bar. Die Verkäuferin ließ vor lauter Aufregung ihren Schirm stehen. Erst später bemerkte Otto, dass er in dem heillosen Durcheinander statt seidener Hemden seidene Unterhemden ausgesucht hatte.

Mutter Rosa besorgte derweil beim nahen Feinkosthändler noch einige Konserven, sie musste sich sputen, denn um zwanzig Uhr war Ladenschluss. »Währenddessen beginnt die Packerei. Dazwischen Abendessen – besser -würgen! Es schmeckt nicht.« Auf telegrafische Anfrage antwortete das Regiment nicht. Bis nachts um halb zwei wurden Koffer gepackt. »Oh, selige Minuten, bis wir uns endlich zum Schlummer legen. Seligste Worte, die gestammelt werden, Worte des Dankes auf beiden Seiten, Worte des gemeinsamen Glückes! Wie hat uns Gott bisher gesegnet, er wird auch weiter helfen!«

Morgens um halb sieben stand Heinrich bereit, »Feldkoffer und Handkoffer« wurden in ein Taxi verladen. Mutter Rosa und Else fuhren mit zum Anhalter Bahnhof. Dort herrschte großes Gedränge. Otto, in Felduniform, erklärte dem Zugführer, dass er seinen Burschen in die zweite Klasse mitnehmen müsse – »Dienst! – Er fasst sich an die Mütze. Erledigt!«

Die zwanzig Minuten bis zur Abfahrt des Zuges gingen Else und Otto vor dem Zug auf und ab. Seit Ende März wussten sie, dass sie schwanger war. Am 28. März hatte sie in ihr Tagebuch geschrieben: »Vorm. ich bei Mussi, unser Geheimnis erzählt! Und um verschiedene Ratschläge gebeten.« Ende Juli war sie bei ihrem Frauenarzt. »Nachm. bei Dr. Peters, der sehr zufrieden mit mir.« Nun war sie im siebten Monat, und Otto musste in den Krieg. Der schrieb in seinen Erinnerungen: »Ein letzter langer Kuss! Wenig Tränen, tapfere Frau! Und Winken, bis der Zug in die Biegung macht. Ade!« Und sie notierte: »Um 8 Uhr entschwindet er unseren Blicken. Zurück in die verlassene Wohnung.«

Durch ein Telegramm alarmiert stand Mutter Amalie Mossdorf am Erfurter Bahnhof. Sie wollte ihren Sohn Otto ein Stück per Bahn begleiten. »Steige mit Mutter in ein leeres Abteil 1. Klasse, um ungestört schwatzen zu können. Mutter scheint tatsächlich an Krieg nicht zu glauben. Mein Optimismus hilft wohl den schönen Gedanken noch nach. Denn wir sprechen mehr über alles andere als Krieg.« Später gingen sie in den Speisewagen, »essen muss der Mensch auch … Bis Bebra fuhr Mutter mit. Der Abschied war ernst, aber ohne Tränen«. Der Kaiser hatte ja vollmundig erklärt, dass die Soldaten Weihnachten wieder zu Hause seien.

Vor Frankfurt hielt der Zug längere Zeit an einer Brücke, die von Soldaten in Felduniform bewacht wurde. Auf dem Frankfurter Bahnhof herrschte ein heilloses Gedränge. Militärgepäck wurde schon bevorzugt abgefertigt, private Koffer blieben liegen. Extrablätter verkündeten: »Rußland mobilisiert allgemein.« Über Ludwigshafen ging es nach Hagenau.

In der Kaserne traf Otto Mossdorf bekannte Gesichter und neue Kameraden. »Schon steht der Schampus vor mir. Man stößt vergnügt an, als wenn gar nichts Schweres bevorstehe. Man macht Witze, erzählt Anekdoten und denkt, ich bringe einen Sack Neuigkeiten mit. Weiß aber nicht mehr als sie.«

In der Stadt machten alle möglichen Gerüchte die Runde, »verdächtige Elsässer« wurden verhaftet. Bemerkenswert fand Oberleutnant Mossdorf am Tag der Mobilmachung:

»keine begeisterte Bevölkerung, keine Umzüge, keine Ansprachen! Russland und Frankreich ist der Krieg erklärt, wir kämpfen an der Seite Österreichs. Italien hat noch nichts verlauten lassen.« Otto bekam den Befehl, die 2. Batterie innerhalb von fünf Tagen zu mobilisieren. Ersatzmannschaften und Reserveoffiziere mussten eingekleidet, Pferde beschafft werden. Geschütze und Fahrzeuge wurden überprüft, alles in Ordnung. Zum Schluss wurde noch ein Fässchen mit Rum gefüllt und eine Fleischhackmaschine angeschafft. Als der Regimentskommandeur am sechsten Tag die Truppe inspizierte, gab es Alarm: »Französische Flieger im Anmarsch gemeldet!« Es blieb bei der Warnung, und Ottos Batterie bestand die Überprüfung ohne Kritik.

Am 3. August schrieb Otto aus Hagenau an Else: »Manche Familien haben fünf und mehr Söhne unter die Fahne stellen müssen. … Gestern kamen die ersten Freiwilligen. Studenten drängen sich zur Fahne! Wie schön das ist!«

Nun hieß es abwarten, die ersten Nachrichten vom Vormarsch der deutschen Armee wurden bekannt. »Die schnelle Einnahme von Lüttich erweckte große Freude und wurde gleich als beste Vorbedeutung genommen. Unser schneller Vormarsch in Belgien erschien als das, was er war: eine große Leistung. Aber die Teilnahme Englands am Kriege wurde allgemein als gemeinste Hinterhältigkeit gebrandmarkt.«

Der Sturm auf Lüttich (5. bis 16. August 1914) war die erste Offensive nach dem Schlieffen-Plan. Den hatte Generalfeldmarschall Alfred Graf von Schlieffen 1892 ausgearbeitet und bis 1905 immer weiterentwickelt. Um die französische Festungslinie, die *Barrière de fer* von Verdun bis Belfort, zu umgehen, sollten starke deutsche Verbände unter Bruch der Neutralität von Belgien, Luxemburg und den Niederlanden nach Nordfrankreich vorstoßen und die feindlichen Truppen dann vom Rücken her angreifen. Schlieffens Nachfolger,

Helmuth von Moltke, lehnte den Marsch durch Holland ab, und so war die schnelle Eroberung der Stadt Lüttich und ihrer Forts entscheidend, weil die Straßen und Eisenbahnverbindungen hier unerlässlich für ein ungehindertes Vordringen nach Frankreich waren. Deutsche Generalstabsoffiziere hatten als Touristen getarnt das Gelände schon seit 1908 ausgekundschaftet. Die Schlagkraft der belgischen Armee wurde als gering eingeschätzt, der Generalstab machte sich über die »Praliné-Soldaten« lustig.

Es zeigte sich allerdings schnell, dass dies ein verlustreiches Vabanquespiel war, denn die Belgier leisteten erbitterten Widerstand. Und gegen die Erwartung der Militärführung erklärte Frankreichs Verbündeter Großbritannien dem Deutschen Reich den Krieg. Der von Moltke geplante »Handstreich« in Lüttich scheiterte, erst nach zwei Wochen kapitulierten die letzten Forts. Gegen vermeintliche Freischärler ging die Armee gnadenlos vor. Ganze Ortschaften wurden geplündert und niedergebrannt, ohne vorgeschriebenes Feldgericht wurden innerhalb weniger Tage mehr als 5000 Zivilisten getötet.

Von alledem hatte Otto Mossdorf in der Etappe keine Ahnung. »Von der Kriegslage erfuhr man natürlich nichts. Daran muss der Frontsoldat sich gewöhnen.« Er wartete auf den Befehl zum Aufbruch. In aller Heimlichkeit nachts um halb drei wurde seine Batterie am Bahnhof von Hagenau verladen, alles klappte wie geplant. In »einem leidlich bequemen 2. Klasse-Wagen« fuhr Otto an der Seite des Batterieführers Hauptmann Krüger an die Front. In dem kleinen lothringischen Ort Insmingen war die Reise zu Ende, nun mussten Pferde Kanonen, Munition und Vorräte ziehen. Menschen und Tiere litten unter der sengenden Sommerhitze. Über die Garnisonsstadt Dieuze erreichte die Truppe Weißkirchen. »Vom Kriege immer noch nichts zu merken.«

Zu seiner Überraschung wurde er plötzlich als Nachrichtenoffizier zur 42. Infanterie-Division abkommandiert, die in Dieuze stationiert war. Noch in der Nacht traf er hoch zu Ross dort ein, begleitet von seinem Burschen Heinrich. Otto Mossdorf bekam als Meldereiter einen Ulanen und einen Musketier zugeordnet. Am nächsten Morgen um neun Uhr brach die Gruppe nach Maizière auf, wo der Stab der 42. Infanterie-Division lag. Dort herrschte gehobene Stimmung, denn gemeinsam mit der Bayerischen Kavallerie-Division hatten sie wenige Tage zuvor das Gefecht bei Lagarde siegreich beendet, 1400 Gefangene gemacht und elf feindliche Geschütze erbeutet. Doch wegen der großen eigenen Verluste – 235 tote oder schwerverletzte Offiziere und Mannschaften und mehr als 300 tote Pferde – war es die letzte große Kavallerie-Attacke an der Westfront.

Otto Mossdorf geriet in die Vorbereitungen der nächsten Angriffe hinein. »Zur Nachrichtenübermittlung habe ich mich meist des Fernsprechers bedient, zu reiten gab es weniger, oft stellte man ein Auto bei wichtigen, eiligen Sachen zur Verfügung.« Kurz darauf erlebte er, dass selbst im Stab einer Division Befehle ankamen, die große Verwunderung und Widerwillen auslösten. Im Postzimmer des Stabes erreichte ihn der Befehl des Armeekorps: »Die 42. I. D. geht noch in der Nacht in eine Linie südöstlich Dieuze zurück!« Die Offiziere waren fassungslos, sie sollten nach dem Sieg das eroberte Terrain wieder aufgeben. Auch Generalleutnant Hasso von Bredow war empört.

Nur wenige Tage später, am 20. August, folgte der nächste Angriff. Die Franzosen zogen sich zurück. In der Schlacht von Nancy-Lunéville kam der deutsche Vormarsch dann allerdings zum Stillstand. Die 31. Infanterie-Division war über Fraimbois und Moyen bis Gerbéviller südlich von Lunéville vorgestoßen, konnte das Landstädtchen aber zunächst nicht einnehmen: »Die Spitze wird bei dem Durchschreiten aus den Häusern beschossen, auf dem Kirchturm Maschinengewehre! Also die männliche Bevölkerung ist zum Franktireurtum aufgestachelt.« So bezeichnete die deutsche Armee seit dem Krieg von 1870/71 Partisanen.

Nun wurde Otto Mossdorf Zeuge eines gnadenlosen Gemetzels: »Es sollte schwer gestraft werden. Ich kam gerade dazu, wie die ganze Artillerie in offener Stellung Lage auf Lage in das unglückliche Städtchen warf. Die männliche Bevölkerung wurde herausgeholt und nach kurzem Kriegsprozess auf freiem Feld erschossen. Ich kam bei einem vollstreckten Urteil vorbei: 12 Zivilisten lagen nebeneinander! Alte und Jungen! 2 Brüder darunter. 3 sah ich im Walde laufend entkommen. Abends nach meiner Rückkehr holten sie noch die letzten heraus und legten sie sofort um. Ich hatte noch einen Ritt zum Generalkommando gehabt, das in einem Dorf auf dem rechten Flügel saß. Gegen Abend zurück nach Moyen, noch mal vorbei an nunmehr gänzlich in Flammen stehendem Gerbéviller. Frauen und Kinder verängstigt auf den Feldern. Brüllendes Vieh auf dem Acker umherirrend.«

Der deutsche Vormarsch nach dem Schlieffen-Plan war nach der Schlacht an der Marne im September 1914 in der Kriegsrealität endgültig gescheitert. Und Otto Mossdorf notierte: »So wurde hier in Lothringen der erste Stein zum 2. Teil des Feldzuges, zu unserem Rückzug hinter die Aisne gesetzt, und damit der erste Schritt zu dem langwierigen Positionskrieg in Flandern und der Champagne getan.«

Nahe dem Dorf Fonches im Departement Somme grub sich Ottos Batterie ein, und er ließ zum ersten Mal splittersichere Dächer über die Gräben bauen. Seine Beobachtungsstelle »war ein Loch von 3 m Länge, 1 ½ m Breite und 2 m Tiefe. Darin saß ich mit meinem Beobachtungsoffizier, einem Fernsprechoffizier und einem Scherenfernrohroffizier.

Da war für jeden nicht viel Platz«. Die französischen und deutschen Geschütze beschossen sich regelmäßig, nur bei Nebel herrschte Ruhe. Die Versorgung der Soldaten war äußerst schwierig, weil Scharfschützen auf jede Bewegung an der gegnerischen Front mit Gewehrsalven reagierten. Otto Mossdorfs Bursche Heinrich Nössler setzte mehrfach sein Leben aufs Spiel. »Man war erstaunt, als er am ersten Tag, wie ein Hund kriechend, den Henkel des vollgefüllten Kochkessels im Mund, zur Be.-Stelle angekrochen kam.« Er hatte im Hinterland einige Hühner beschafft und daraus eine kräftige Bouillon gekocht. »Auch sonst musste jedermann Heinrich als eine Perle anerkennen.« Nicht zuletzt, weil er ein großes Talent entwickelte, stets Wein und Champagner zu beschaffen, wo immer die Truppe Quartier bezog.

Wie aus heiterem Himmel kam der Befehl, die 6. Armee, zu der auch Mossdorfs Truppe gehörte, werde verlegt. Warum und wohin war unbekannt. Zunächst sah es wie ein Rückzug aus, alle zuvor eroberten Landstriche wurden durchquert. Im Eifelstädtchen Hargarten nahe der luxemburgischen Grenze wurden Kanonen, Munition und Pferde auf einen Zug verladen. Die Offiziere bekamen Landkarten von Nordfrankreich. Nach eineinhalb Tagen erreichte die Truppe St. Quentin in der Picardie, von hier aus marschierte sie nach Dallon, überquerte die Somme und rückte bis Libremont vor. Hier wurden neue Geschützstellungen ausgehoben und Gräben gezogen. Inzwischen hatte die gegnerische Artillerie nicht nur gradlinig schießende Geschütze aufgefahren, sondern dazu Haubitzen und Mörser, die auch Ziele hinter Deckungen mit Steilfeuer bekämpfen konnten. Schrapnell-Munition, mit Eisenkugeln gefüllte Granaten, wurde verschossen. Die Gefechte wurden immer mörderischer. Innerhalb von 24 Stunden bauten die Mannschaften drei immer weiter rückwärts gelegene Stellungen. Erneut wurde die Truppe verlegt, wurden Angriffe vorgetragen, Landgewinne gemacht und wenig später von Franzosen und ihren englischen Verbündeten zurückerobert, was das Signal für neue Angriffe war. »Der spätere Stellungskampf warf schon jetzt seine Schatten voraus.«

Seiner Frau Else schrieb Otto Anfang September: »Die Herren Rothosen ließen uns heute ganz in Ruhe, sodaß ich mit Major Wunsch und Hanns Hundt in unserem Lehmloch einen ruhigen Skat spielen konnte.« Wenige Tage später war die Stimmung wieder gekippt: »Ja, wenn der Krieg bald zu Ende wäre! Wer wünschte es in Gedanken an seine Lieben nicht? Aber erst, wenn unsere Feinde ganz mürbe sind, besonders auch die englischen Hunde, dann können wir Frieden machen.«

Am 11. Oktober erreichte Otto Mossdorf in Liancourt ein Brief seiner Schwiegermutter Rosa Krause: »Mir war am 4. Oktober ein gesundes ›Kriegsmädel‹ geboren. Hurra! Hurra! Hurra! Mutter und Tochter erfreuen sich der vorzüglichsten Gesundheit. Sie soll Anne-Regine heißen! Eine kleine Königin soll sie werden, der 4. Oktober war ja ein Sonntag! Leider hatten wir keinen Champus, um dieses Fest würdig zu begehen.«

Am 31. Juli hatte Otto Mossdorf seine schwangere Frau Else in Berlin zurücklassen müssen. Am nächsten Tag bekam sie überraschenden Besuch:

> *Tante Grete mit Annemarie, Elisabeth mit den drei Kindern und dem Kinderfräulein Emma, geflüchtet aus Westpreußen aus Angst vor den Russen. Bleiben 8 Tage bei uns. Fremdenzimmer und Ankleidezimmer werden für sie hergerichtet. Ziehen dann in eine kleine möblierte Wohnung in der Aschaffenburger Straße. 8 Tage später kommen unsere ostpreußischen Verwandten aus Quan-*

ditten. Beide Parteien bleiben den Winter über in Berlin.

Die Russen hatten wie befürchtet im Osten die zweite Front eröffnet und Teile von Ostpreußen besetzt. Viele Familien flüchteten gen Westen. Erst mit der Schlacht bei Tannenberg Ende August konnten die deutschen Truppen unter dem Kommando von Paul von Hindenburg den russischen Vormarsch stoppen.

Am 11. August vermerkte Else in ihrem Tagebuch: »Abends ein lieber Brief. In der Nacht von 7 bis 8 sind sie aus Hagenau fort – wohin? Was wird die Zukunft bringen? Gott schütze unser Glück!« Nun folgten ständig Eintragungen wie »Keine Nachricht von meinem Liebling«, »wieder keine Nachricht von Otto, es ist schrecklich«, »mit der Morgenpost nichts« – dann: »Endlich Nachricht. Wie froh und glücklich ich bin!«, »Gott sei Dank wieder eine Karte«, »abends 2 lange Briefe und eine Karte von Otto«. Am 1. September: »Vorm. Gang auf die Polizei und aufs Rathaus, die Familienzahlung abholen.«

Am 4. September kamen die Schrecken des Krieges dann ganz nah: »Nachm. telefonierte Tante Anna von Krause, dass Ernst schwer verwundet – Bauchschuss und rechte Hand zerschmettert. Armer Ernst, arme Mussi.« Am 6. September notierte sie ganz Privates: »Gegen $^1/_2$ 6 kam Frau Junghenn. Sie brachte mir ganz entzückende Babysachen, meine Freude war groß.« 12. September: »Mit Gertrud Klinikköfferchen gepackt.« Endlich am 4. Oktober: »Morgens um 3 Uhr aufgewacht, um 6 Uhr Mutter geweckt, gegen 8 Uhr in die Klinik. Um 10 Uhr brachte mir Mutter 2 Karten von Otto. Gott sei Dank! Um $^1/_2$ 4 war unser Mädel da! 8 $^1/_2$ Pfund, 55 cm lang, 36 cm Kopfumfang – ein Prachtding!«

Eine Woche später notierte sie: »Unserer Kleinen und mir geht es weiter gut. Nachm. zum 1. Mal aufgestanden, gar nicht schwach. Otto eine Haarlocke von unserer Kleinen geschickt. Muttchen brachte mir die Nachricht, dass Otto Hauptmann geworden.«

Das ständige Umziehen von einem Ort zum anderen setzte sich für den jungen Vater an der Westfront fort. Von Liancourt wurde seine Truppe nach Etalon verlegt, von dort nach Dreslincourt, wo Otto in einem Gutshof Quartier bezog – »ganz ordentlich mit Grammophon«. Hier erreichte ihn die Meldung: »Oberleutnant Mossdorf durch A. K. O. (Allerhöchste Kabinetts-Order) zum Hauptmann befördert.« Er nahm die Nachricht gelassen: »Ein gewisses Erstaunen, ob der für damalige Zeit sehr schnellen Beförderung. Aber Möller und Klostermann waren auch Hauptmann geworden, also war es nicht so schlimm mit der Schnelligkeit.«

Tags darauf neuer Befehl, Abmarsch nach Hattencourt, wieder neue Stellungen bauen. Hier folgte die nächste freudige Überraschung: »Mitten in der Arbeit wurde ich zum Oberstleutnant in die Batteriestellung befohlen, der mir mit einer kleinen Ansprache das Eiserne Kreuz II. Klasse überreichte.« Und wenig später wurde ihm das Kommando über die 2. Batterie übertragen, die er in Hagenau für den Kriegseinsatz vorbereitet hatte. Ein Reigen guter Meldungen für Otto Mossdorf. Aber militärisch gab es keine Erfolgserlebnisse.

Immer neue Angriffe auf feindliche Stellungen wurden befohlen, die meisten waren »missglückte Unternehmungen«, wie Hauptmann Mossdorf in sein Notizbuch schrieb. Und dann passierten auch noch solche Pannen wie am 22. Oktober, dem Geburtstag von Kaiserin Auguste Viktoria – nebenbei auch Elses Geburtstag –, der an der Front zünftig begangen wurde. »Es sollte Salut geschossen werden. Programm: 7 Uhr abends gibt 3. Batterie eine Gruppe ab. 7.01 Uhr ruft alles in den Schützengräben und Batteriestellungen Hurra. 7.02 Uhr feuern die anderen Batterien eine Gruppe. – Der Erfolg war ein wütendes Geschiesse der Franzosen, die meinten, dass ein allgemeiner Angriff käme. Leuchtkugeln stiegen! Natürlich kam der Angriff nicht. Aber 1 Toter, 2 Verwundete bei der Infanterie in unserem Abschnitt war das wenig erfreuliche Resultat dieser Schiesserei.«

Einziger Lichtblick war ein freier Tag mit Einkaufsbummel in St. Quentin. »Hier erstand ich für mein Anne-Reginchen ein kleines Goldkettchen … Dann ist in St. Quentin ein gutes Spitzengeschäft in einer Seitenstraße des großen Platzes. Dort sah man viele Offiziere Weihnachtsgaben erstehen. Ein kleiner, handgestickter Kragen war meine Ausbeute … Viel Armut in der Stadt. Wie oft wird man angebettelt! Fast italienische Verhältnisse. So schön diese Ausflüge waren, einen Nachteil haben sie doch: die Rückkehr in den alten Dreck.«

Kurz vor Weihnachten kam ein Brief von Else, in dem sie begeistert über den Zusammenbruch der russischen Offensive an der Ostfront berichtete: »Die Glocken läuten, wohin man blickt wehende Fahnen … Du, und dann hat Deine Frau etwas getan, lach nicht darüber. Ich musste jemand etwas Liebes tun vor lauter Freude, da hab ich mir bei Gerold eine Kiste Cigarren gekauft und unterwegs die Cigarren an verwundete Soldaten verteilt. Ich hab eine unglaubliche Freude daran gehabt.«

Wieder zurück an der Front erhielt Otto Mossdorf Paketpost aus der Heimat – Else, Ottos Mutter und seine Schwiegermutter hatten für jeden Mann in Ottos Truppe Geschenke zusammengepackt. »Eine Kiste war gefüllt mit Würsten. Dann gab es Pfeifen in großer Zahl, wollene Sachen und andere gern gesehene Sachen.«

Otto Mossdorf war natürlich überglücklich angesichts der Großzügigkeit aus der Heimat, konnte sich gleichwohl nicht uneingeschränkt darüber freuen. Denn seine I. Abteilung sollte als Armeereserve aus den kämpfenden Verbänden herausgezogen werden. Und der Hauptmann musste Entscheidungen der obersten Heeresleitung verdauen: »Kurz vor Weihnachten kam der Befehl, dass ich $^{2}/_{3}$ meiner Batterie abzugeben hätte, die den Stamm zu neuen Reserveformationen bilden sollten.« Als Ersatz bekam er »lahme Pferde, viel bestrafte Leute, miserable Ausrüstung, meist gar nichts vorhanden. Statt einer durch 5 Kriegsmonate erprobten, zusammengeschweißten Batterie habe ich jetzt ein Sammelsurium von drei verschiedenen Teilen fremder Batterien. Es wird einige Zeit vergehen, bis sich dieser Brei zu einem genussreichen Kuchen verarbeitet hat«. Sein Fazit am Ende des Kriegsjahres 1914: »Stellungskampf in derselben, schon lange innegehabten Linie. Dauernde Artilleriekämpfe, in unserer Front weniger heftig.« Besonders schrecklich empfand er nach Regengüssen »den entsetzlichen Dreck, unter dem hauptsächlich die Infanterie in ihren Gräben zu leiden hatte. Bei schönem Wetter sah man dann Deutsche und Franzosen Bäche schmutzigsten Lehmwassers aus den Gräben schöpfen.«

Am Silvesterabend saß Otto Mossdorf mit seinen Männern in der Batteriestellung, die Kerzen am künstlichen Weihnachtsbaum, den Else im Kaufhaus Wertheim besorgt und an die Front geschickt hatte, waren angezündet, um Mitternacht wurde mit den Punschgläsern und »Prosit Neujahr!« auf 1915 angestoßen. Ansonsten herrschte Schweigen. Zu Ottos Überraschung sagte plötzlich sein Pferdebursche Hilbricht, »ein Kerl, der sonst nur die tollsten und hässlichsten Schimpfwörter im Mund trägt: ›Und dass der Herr Hauptmann das kleine Fräulein recht bald kennen lernen möchte.‹«

Den nächsten Tag verbrachte Hauptmann Mossdorf wieder in seinem feuchten Beobachtungsstand, dem »Be-Loch«, und hing trüben Gedanken nach. »Denke nicht, du altes Frontschwein! Steck deine Nase in den Dreck, in dem du täglich watest. Nicht denken, verdummen, verblöden!«

Zwei Wochen später konnte er von einem Tag Fronturlaub auf Schloss Fresnes in der Nähe des Dorfes Puzeaux berichten, wo er mit seinen Männern stationiert war. Geladen hatte der Regimentskommandant. »Es gab wundervolle Schweinerippchen mit Sauerkraut und grüner Erbsreibe, dazu wundervolles Münchner vom Fass.« Dazu sang Enrico Caruso Opernarien vom Grammophon. Nach dem Essen packte Otto Mossdorf seine Geige aus, und Oberleutnant Bretz setzte sich ans Klavier. »Das Pianino reichlich verstimmt, manche Töne schlugen gar nicht an. Aber es ging doch – Teil 1 und 2 von der 1. Sonate von Schubert, Largo von Händel und vier kleine Stücke von Grieg ... Du glaubst nicht, was das mir für Spaß gemacht hat! Da war aller Krieg und alles Geschieße weg«, schrieb er seiner Frau.

Schon im September hatte Otto Mossdorf darüber spekuliert, ob er nicht auch an der Ostfront eingesetzt werden könnte. »Ich denke, dass wir noch gegen die Russen müssen.« Jetzt im Januar 1915 berichtete er Else: »Es schwirren hier wieder einmal undefinierbare Gerüchte herum, dass wir hier wegkommen.« Nur eine Woche später: »Es wurde nun bekannt, dass wir rausgezogen und zu anderweitiger Verwendung bestimmt, mit der Bahn verschickt werden sollen, das ganze Korps. Wohin wusste niemand ... aber der Osten wird es wohl sein.« Und tags darauf schrieb er: »Morgen geht es per Bahn weg. Wir denken ziemlich sicher Russland. Und deshalb habe ich die stille Hoffnung, wir kommen über Berlin, und es lässt sich telegraphisch ein Wiedersehen erreichen.«

Am 20. Januar stand fest: »Das XXI. Armee Korps sollte zwecks Verwendung auf einem anderen Kriegsschauplatz zurückgezogen werden.« Die Aktion vollzog sich unter strengster Geheimhaltung. Die Aussicht auf den Wechsel rief bei Otto Mossdorf und seinen Männern eine merkwürdige Euphorie hervor: »Hatte nicht auch jeder die frohe Hoffnung auf einen frisch-fröhlichen Bewegungskrieg nach monatelangem Stellungskampf?«

In langen Märschen mit Kanonen und Tross erreichte die Truppe nach dreieinhalb Tagen die Kleinstadt Tergnier. Am Bahnhof gab es eine lange Rampe für Militärfahrzeuge, sodass die Verladung schnell erledigt war. »Besonders festes Vertäuen war anbefohlen, da statt den sonst gebräuchlichen 22 klm in der Stunde bis 40 klm in derselben Zeit durchfahren werden sollte.« Vom Bahnhofskommandanten erhielt Hauptmann Mossdorf drei verschlossene Couverts, die er nach zwölf, vierundzwanzig und achtundvierzig Stunden öffnen sollte. Das Ziel der Reise erfuhr er nicht.

Kapitel 6

»HERR HAUPTMANN, DIE RUSSEN KOMMEN!«

Otto Mossdorf war ein unbequemer Wagen zweiter Klasse der Bayerischen Eisenbahn zugeteilt worden. Sich auf den kurzen Bänken auszustrecken, war unmöglich. Mit vierzig Stundenkilometern dampfte die Lokomotive ostwärts. An die Karenzzeiten für die Briefe mochte sich der Hauptmann nicht halten, er riss die Briefumschläge auf. Er hielt sich wie früher zu Schulzeiten nicht an Befehle, wenn sie ihm vorschrieben, wie er sich persönlich zu verhalten hätte.

Brief eins verbot allen Soldaten, während des Transports Nachrichten nach Hause zu schicken. Im zweiten Brief hieß es, dass von Trier aus fehlende Bekleidung und Ausrüstungsstücke telegraphisch bestellt werden könnten, die dann in Berlin-Pankow bereitständen. Der dritte Brief war der interessanteste: Offiziere und Soldaten, die Polnisch oder Russisch sprechen konnten, sollten gemeldet werden. Damit stand für ihn endgültig fest: es ging gegen Russland.

In Charleville, dem Sitz des Hauptquartiers der Westfront, erfuhr Otto Mossdorf, dass der Kaiser nach einem Kurzbesuch gerade wieder Richtung Osten abgefahren sei. Über Sedan ging es nach Trier. Hier setzte er sein Bestelltelegramm nach Berlin ab und schrieb verbotenerweise auch einen Eilbrief an Else, den er einem ihm vertrauenswürdig erscheinenden Landwehrunteroffizier zur diskreten Beförderung gab. Der Brief kam an.

An der Mosel entlang fuhren sie nach Koblenz. Überall waren die Bahnsteige für Zivilisten gesperrt. »Bei aller Geheimnistuerei hätte man wenigstens für öftere Verabreichung von wärmendem Kaffee Sorge tragen können«, empörte sich Otto Mossdorf. In Limburg (»Auch hier strengste Absperrung! Kein Bier!«) glückte es ihm, den Burschen des Bahnhofskommandanten zu überreden, für ihn bei der Post heimlich ein Telegramm an Else aufzugeben – mit Zugnummer und den Haltestationen Moabit und Pankow. Am nächsten Morgen gab es Kaffee in Sangerhausen am Südharz. Dort nutzte er eine günstige Gelegenheit, um an weitere für ihn wichtige Informationen zu kommen. »Im Geschäftszimmer des abwesenden Bahnhofskommandanten erfuhr ich unser Eintreffen in Berlin-Grunewald: 3.27 Uhr nachmittags. Ich telegraphierte das sofort an meine Frau.«

Tatsächlich standen alle Verwandten pünktlich am Bahnhof Grunewald: »Frau, Schwiegermutter, Schwager mit Braut und – im Auto sollte noch ein ganz kleines Wesen mit dem Kinderfräulein sitzen! Aber strengste Absperrung erlaubte den Damen nicht das Betreten des Bahnsteiges.« Das gelang erst beim Lokwechsel in Moabit. Otto konnte den Bahnhof verlassen: »Meine Frau kam mir gesund und munter, nicht verändert gegen früher, entgegen. Die anderen fand ich ebenso wohl draußen … Klein-Anne-Regine brach sehr bald in lautes Geschrei aus, als sie den rauen Kriegervater einige Zeit betrachtet hatte.«

Otto und Else waren sich schnell einig, dass sie ihn ein Stück auf der weiteren Bahnreise begleiten sollte. In Moabit waren allerdings die strengen Absperrungen nicht zu überwinden. Vielleicht klappte es ja in Pankow. Dort griff Hauptmann Mossdorf zu einem Trick, er überredete einen Posten, »dass sie mir eine Ordonanz mitgaben, die meine Frau wieder zurückbringen sollte«. Als Nächstes meldete er sich beim

Bahnhofskommandanten und berichtete dem »von meiner eigenmächtigen Handlungsweise, wogegen dieser nichts einzuwenden hatte. Ja, er erlaubte sogar, dass meine Frau ohne Ordonanz zurückgehen durfte«.

Darauf hatte Otto Mossdorf nur gewartet: »Ich bugsierte meine Frau auf der abgewandten Zugseite in den Offizierswagen. Hierbei kam uns die Dunkelheit sehr zu statten und ferner noch, dass die Aufmerksamkeit aller dem Empfang der Ausrüstungs-Stücke zugewendet war.« Seine Kameraden waren überrascht über die neue Reisebegleiterin, empfanden sie aber als charmante Abwechslung. Über Eberswalde ging die Fahrt über Stettin nach Ruhnow. Am nächsten Morgen in Neustettin gab es zum Frühstück Kohlsuppe, Schweinebraten und Kaffee. Ottos Bursche Heinrich servierte Else die ungewöhnliche Mahlzeit formvollendet. Auf dem Bahnhof erfuhr Otto, dass Tilsit (heute Sowjetsk) das Ziel der Reise sei und normale Personenzüge nur noch nach und von Marienburg (heute Malbork) verkehrten. »Marienburg war bald, allzu bald erreicht. Ein sehr kurzer Aufenthalt ermöglichte mir nur, meine Frau eiligst durch die Bahnsperre zu geleiten – ein kurzer Abschied! 24 schöne Stunden waren vorbei.«

Königsberg wurde bei Nacht durchfahren, gegen vier Uhr erreichte der Zug Insterburg (heute Tschernjachowsk). Hier bekam Hauptmann Mossdorf den Befehl, bis Szillen (heute Schilino) zu fahren, dort Mannschaften und Material abzuladen und dreieinhalb Kilometer bis Klein-Neuhof zu marschieren. »Den ostpreußischen Winter lernten wir gleich auf dem Anfangsmarsch kennen. Wir gerieten aber noch in einen ordentlichen Schneesturm. Wie froh bin ich über meinen feinen Pelzmantel.« Den hatte Else ihm in weiser Voraussicht in Pankow mit an den Zug gebracht. Bei Schnee und minus vierzehn Grad ging es weiter ostwärts. »Hinter

Szillen setzten eine barbarische Kälte und ein schneidender Schneesturm ein.«

Mitten in diesen Vormarsch hinein eröffnete sich für Otto Mossdorf eine ganz neue Front, ein Familienkrieg. Schon Monate zuvor hatte seine Mutter einen Feldzug gegen Else begonnen. In zahlreichen Briefen an ihren Sohn wiederholte Amalie Mossdorf ständig ihre Vorwürfe: Ottos Frau sei viel zu alt, um noch viele Kinder zu bekommen, sie sei viel zu stämmig und obendrein keine gute Hausfrau, Enkelkind Anne-Regine sei viel zu dick, und der Name für das Kind völlig unmöglich. Nach dem jüngsten Besuch in Berlin kritisierte sie die angebliche Verschwendungssucht von Else – »Das Geld flog durch ihre Hände«. Otto hatte diese Vorwürfe seiner Mutter immer zurückgewiesen. Nun hatte Else davon erfahren und war verzweifelt.

In einem seitenlangen Brief an »Meine innig geliebte, beste Else! Liebste, beste Frau!« versicherte Otto ihr seine Liebe und beschwor sie, »nichts auf das Geschwätz« seiner Mutter zu geben. »Was Mutter über deine 30 Jahre schreibt und nicht mehr viel Kinderaussicht, traf mich wie eine Ohrfeige. Ich fand die Bemerkung so herzlos, wie ich gar nicht sagen kann. Herzlos, auch immer von Deiner Nase zu reden. Herzlos, unsere gute, gesunde Regine, so kurz im Leben, so zu kritisieren. Welche Freude, dass sie so lebhaft und kräftig ist.« Mit diesem Brief war Else getröstet durch »die besten, schönsten treuesten Worte, die wohl je ein Mann für seine Frau fand«. Ohnehin sollte sie wenig später Anlass zu ganz anderen Sorgen haben.

Der Vormarsch an der Ostfront ging weiter. Am 7. Februar 1915 begann die Winterschlacht in Masuren, mit der Generalfeldmarschall Paul von Hindenburg und sein Stabschef

General Erich Ludendorff die russischen Truppen aus Ostpreußen vertreiben wollten. Am 22. Februar war das gelungen. Zehntausende russische Soldaten wurden bei Augustów eingekesselt und gefangen genommen. Doch ein zweites »Tannenberg« – im September 1914 war die 2. Russische Armee vernichtend geschlagen worden – wurde diese Aktion nicht. Die Mehrzahl der russischen Einheiten konnte sich zurückziehen. Sie formierten sich bei der weißrussischen Großstadt Grodno zu einer neuen Frontlinie, die die Deutschen trotz massiver Versuche nicht durchbrechen konnten. Im Gegenteil, bei einer Gegenoffensive Mitte März machten die Russen 30 000 Gefangene.

Am 17. Februar 1915 schrieb Otto nach Berlin: »Aschermittwoch in Russland. Man ist hier ganz abgeschnitten, hört auch von anderen Gegenden gar nichts. Wir haben sehr anstrengende Tage hinter uns. Tausende von Gefangenen gemacht, Geschütze, Maschinengewehre genommen, vorgestern eine Divisionsbagage und Munitionskolonne. Ich reite jetzt eine Kosaken-Schimmelstute, erbeutetes Offiziers-Pferd. Klein, geht wie der Teufel.«

In einem 123 Seiten umfassenden Buch mit dem Titel *Kriegs-Erlebnisse* hat Otto Mossdorf in gestochener Schrift die Ereignisse dieses Feldzuges gegen die russische Armee aus seiner Sicht mit großer Akribie aufgeschrieben und mit zahlreichen Zeichnungen und Karten illustriert. Er schildert alles mit großer Sachlichkeit, spart dabei aber auch nicht mit Kritik am eigenen Oberkommando. Immer wieder empört er sich darüber, dass hohe Offiziere und Mitglieder des Generalstabes, die zur Inspektion an die Front kamen, sich diskutierend direkt neben seinen Beobachtungsbunker stellten und so die Aufmerksamkeit der feindlichen Artillerie auf sich und den Unterstand lenkten.

Er regt sich darüber auf, dass er wegen schlampiger Aufklärung unsinnige und lebensgefährliche Aufträge bekam. So bei der Schlacht am großen Forst von Augustów, wo die russische 10. Armee eingekesselt und besiegt wurde: »Nach Erteilung des Auftrages durch das Regiment erhielten die Offiziere eine nähere Orientierung durch die Abteilung. Diese war so unglaublich falsch, dass, wenn die Offiziere diese Punkte zu erreichen gesucht hätten, die ihnen von der Abteilung angegeben waren, so wären sie direkt in die russischen Linien hineingefahren! Glücklicherweise erkundigte sich Oberleutnant Kögler nochmals beim Brigadestab in Sopockinie nach Lage und Auftrag, welche beide wesentlich anders klangen. So wurde eine große Dummheit verhütet.«

Er schildert, wie nach blutigen Gefechten »unsere Verluste durch einen Irrtum vermehrt wurden. Als die Umgehungskolonnen des Infanterie-Regiments 70 von der Flanke die Gräben stürmten, hielt die Maschinengewehr-Kompanie diese Leute für Russen und mähte eine große Zahl mit eigenem Feuer nieder«.

Weil er immer wieder den berechtigten Verdacht hatte, dass er »so vollkommen unorientiert gelassen« in Kämpfe geschickt wurde, griff Otto Mossdorf zur Selbsthilfe: »Da ich von meinen Vorgesetzten hierin keine Besserung erhoffen konnte, so habe ich mir selbst nach besten Kräften geholfen. Zur Erreichung dieses Zweckes ist mir die russische Staatstelegraphenleitung sehr dienlich gewesen. Unsere sämtlichen Kommandobehörden bis einschließlich Armee Korps benutzten diese Strippe zur telephonischen Verständigung unter einander. Durch einfache Anknüpfung eines Drahtes meiner Leitung wurde ich Teilnehmer. Auf diese Weise habe ich manches interessante Gespräch, manch wichtigen Befehl im Wortlaut abgehorcht, wovon ich sonst nie ein Sterbenswörtchen erfahren hätte.«

Trotz ihrer Niederlage bei Augustów gingen die Russen

mit großen Massen Infanterie plötzlich zum Gegenangriff über. Völlig überraschend und von deutscher Infanterie nicht aufgehalten marschierten sie vor. Otto Mossdorf sah nur die Chance, die Angriffe mit massiven Artillerie-Salven zu stoppen. Er hatte Erfolg damit. In seinen *Kriegs-Erlebnissen* schreibt er sich in einen regelrechten Blutrausch: »Ich habe nur bewegliche Ziele vor mir. Da heißt es angespannt arbeiten! Alle Nerven sind in fieberhafter Tätigkeit. Aber es macht Vergnügen. Es ist seit langem eine Gelegenheit, sich zu betätigen. Man freut sich über jeden Feind, den man außer Gefecht setzt! Es ist Krieg! Da gibt es keine sentimentalen Regungen, wenn der Gegner anstürmt. Die können kommen, wenn der Kampf vorbei ist! Wenn der Gegner nicht als Gegner, wenn er als Mensch vom Menschen zu behandeln ist. Jetzt heißt die Parole: Töten! Zerschmettern! Das ist kein Mord! Das ist Pflicht! Pflicht zum Besten des Vaterlandes!«

Als er jedoch in der letzten Phase des Gefechts seinen Major mit Monokel im Auge über jeden Toten Freudentänze aufführen sah und dessen Jubelrufe hörte: »Sehen Sie den Kerl! Da überschlägt er sich! Steht nicht mehr auf! Dort der Nächste …«, wendete er sich angewidert ab: »Sein Verhalten war jedes Offiziers unwürdig. Es ist zwar unsere Pflicht, im Krieg Menschen zu töten. Es ist aber taktlos und erinnert an das Freudengeheul unzivilisierter Völker, die den Tod ihrer Feinde bejauchzen, wenn man sich derartig benimmt. Da fehlt es an der ernsten Auffassung für den Krieg.«

Bei vergeblichen Vorstößen gegen die weißrussische Stadt Grodno kam es zu überraschenden Gegenangriffen der russischen Truppen. Am 27. Februar wurde Otto Mossdorf in der Nähe des Dorfes Ratitschi gegen vier Uhr morgens in seinem Unterstand von dem Ruf geweckt: »Herr Hauptmann, die Russen kommen. Sie sind schon über die Höhe!« Er konnte die mit weißen Schnee-Tarnmänteln bekleideten

Soldaten in der Dunkelheit nur mit Mühe erkennen. Er griff zum Telefon, um seine Geschützstellungen zu alarmieren. Die Leitung war tot. Als er aus dem Unterstand klettern wollte, erstarrte er: »Ich pralle zurück! Drei Bajonette stehen mir vor der Stirn. Soll ich mich wie ein toller Hund in der Hütte erschießen lassen? Raus aus dem elenden Loch! Jemand packt mich am rechten Arm, zieht mich heraus, ein Unbekannter entreißt mir von hinten die Waffen. 5 russische Infanteristen umgeben mich. Ich sehe noch die Russen in meiner Batterie. Die Munition fliegt in die Luft.«

Hauptmann Otto Mossdorf war gefangen.

Kapitel 7

GEFANGEN IN OSTSIBIRIEN

Die lange Reise des Hauptmanns Otto Mossdorf in die Gefangenschaft begann nach seiner Festnahme am 27. Februar 1915 um 4.10 Uhr früh mit einem siebzehn Kilometer langen Fußmarsch vom Dorf Ratitschi nach Grodno. Dort sperrte man ihn ins Gefängnis, wo er die erste Nacht verbrachte. In der Nacht darauf wurde er in die litauische Universitätsstadt Vilnius transportiert. Am 3. März bestieg er dort einen Zug ins 3600 Kilometer entfernten Omsk, anschließend noch einmal 6000 Kilometer bis Ostsibirien.

Neben Berichten über kuriose oder schreckliche Erlebnisse reflektiert Otto Mossdorf in seinen Erinnerungen immer wieder auch über das Land, das er kennenlernte, oder über Menschen, denen er begegnete. »Das Imponierende schon an Russland, weit mehr aber noch an Sibirien ist seine riesenhafte Ausdehnung. Das muss man sich immer vor Augen halten, wenn man die Verhältnisse richtig erkennen und beurteilen will. Wir Deutschen gerade mit unseren kleinen, eng gedrängten Verhältnissen, wo die Menschen nicht mehr neben, sondern vielfach in Haufen übereinander wohnen, können uns schwer ein Bild von solchen Ausdehnungen machen.«

Der Zug fuhr über Smolensk, Tula, Pensa, Sysra, Samara, Ufa nach Tscheljabinsk, der ersten Station östlich des Urals. Bis dorthin hatte die Fahrt vierzehn Tage gedauert. Nächste Station war das eintausend Kilometer entfernte Omsk. Von hier aus konnte er am 13. Mai zum ersten Mal einen Brief an Else in Berlin schreiben: »Nie hätte ich gedacht, dass mir so etwas passieren würde … Aufhören muss der Krieg doch einmal. Unsere Rückkehr wird ja dann auch noch eine lange Zeit beanspruchen. Man sagt, dass wir vielleicht über Amerika ausgetauscht werden. Das hat aber noch gute Weile.« Und zwei Tage später: »Es geht mir gut, aber ein furchtbar trauriges Los habe ich schon gezogen. Wir sind hier in der ›Festung‹ untergebracht, mehrere Gebäude von hohen Palisaden umgeben … Einige Ämterchen haben sich in meine Hände gespielt, ich habe die Aufsicht über Reinlichkeit und Ordnung in unserem Hause. Gestern wurde tüchtig mit Lysol gereinigt. Ich habe jeden Morgen eine Turnriege von etwa 25 Herren.« In der Festung, der alten Sträflingskaserne von Omsk, in der schon Fjodor Dostojewski vier Jahre in Ketten gelegen hatte, blieb Otto Mossdorf bis zum 14. Juni. »Die Erinnerung daran ist so widerlich, dass ich lieber nichts Näheres davon mitteilen will. Wer Interesse dafür hat, lese die *Aufzeichnungen aus einem Totenhaus.*«

Drei Tage später traf er in Nischneudinsk ein, von Kosaken gegründet und später bedeutender Handelsplatz für Gold, Pelze und Nutztiere. Inzwischen war aus dem sibirischen Winter mit schneidender Kälte fast ohne Übergang ein angenehm warmer Sommer geworden. Otto schrieb nach Hause: »Jetzt habe ich angefangen, Englisch zu lernen und bin sehr fleißig. Russisch fange ich nie an. Ich kann es lesen. Aber zu Weiterem ist mir diese Sprache zu unsympathisch.«

Weiter ging es über Irkutsk, Mandschuria, Charbin bis nach Spasskoje an der russisch-chinesischen Grenze. Im Oktober 1916 wurde er ins 800 Kilometer entfernte Chabarowsk am Amur verlegt.

In Spasskoje wurden die 400 Soldaten und Offiziere in einem großen Komplex mit Häusern und Krankenstation untergebracht. Ringsherum Zäune mit Wachtürmen. Das Leben war eintönig. Um sich zu beschäftigen, begann Otto Mossdorf seine Erinnerungen zu Papier zu bringen, außerdem wollte er wieder Geige spielen. Mr. Burr, ein Bekannter in Wladiwostok, besorgte ihm ein Instrument. In Moskau und der chinesischen Hafenstadt Tientsin bestellte er sich Noten für Streichquartette. Aber es fehlte ihm sein Lieblingsstück. Deshalb schrieb er am 27. Februar 1916 an Else: »Nun bitte ich Dich, mir noch das Violinkonzert von Beethoven zu schicken, in der Ausgabe, wie ich es zu Hause besitze. Da konnte ich gut daran üben. Kaufe aber eine neue Ausgabe und trage die Fingerbezeichnungen von Nikitits ein. Ich mache das alles nicht zum Vergnügen, sondern um die Finger nicht rosten zu lassen.«

Am 11. März Jubel im fernen Sibirien:

Heute kommt Dein Weihnachtspaket. Es ist, glaube ich, noch alles drin: 50 Zigarren, es fehlten vier, 20 Zigaretten, das entzückende Bild von Regine, da sieht sie aber sehr dem Vater ähnlich. Nun habe ich Seife und Rasierseife, das niedliche Tannenbäumchen mit Füllung, Blechschachtel mit Pfefferkuchen und 1 Schokoladenpflaster von Wilzek, 1 Paar weiße, 1 Paar wollene Strümpfe, Taschentücher, alte Hausschuhe und Hosenträger. Das war wohl alles.

Zuhause an der »Heimatfront« hatte es inzwischen bemerkenswerte Veränderungen gegeben. Zwar blieb das Reichsgebiet im Ersten Weltkrieg von Kämpfen und Zerstörungen verschont, aber es gab gesellschaftliche Umbrüche. Frauen arbeiteten plötzlich in Berufen, die zuvor Männerdomänen gewesen waren. Auf einmal wurden sie Straßenbahnfahrerinnen, Postbotinnen, standen an Drehbänken und produzierten Granathülsen. Auch im Familienleben emanzipierten

Otto Mossdorf beim Geigespielen, 1900

sich die Frauen. Ganz zwangsläufig mussten sie Entscheidungen treffen, die zuvor ausschließlich Männern vorbehalten gewesen waren. Auch Else übernahm die neue Rolle. Am 10. Februar schrieb sie an Otto:

Als Hauptsache eigentlich, dass wir seit heute Großkapitalisten geworden sind. Ich habe meine Absicht wahr gemacht und für 500 Mark preußische Schatzanweisungen gekauft, 2 Stück à 200 M. und ein Stück à 100 M. Sie stehen jetzt 90,70 M. Was sagst Du nun? Vielleicht können wir nach und nach noch mehr zulegen? Übrigens meinte Muttchen, ob wir Anne-Regine nicht in eine Art Aussteuerversicherung einkaufen wollen … Mit 20 Jahren bekommt man dann 5000 M. Was meinst Du dazu?

Und drei Tage später:

Gegen ½ 11 Uhr gestern telefonierte uns Frau Junghenn den Sieg in Ostpreußen. Gleich wurde die Flagge heraus gesteckt. Und heute waren die Straßen wieder das lieb gewohnte Bild im Fahnenschmuck. Ach wenn es doch bald im Osten ein Ende mit den Russen hätte. Aber sie haben ja so entsetzlich viele Menschen. … Erzählte ich Dir, dass ich für Anne-Reginchen ein Sparkassenbuch angelegt habe? Pro Woche 1 Mark. Da es bis Ende Februar 20 Mark waren, habe ich die fürs erste eingezahlt, und Muttchen, die es fortbrachte, gab mir das Buch mit 30 Mark zurück, also 10 Mark von der Omama. Fein, nicht wahr?!

»Hauptgesprächsstoff liefern ja jetzt die Brotkarten. Denke Dir, Anne-Regine hat auch ihre eigene, aber natürlich setzen wir unsere Ehre hinein, sie unbenutzt zu lassen«, informierte Else ihren Mann im fernen Sibirien am 1. März 1915.

Bereits im Frühjahr 1915 lief die Aktion »Gold gab ich für Eisen« an, die schon 1813 im Kampf gegen Napoleon Geld in die preußische Kriegskasse gebracht hatte. Nun war es wieder patriotische Pflicht, Trauringe und Schmuck gegen eiserne Ringe oder Anhänger einzutauschen. Auch Else ließ sich von der Begeisterung anstecken.

Am Dienstag waren wir vormittags in der Stadt. Ich habe 2 goldene Ringe, einen alten Tiroler Glücksring und den Ring von Jessie, in der Sammelstelle abgegeben und dafür einen eisernen Ring erhalten mit dem eisernen Kreuz und innen die Inschrift: ›Gold gab ich für Eisen! 1914‹. Eine schöne Erinnerung …

Wie Otto im fernen Sibirien auf die Aktivitäten seiner Frau reagierte, ist nicht überliefert. Er versuchte, sich die Zeit der Gefangenschaft so angenehm wie möglich zu gestalten Von dem später berühmten Maler und Grafiker Heinrich Graf Luckner, der als Offizier wie Otto Mossdorf in sibirischer Gefangenschaft saß, ließ er sich im langen Militärmantel aquarellieren und schickte das Bild im Gegenzug nach Berlin. Else hängte es gleich im Herrenzimmer in der »83« auf. Es wurde das Lieblingsbild der ganzen Familie.

Anfang Mai berichtete Otto nach Berlin:

Ich muss Dir noch erzählen, dass ich meine selbstvertonten Lautenlieder in einem Liederkranz vereint habe, den das hiesige Offiziers-Orchester zum ersten Mal heute spielt. Ich habe noch ein Kinderlied Bübchens Traum und einen Marsch komponiert, den unsere Genossenschaft bei feierlichen Gelegenheiten singt. So wird immer gearbeitet, damit der Geist nicht rostet … Hier ist es warm. 2 Tennis-

plätze sind angelegt. Ich spiele nicht, weil ich es nicht der Situation entsprechend finde.

Selbst im fernen Sibirien erreichte Otto der Familienkrieg zu Hause. Am 10. Mai 1916 berichtete er Else: »Ich schrieb Dir schon, dass Mutter wieder Regina schreibt, obwohl ich es ihr schon erklärt habe. Sie soll sich in Naumburg das Grabmal ansehen, da steht Regine! Du hättest es nicht durchlassen sollen. Man ist mit 34 zwar Kriegsgefangener, aber kein dummer Junge mehr. Und es ist meine Tochter und nicht ihre. Sie heißt Regine! Dabei bleibt's.« Acht Tage später war Otto wieder fröhlicher gestimmt: »Ich bin froh, dass ich die Musik habe. Wenn ich die Noten vor mir habe, verschwindet die ganze Umgebung. Wie herrlich die Quartette von Beethoven! Ich spiele sie alle für Dich!«

Ein Jahr nach seiner Gefangennahme saß Otto Mossdorf noch immer im Lager Spasskoje in Ostsibirien. Der endlose Winter, die langen finsteren Nächte und die eintönigen Tage ließen ihn über sein Leben grübeln. Die düsteren Gedanken brachten ihn an den Rand einer Depression. Er selbst fragte sich, ob er wohl an einer Gefangenenpsychose leide. Wie um sich selbst aus diesem dunklen Loch zu befreien, begann er, eine Bilanz seines bisherigen Lebens aufzuschreiben.

Seine selbstgestellte Frage lautete: »Was soll aus Dir nach dem Kriege werden? Oder besser: Was willst Du aus Dir machen?« Zunächst waren die Antworten eindeutig: »Du bist aktiver Soldat. Also dienst Du Deinem Kaiser und Vaterland weiter!« Schließlich sei er aus eigenem Willen Soldat und Berufsoffizier geworden. »Ich bin immer gern Artillerist gewesen.« Und das, obwohl ja die Kavallerie die viel stolzere und schönere Waffengattung sei. Darüber sann er dann seitenlang nach, um schließlich festzustellen, dass der Offiziersstand zu Recht als der erste Stand im Staate gelte, schließlich sei der Offizier stets bereit, sein Leben zu opfern.

»Nach dem großen Krieg wird sich diese Auffassung, dass der Offizier dem 1. Stande unter diesem Gesichtspunkt angehört, wieder mehr zum Allgemeingut vieler, die früher diesen Standpunkt bekämpften. – Bis eine lange Friedenszeit wiederum die Klagen der anderen Stände über die Überhebung der Offiziere bringen wird.«

Als Albtraum erschien ihm eine Existenz in einer Garnisonsstadt in der Provinz. »Ich will keine ›Knöppe‹ auf der Kammer zählen!« Für eine Laufbahn als Generalstäbler, für die er ja noch studieren müsste, sei er zu alt. Da also für ihn beides nicht in Frage komme, »bleibt folgerichtig nur das eine: Quittieren!« Er träumte von einem Leben als Freiberufler und interessierte sich für Sozialpolitik. Dafür wollte er Nationalökonomie studieren und anschließend seine Doktorarbeit verfassen. An Else schrieb er:

Ich habe hier einen deutschen Ministererlass gelesen, dass sich Kriegsgefangene auf Universitäten jetzt bereits immatrikulieren lassen können. Gehe also bitte umgehend nach Erhalt dieser Karte auf die Berliner Universität und lass mich für Nationalökonomie immatrikulieren.

Wobei er Realist genug war, eine Kleinigkeit nicht zu übersehen: »Zu bedenken ist, dass diese Berufsänderung im Gefolge hat, dass ich auf Jahre hinaus ohne Gelderwerb arbeiten muss, sowohl während der eigentlichen Ausbildung als auch dann noch lange Zeit.« Falls sich dafür nun gar kein Unterstützer finden lasse, »so fände ich nichts darin, wenn ich mir aus publizistischer Tätigkeit Geld erwerben würde. Publizistisch werde ich auf jeden Fall später tätig sein«. So wolkig seine Gedanken auch sonst waren, dieser Satz, einmal zu Papier gebracht, sollte später seine Wirkung entfalten.

Quasi als Vorbereitung auf das Studium machte sich Otto zum Thema Russland und Sibirien umfangreiche Notizen über alle Lebensbereiche, die er später in Berlin zu einem Buch für seine Familie verarbeitete. Er befasste sich mit Geographie, Klima, Geschichte und Bevölkerung, Landwirtschaft, Industrie, Bergbau, Handel und Verkehr, Verwaltung, Militärwesen, der sibirischen Eisenbahn, Volksbildung, Religion und Sitten. Ihn als Pferdeliebhaber und Reiter beschäftigte hinsichtlich der Tierwelt besonders, wie man in Russland mit Pferden umging. Er fand nichts Positives. »Die größte Rohheit und Tierquälerei erlaubt sich der Sibirer und ebenso der Russe bei dem Beschlagen der Pferde … Zu dieser Prozedur wird ein mächtiges Gerüst aufgebaut. An dem Martergerüst hängen noch eine Anzahl Riemen und Gurte. Da das arme Tier schon weiß, was ihm bevorsteht, so muss es mit Gewalt hineingeschoben werden. Es wird ihm ein Gurt unter den Leib gelegt. An diesem wird es hochgezurrt, sodass es nicht mehr ein Bein zur Erde bringen kann. Zur gleichen Zeit hat ihm ein anderer Henkersknecht eine Schlinge um den Hals gelegt, um damit den Kopf des Tieres nach einer Seite herauszuziehen … Das Beschlagen erfolgt mit möglichster Nichtachtung der Schmerzgefühle des Pferdes. Man reißt ihm in rohester Weise die alten Eisen herunter und erneuert in eben dieser Weise den Beschlag.«

Auch als Reiter fanden die Russen keine Gnade. »Der Russe kennt nur die Trense, mit der er sein Pferd in rohester Weise herumreißt und ohne jede Haltung vorwärts dirigiert. Wenn man einem Russen zu Pferde in beschleunigter Gangart begegnet, empfiehlt es sich, möglichst weit zur Seite zu gehen. Die Kerle segeln direktionslos durch das Gelände.«

Anfang Oktober 1916 wurden die Gefangenen nach Chabarowsk direkt an der chinesischen Grenze verlegt, schon damals eine Großstadt am Ufer des mächtigen Amurs. Für sibirische Verhältnisse herrscht hier ein moderates Klima, Tiefsttemperaturen im Winter nicht unter minus dreißig Grad – dann friert der Amur zu und kann befahren werden – und Höchsttemperaturen im Sommer um 26 Grad. »Wir sind im Ganzen 69 deutsche Offiziere, denen ich als ältester vorstehe«, schrieb Otto Mossdorf nach Hause. Er bereitete sich immer intensiver auf das Ende des Krieges und der Gefangenschaft vor.

Mein liebes Elsenkind! Du weißt, dass ich mich jetzt sehr für Nationalökonomie und soziale Fragen interessiere, mich auch nach dem Kriege damit befassen will … Ich möchte gern: Werner Sombart Die deutsche Volkswirtschaft im 19. Jahrhundert, Preis 4,50 M. Auch ähnliche Schriften wären willkommen … Wahrscheinlich spielen wir Beethoven und Haydn auch in den anderen beiden Lagern als Gastspiel. So einen Namen hat sich das Quartett schon gemacht.

Anfang Januar 1917 berichtete Otto, dass seine Privilegien als Offizier eingeschränkt worden seien. »3 Wochen hatten wir keine Burschen und bekamen Mannschaftskost. Jetzt wieder alles beim alten. Gehalt für die Zeit wird nachgezahlt.« In der Tat zahlte die zaristische Militärverwaltung den gefangenen Offizieren ihren Sold. In Artikel 17 der Haager Landkriegsordnung sind die Einzelheiten dazu festgelegt: »Die gefangenen Offiziere erhalten dieselbe Besoldung, wie sie den Offizieren gleichen Dienstgrads in dem Lande zusteht, wo sie gefangengehalten werden; ihre Regierung ist zur Erstattung verpflichtet.« Laut Paragraph 73 der russischen Verordnung über die Kriegsgefangenen bekamen deutsche Hauptleute ab dem 1. März 1916 monatlich 75 Rubel. Damit ließ sich gut leben.

Mitte April 1917 wurde Otto Mossdorf ins 600 Kilometer südlich gelegene Nikolsk-Ubinsk verlegt. Er litt unter einer Neuralgie, anfallartige Nervenschmerzen hatten ihn schon im Herbst 1914 geplagt, später in Omsk kehrten sie wieder. Ein ungarischer Arzt hatte ihm nun einen Spezialisten dafür empfohlen. Otto war glücklich, dass er zu Dr. Schluchewski reisen durfte. »Er geht dem Übel gründlich nach. Dabei bequeme und saubere Unterbringung, sehr gutes Essen. Uns bedient ein Kellner aus dem Adlon. Spazieren gehen wir auf einem umzäunten Hof. Bad ist auch da, außerdem soll ich ins Dampfbad in die Stadt. Gestern spielten die Mannschaften eine selbstkomponierte Operette. Es ist eine wahre Erholung hier nach der Engigkeit in Chabarowsk.«

Kapitel 8

SCHÜSSE IN ST. PETERSBURG – »DIE MUSIK DER REVOLUTION«

Zu Beginn des Jahres 1916 hatte die deutsche Heeresleitung beschlossen, an der Westfront die Entscheidung zu suchen. Am 21. Februar begann der Angriff auf Verdun. Vier Tage später war das Fort Douaumont erobert. Es dauerte drei weitere Monate, bis das Fort Vaux fiel, aber Verdun selbst blieb in französischer Hand. Die Schlacht ging als »Hölle von Verdun« in die Geschichte ein. 335 000 deutsche und 360 000 französische Soldaten verloren ihr Leben. Noch ehe die Kämpfe bei Verdun beendet waren, begann am 24. Juni die Schlacht an der Somme, bei der 400 000 Deutsche, 400 000 Engländer und 200 000 Franzosen fielen. Obwohl die Entente zum ersten Mal Panzer einsetzte, waren die Geländegewinne marginal. Das Gemetzel dauerte bis Ende November.

An der Ostfront hatten die Russen eine massive Offensive gestartet, um die Verbündeten im Westen zu entlasten. Doch die deutschen Armeen konnten die Angriffe mit Mühen zurückschlagen. Mehr als 600 000 russische Soldaten starben. In der Folge wuchs die Kritik an der Kriegsführung des Zaren, der im September 1915 den Oberbefehl selbst übernommen hatte. Eine Wirtschaftskrise und Hungersnöte in den Städten verschärften die Krise. Im März 1917 meuterten in Petrograd die Soldaten. Zar Nikolaus II. musste abdanken. Eine bürgerliche Regierung unter Alexander Kerenski führte den Krieg erfolglos fort und wurde im November von den Bolschewiken unter Führung von Wladimir Lenin gestürzt. Den hatte die deutsche oberste Heeresleitung aus seinem Exil in der Schweiz nach Russland geschleust, um das Land weiter zu destabilisieren. Aus dem Zarenreich war die Russische Sozialistische Föderative Sowjetrepublik geworden.

Erstaunlich schnell hatte die Botschaft auch das Kriegsgefangenenlager im ostsibirischen Chabarowsk erreicht: Revolution in Petrograd! In der Stadt kursierten Extrablätter. Ein Offizier mit Russischkenntnissen stieg auf einen Tisch und übersetzte seinen Kameraden die Berichte. Der Zar war als Gefangener nach Zarskoje Selo gebracht worden. »Was wird die Revolution für uns, für unser Leben für Folgen haben? Gute, schlechte?«, fragte sich Otto Mossdorf und stellte fest, »es änderte sich gar nichts. Bewachung, alles blieb das Gleiche.« Auf Seiten der Russen ändert sich alles. Soldatenräte wurden gebildet, drei Offiziere in Einzelhaft genommen. Vorwurf: Sie hätten Heeresgut unterschlagen. Auch der Zivilgouverneur wurde festgenommen, nachdem in seiner Wohnung ein Opiumlager entdeckt worden war.

Der russische Unteroffizier, im Lager für die Deutschen Offiziere zuständig, steigerte die Preise für geschmuggelte Waren. »Früher haben seine Offiziere an den Gefangenen verdient, jetzt heißt es: Alle Macht den Soldaten!«, kommentierte Otto Mossdorf sarkastisch. Vom ersten Stock ihres Hauses beobachteten die Gefangenen, wie draußen Kolonnen revolutionärer Soldaten mit riesigen roten Fahnen und aufgenähten Parolen vorbeimarschierten. Die Soldatenräte tagten ohne Unterlass.

Als Otto Mossdorf eines Morgens zum Zahnarzt im Mannschaftslager ging, erlebte er eine groteske Szene: »Als ich durch das Tor trete, setzt gerade die mitten auf dem Hof aufgestellte Kapelle der Kriegsgefangenen mit der *Marseillaise* an. Die rote Fahne haben die Kriegsgefangenen für 25 Rubel gekauft und auf ihrer Kaserne gehisst.« Inzwischen nahm auch ein deutscher Soldat an den Sitzungen des russischen Soldatenrates teil.

Das revolutionäre Fieber erreichte sogar das Krankenhaus des Lagers. Otto Mossdorf: »Da streikten eines Tages die Chinesen, die die Latrinen zu entleeren haben. Auch sie sind von den Neuerungen der Zeit angesteckt. Früher würde kein Chinese so etwas gewagt haben. Oder er hätte fürchterliche Hiebe bezogen. Nun bleiben sie ganze acht Tage fort. Es entsteht eine Kalamität. Aber dann kommen sie doch wieder und schöpfen.«

Die Nachrichten, die aus Petrograd nach Ostsibirien drangen, versetzten die Gefangenen in immer größeres Erstaunen: »Kerenski steigt zum Ministerpräsidenten empor. Den Krieg offensiv fortzusetzen, vermag auch das ihn treibende, englische Geld nicht mehr. Die Armee streikt. Offiziere werden an der Front zu Hunderten erschlagen. Die Zersetzung schreitet unaufhaltsam vorwärts. Wir fragen einen jungen, gutaussehenden russischen Soldaten, welche Heldentat ihm das Soldaten-Georgskreuz eingetragen hätte. Er antwortet kaltschnäuzig, er habe an der Front seinen Oberst erschlagen.«

Die weltpolitischen Umwälzungen, die Revolution in Petrograd unter Lenin und die Gründung der Sowjetunion, den Sturz der zaristischen Militärführung (»General Cuchonin werfen meuternde Bürgersoldaten aus seinem Eisenbahnwagen auf die Bajonette der vertierten Menge«) und den Waffenstillstand zwischen Russland und dem Deutschen Reich – Otto Mossdorf und seine Kameraden erlebten das alles wie in einem Kokon: »Welche Folgen ergeben sich für uns daraus? Gar keine, alles bleibt wie bisher.«

Doch dann Weihnachten 1917 – Otto war seit einem halben Jahr im Krankenhaus von Nikolsk-Ubinsk – plötzlich eine überraschende Nachricht: »Kein schöneres Geschenk konnte uns werden: In einem Halbinvaliden-Transport soll es nach Schweden gehen. Den Transportzug muss man kaufen. Wir sind annähernd 400, also muss er lang sein. Um jeden Wagen muss gefeilscht werden. Am 27. Dezember kann die große Reise endlich losgehen.« Otto Mossdorf hatte seit März 1917 Probleme mit den Augen und litt unter Nervenschmerzen.

Die Aktion war durch Vermittlung des schwedischen Roten Kreuzes zustande gekommen. Schon im Frühjahr 1915 hatte das schwedische Außenministerium mit Deutschland und Russland darüber verhandelt, kranke und verletzte Gefangene auszutauschen. Ab Juli 1915 durfte das schwedische Rote Kreuz diese Transporte organisieren. Im selben Sommer wurde das *Hilfskomitee des schwedischen Roten Kreuzes für Kriegsgefangene* gegründet, das von Oktober 1915 bis März 1918 insgesamt 41 Eisenbahnzüge mit 1016 Güterwagen voller Hilfsgüter, Kleidung, Decken, Lebensmittel, Medikamente und medizinischer Instrumente im Wert von knapp zwanzig Millionen Mark nach Sibirien brachte und verteilte, wie der Tübinger Historiker Georg Wurzer in seiner Doktorarbeit aus dem Jahr 2000 *Die Kriegsgefangenen der Mittelmächte in Russland im Ersten Weltkrieg* schreibt.

Insbesondere die damals sechsundzwanzigjährige Elsa Brandström, Tochter des schwedischen Gesandten in Petrograd, engagierte sich, um die Zustände in den sibirischen Lagern zu verbessern, wo Lagerkommandanten Verpflegungsgelder unterschlugen und Kriegsgefangene misshandelt wurden. Von den Soldaten wurde sie bald »Engel von Sibirien« genannt.

Bei der Abreise von Otto Mossdorf und seinen Kameraden herrschten minus 46 Grad Celsius. Eine sechzigköpfige

Begleitmannschaft bewachte den Transport, als Tagessatz wurde für jeden fünfzig Kopeken ausgemacht. Diese Soldaten wurden nach einem speziellen Raster ausgesucht. »Wir wählten nur Leute aus der Moskau- und Samara-Gegend aus. Sie haben von den Kriegsspielen genug. Sie werden sich selbst in die Heimat entlassen.« Die Deutschen hatten es eilig, aus Sibirien wegzukommen, weil inzwischen China Russland den Krieg erklärt hatte. Ostsibirien war in Gefahr, zu einer Mausefalle zu werden.

In der Mandschurei konnten die Reisenden keine großen Veränderungen feststellen, nur die schwarz-goldenen Doppeladler des Zaren waren verschwunden. Die Provinzhauptstadt Charbin war inzwischen von den Chinesen erobert worden. Die Geschäfte auf den Märkten der Stadt florierten, russische Händler verkauften vor allem Mehl, Tee und chinesische Zigaretten zu billigen Preisen, in Russland würde man ein Vielfaches dafür erlösen können. Die Begleitsoldaten deckten sich mit Zigaretten ein, Stückpreis hier zwei Kopeken, im europäischen Russland kosteten sie sechzig bis siebzig Kopeken. Jedes Mal, wenn der Zug an größeren Stationen hielt, konnten Otto Mossdorf und seine Kameraden sich völlig frei bewegen. »Wir machen unsere Einkäufe, gehen zum Essen und so weiter. Ein angenehmes Gefühl nach 3 Jahren hinter Zaun und Mauer.«

Am 13. Januar 1918 passierte der Zug den Ural, die Grenze zwischen Asien und Europa. »Allgemeine Freudenrufe! Hoffentlich geht die Reise so glatt weiter. Nun betraten wir das engere Gebiet der Revolution. Wie würde es da aussehen?« Demolierte Eisenbahnwaggons, zerstörte Werkstätten und Fabriken, ausgebrannte Häuser, total überfüllte Züge, die Menschen saßen auf den Puffern, Trittbrettern und sogar auf den Dächern.

Otto Mossdorf hatte Glück, er reiste in einem Personenwagen dritter Klasse mit Heizung. »Unser Ofenheizer hatte das Geschäft aufgegeben. So mussten wir im Wechsel selbst den Ofen in Ordnung halten. Denn geht er aus, so friert die Wasserleitung ein und der Wagen wird ausrangiert.« Die Männer horchten, ob Quietschgeräusche auftraten, die Vorboten heißgelaufener Bremsen, dann hieß es, zur Ölkanne greifen.

Nahe Samara verließen die Begleitsoldaten den Zug, sie hatten inzwischen andere Pläne. In der Stadt Trotzki gelang es den Deutschen, zwei Soldaten zu engagieren, die sie als Freiwillige auf ihrer Reise gen Westen eskortierten. »So fährt ein Transport von 400 Gefangenen Offizieren und Mannschaften durch das revolutionäre Russland.« Allerdings mussten die Reisenden mächtig zusammenrücken, weil die Rotgardisten am Bahnhof von Trotzki den bequemen Personenwagen und vier Güterwaggons abkoppelten und beschlagnahmten. »Hier lernten wir die Revolution zum ersten Mal näher kennen.«

Die Veränderungen nehme man am deutlichsten in den Bahnhöfen wahr, schrieb Otto Mossdorf: »Früher hätte kein russischer Soldat gewagt, einen Wartesaal I. oder II. Klasse zu betreten. Jetzt sind sie überfüllt von den Kerlen. Man kann sich oft gar nicht durchwinden … In Samara haben die Kerle die Frisierstube als Schlafraum genommen. Der Friseur traut sich nicht, sie an die Luft zu setzen und geht seinem Geschäft nach, indem er dauernd über die Schlafenden jongliert.«

Bei der Industriestadt Sysran rollte der Zug auf einer mächtigen Brücke über die Wolga. Jetzt waren sie nur noch tausend Kilometer von Moskau entfernt. Beim nächsten Halt erlebten die Deutschen im Bahnhofsrestaurant eine komische Geschichte. Sie bekamen zwar Essen serviert, aber kein Brot dazu, angeblich war es ausverkauft. Plötzlich erhob sich ein sehr großer Russe, brüllte »Bürger!« durch das Lokal und hob zu einer lautstarken Rede an. Die Deutschen verstanden kein Wort, einige befürchteten das Schlimmste. Dann endete die Ansprache abrupt, und der Russe verschwand.

Des Rätsels Lösung: Der Mann hatte bemerkt, dass die neuen Gäste kein Brot bekommen hatten und war darüber wütend geworden. Jetzt seien ja alle Bürger, und es sei haarsträubend, die Fremden so zu behandeln. Was sollten die Deutschen denn von der Revolution in Russland halten, wenn sich das herumspreche. Kaum war der Mann gegangen, wurde Brot auf die Tische gestellt.

Die Zeitungsnachrichten aus Moskau verhießen nichts Gutes. Rund um den Kreml und in der Innenstadt habe es erbitterte Straßenkämpfe gegeben. Noch tags zuvor sei es zu größeren Schießereien gekommen, an der Kremlmauer seien frische Grabhügel zu sehen. »Wir kommen mitten in der Nacht auf einem Güterbahnhof bei tiefem Schnee an. Uns liegt viel daran, möglichst schnell über Moskau hinauszukommen. Um 10 Uhr früh heißt es: Der Zug bleibt bis zwei Uhr stehen, dann geht es weiter, Richtung Petersburg. Man kann in die Stadt auf eigene Verantwortung gehen.«

Gemeinsam mit einem Fähnrich machte sich Otto Mossdorf auf den Weg, er wollte sich »wieder mal von Kopf bis Fuß waschen«. Auf der Straße wurde er unerwartet auf Deutsch angesprochen. Ein junger Balte aus Riga, russischer Artillerie-Offizier, seine Schulterstücke hatte er abgenommen aus Furcht, von roten Revolutionären behelligt zu werden. Er führte sie zum Nikolajewskij-Bahnhof, wo Otto sich wusch und sich die Haare schneiden ließ. Anschließend aßen sie zu dritt sehr gut in einem einfachen Lokal, und der junge Mann erzählte, er habe an der Südwestfront gegen die Österreicher gekämpft, dann seine Waffen verkauft und sei nach Moskau gekommen, um hier seinen Bruder zu treffen und gemeinsam mit ihm an der Nordfront zu den Deutschen überzulaufen.

Otto Mossdorf schlug vor, ihm für diese gefährliche Aktion eine Empfehlung für die deutschen Truppen mitzugeben, denn der junge Mann fürchtete, in Gefangenschaft zu landen. Otto setzte das Schreiben auf mit Unterschrift und Dienstgrad, auch der Fähnrich durfte unterschreiben. Der junge Balte strahlte. »Die Freude des Leutnants ist zunächst besonderer Art für seinen Plan, den er vorhat. Als Russe ist sie aber auch allgemeiner Art. Kein Russe fühlt sich ohne Ausweis sicher und wohl. Der Zettel ist es, die *Bumaga* (russisch für Dokument), die ihn erst auf die Beine stellt, ohne ihn kommt er sich wie ein verlorenes Kind auf der Straße vor und wird auch so behandelt.«

Als die Beiden wieder am Güterbahnhof ankamen, war kein Zug zu sehen. Ein freundlicher Eisenbahner wies ihnen den Weg, der Zug stand weit außerhalb der Station. Wenig später ging es auf die letzte Etappe. Jetzt bewegte sich die Bahn im Schneckentempo vorwärts. Zahllose Züge mussten vorbeigelassen werden. Einmal blockierte ein verunglückter Waggon die Strecke. Endlich wurde Petrograd erreicht, wieder bei Nacht, wieder auf einem Rangierbahnhof. Nach zweieinhalb Stunden ruckte der Zug an und zog die Wagen bis zum Finnischen Bahnhof, genau vor die Rot-Kreuz-Baracke. Hier standen sie fünf Tage lang.

Sein Mittag- und Abendessen nahm Otto Mossdorf im gegenüberliegenden Hotel ein. Ausflüge in die Stadt bereiteten ihm wenig Freude. »Übel aussehende Trupps der revolutionären Volkswehr, meistens Zivilisten mit Schießprügeln und roten Armbinden, durchziehen die Stadt. Sie sollen das Eigentum der Bürger schützen. In Wirklichkeit suchen sie, wo noch versteckte Weinkeller auszurauben sind.«

Und wieder traf Otto Mossdorf einen jungen Offizier, der ihn auf Deutsch ansprach. Diesmal einen ehemaligen Oberst im Generalstab, der eine Mannschaftsuniform trug, weil er sich sonst nicht sicher auf den Straßen bewegen könne. Der machte ihm einen überraschenden Vorschlag, um in Petrograd Ordnung zu schaffen: »Wenn Ihr Kaiser hundert Mann schickt, gehört ihm ganz Petersburg. Er braucht nur einmal mit dem Fuß fest aufzutreten, und die Bestien gehorchen ihm.«

Hauptmann Mossdorf versuchte ihm klarzumachen, dass die Deutschen andere Probleme hätten und außerdem seien ja nun Lenin und Trotzki da, tüchtige Männer, die diese Aufgabe übernehmen könnten. Der junge Oberst schüttelte den Kopf und antwortete empört: »Sie, die Deutschen, haben uns die Leute ja aus der Schweiz hergeschickt. Das war für uns ein großes Unglück. Im deutschen Sinne kann ich die Handlungsweise verstehen. Man soll den Krieg mit allen Mitteln führen. Damit hat Deutschland unsere Armee vollständig kaputt gemacht.«

Nach fünf Tagen wurden die 400 Deutschen aus ihren Waggons befreit. »Die Schweden haben uns ein Unterkommen in dem evangelisch-baltischen Spital jenseits der Newa in der Ligowskaja verschafft ... In langer Kolonne, das Gepäck auf Schlitten, setzen wir uns in Bewegung.«

Bei Ausflügen in die Stadt war Otto Mossdorf jetzt vorsichtiger geworden. »Ich schließe mich denen an, die möglichst schäbiges Zivil für ratsamer halten – ›Bolschewiki-Kostüm‹.« Irgendwo in der Stadt wurde immer geschossen, er nannte es »die Musik der Revolution«. Sie gingen zum Marsfeld, zum Winterpalais und zur Eremitage, die leider nicht geöffnet war. Sie sahen den Panzerkreuzer *Aurora*, der mit einem Platzpatronenschuss aus der Bugkanone das Signal zum Sturm auf das Winterpalais gegeben und damit den

Beginn der Oktoberrevolution markiert hatte. Das Schiff lag jetzt im Packeis der zugefrorenen Newa. Die deutsche Buchhandlung an der Ecke Newski-Prospekt/Moika hatte wieder geöffnet und bot sämtliche Ullstein- und Scherl-Ausgaben an. In den Lebensmittelläden gab es zwar kein Brot, dafür aber vier Sorten roten und schwarzen Kaviar.

Otto kaufte in Mengen schöne Seifen (»Ich bin bald in den großen Parfümeriegeschäften bekannt«) und erstand einen neuen Geigenbogen, den alten hatte sein Fähnrich beim Spielen im Güterwagen zertrümmert. Eines Abends besuchte er mit drei Kameraden die Oper, es sang der berühmte Bassist Fjodor Iwanowitsch Schaljapin, der schon in der Mailänder Scala, der Met in New York und der Pariser Oper bejubelt worden war. »Das schmucklose Theater ist bis auf den letzten Platz besetzt. Schaljapin singt! Das Orchester ist nicht erster Klasse. Aber Schaljapin einfach überwältigend! Das Publikum rast Beifall. Gegeben wurde *Mephistopheles*, ein wüstes Zerrbild des *Faust.*«

Ohne große Ankündigung kam an einem Montag der Befehl zum Aufbruch. Die Fahrt sollte nun nicht mehr ins neutrale Schweden gehen, sondern durch die deutschen Linien direkt nach Hause. Treffpunkt war der Warschauer Bahnhof. Mit einem Bekannten nahm Otto Mossdorf einen Schlitten. Nach einem erfreulich guten Mittagessen im Bahnhofsrestaurant bestiegen Otto Mossdorf und die anderen 400 Gefangenen den bereitstehenden Rot-Kreuz-Zug. »Zwei Uhr in der Nacht geht die Fahrt los. Kaum einer hat die Abfahrt bemerkt, da alles schon schläft.«

Über Pleskau (Pskow) fuhr die Bahn Richtung Dünaburg (Daugavpils) in Lettland. Die Soldatenräte dort stoppten den Transport und verlangten plötzlich noch eine ärztliche Untersuchung. Nach 24 Stunden war auch dieses Hindernis überwunden. Am 13. Februar 1918 gegen zehn Uhr vormittags schob eine Lokomotive die Wagen aus dem Bahnhof. Als die Front näher kam, sahen die Zuginsassen, dass die vorderen russischen Linien komplett zugeschneit waren, nichts bewegte sich, kein Mensch, kein Tier. »Hier ist die Schneedecke zu einem wirklichen Leichentuch geworden.« Der Zug hielt an einer zerstörten Brücke, dann stiegen die 400 Gefangenen aus und liefen über die Reste der Brücke nach Deutschland.

Vier Tage später lief das Waffenstillstandsabkommen zwischen Russland und Deutschland aus. Das deutsche Heer startete sofort eine neue Offensive – »Operation Hammerschlag« – und drang tief nach Russland ein.

Kapitel 9

INFLATION UND KINDERSEGEN

Am 14. Februar telegrafierte Otto aus Vilnius. Er war inzwischen in der litauischen Hauptstadt angekommen, die schon 1915 von deutschen Truppen erobert worden war. Er telegrafierte nach Berlin: »endlich da hurra! quarantäne warschau küsse otto.« Es trieb ihn schon der Gedanke um, was wohl passieren würde, wenn er wieder in Berlin wäre. Verwandte, Freunde, Kriegskameraden – die Vorstellung, dass sie ihn alle besuchen und bestürmen würden, war ihm ein Graus. An Else schrieb er: »Nur eine strenge Bitte im Voraus: Nach meinem Eintreffen bei Euch will ich erst auf meine eigene Zustimmung Leute außer Euch 3 persönlich sprechen, gleichgültig, wer es ist!«

Am 19. Februar 1918 war er tatsächlich in Warschau und schrieb nach Hause:

Heute früh 1 Uhr hier eingetroffen. Jedenfalls sollen wir hier 23 Tage in Quarantäne bleiben. Dann spricht man von einem achtwöchigen Urlaub. Wie dem auch sei: Ich fahre von hier direkt zu Euch. Ich schrieb noch nie, dass ich seit vorigem März dauernd eine dunkle Brille trage, die mir der Arzt nur nachts abzusetzen erlaubte. Daran müsst Ihr Euch gewöhnen.

Und einen Tag später:

Endlich seit drei Jahren allein in einem Zimmer. Du ahnst nicht, was das heißt. Mit Bad, WC dabei und Messingbett … Es ist fabelhaft, was wir für einen Dusel gehabt haben, dass wir überhaupt noch nach hier durchgekommen sind.

Vor lauter Sehnsucht plante Else, zu ihrem Otto nach Warschau zu reisen. Der wehrte solche Pläne entsetzt ab:

Also nicht entgegenfahren, sondern mein Eintreffen in Berlin abwarten. Quarantäne muss durchgehalten werden. Heute geht ein Paket mit 500 Gramm polnischer Butter ab und kommt hoffentlich an. In Berlin muss ja übel zu leben sein. Man muss auf's Land!

Im ganzen deutschen Reich war im Winter 1917/18 eine Hungersnot ausgebrochen. In zahllosen Suppenküchen wurden die Ärmsten der Armen versorgt. Brot und Kartoffeln waren längst rationiert und kaum zu bekommen, als minderwertigen Ersatz gab es Steckrüben, im Volksmund als »Hindenburg-Knolle« verspottet. Hungerrevolten brachen aus, Bäckereien und Lebensmittelläden wurden gestürmt. Die Ernte im Herbst 1917 war auf die Hälfte der normalen Erträge gesunken. Vor dem Krieg hatte das deutsche Reich ein Drittel seiner Lebensmittel importiert, durch die britische Seeblockade waren diese Einfuhren unmöglich geworden. Während der Kriegsjahre starben schätzungsweise 800 000 Menschen in Deutschland an Unterernährung.

Am 3. März 1918 schlossen Deutschland und seine Verbündeten mit der Sowjetregierung in Brest-Litowsk einen Friedensvertrag. Finnland, Polen und die Ukraine wurden unabhängig. Das Deutsche Reich und die Sowjetunion nahmen diplomatische Beziehungen auf. Im Gegenzug begannen die deutschen Truppen an der Westfront nördlich von St. Quentin eine große Frühjahrsoffensive, sie stießen bis in die Nähe von Paris vor. Da immer mehr amerikanische Soldaten in die Kämpfe eingriffen, stoppte der Vormarsch, im Juli begannen die Alliierten auf breiter Front ihre Gegenoffensive. Die deutschen Armeen waren nun nur noch auf dem Rückzug.

Else schrieb ihrem Mann nach Warschau, die pommersche Gutsbesitzerin von Langerdorf lade gemeinsam mit Gleichgesinnten aus der Kriegsgefangenschaft zurückkehrende Offiziere ein, sich mehrere Wochen auf ihren Gütern zu erholen. Otto reagierte brüsk. Die Erlebnisse im mörderischen Stellungskrieg in Frankreich und die Erfahrungen in russischer Gefangenschaft hatten ihn allergisch gegen billige Wohltätigkeit gemacht: »Ich will mit der ganzen Bande nichts mehr zu tun haben. Auch nicht für die Allgemeinheit so was machen. Das sind doch alles nur Egoisten! Das Wort ›Kameradschaft‹ hat schon lange aufgehört zu existieren … Ich werde mich in keiner Weise gemeinnützig irgendwie betätigen. Man erntet nur Undank. Lass uns für uns leben!«

Mitte März traf Otto Mossdorf endlich wieder in Berlin ein. Die Wohnung in der Prinzregentenstraße war mit Blumen geschmückt. Überglücklich schloss er Else und die kleine Anne-Regine in die Arme. Die war inzwischen knapp vier Jahre alt und sah ihren Vater ziemlich skeptisch an. Mutter und Großmutter hatten ihr zwar von ihm erzählt und dem Kind Fotos des schmucken Hauptmanns gezeigt, aber an diesen Fremden musste sie sich erst einmal gewöhnen. Noch in Warschau hatte Otto erfahren, dass die junge Dame wohl ziemlich verzogen und ein wenig vorlaut sei, und ein strenges Regime angekündigt: »Also Du bestätigst, Regine sei sehr verwöhnt. Der Teufel! Da wird man zufassen müssen! Kannst sie schon drauf vorbereiten!« Doch als er seine Tochter nun kennenlernte, blieb von Zucht und Strenge nicht mehr allzu viel übrig.

Else und Otto Mossdorf genossen ihr so lange vermisstes Familienleben mit Anne-Regine. Mutter Rosa Krause unterstützte die junge Familie dank ihres klug verwalteten Vermögens nach Kräften. Otto ließ als Erstes die Entzündung seines Sehnervs von einem Berliner Spezialisten behandeln. Die »Neuritis Optica Retrobulbaris«, wie er in seinen Aufzeichnungen präzise vermerkte, hatte seine Sehschärfe beeinträchtigt. Sie tritt häufig als Folge einer Infektionskrankheit auf, etwa Fleckfieber, das unter den Kriegsgefangenen in Sibirien verbreitet war, und kann bis zur Erblindung führen.

Nach erfolgreicher Behandlung machten die Eheleute im Sommer zwei Wochen Ferien in Wyk auf Föhr, einem Nordseebad mit Tradition und bestem Ruf. Einhundert Jahre zuvor war Wyk das erste Seebad im Herzogtum Schleswig geworden. Der dänische König erholte sich hier. Der Dichter Hans Christian Andersen war ebenfalls begeisterter Kurgast: »Ich habe jeden Tag gebadet, und ich muss sagen, es ist das unvergesslichste Wasser, in dem ich gewesen bin.« Während des Ersten Weltkrieges waren die Gästezahlen drastisch zurückgegangen. Else und Otto Mossdorf waren also hochwillkommene Urlauber auf der Insel und verlebten bei Sonnenwetter und 23 Grad Celsius eine erholsame Zeit.

Zurück in Berlin packte Hauptmann Mossdorf wieder seine Koffer und reiste in die Artillerie-Schule nach Jüterbog, um einen Batterieführer-Kursus zu absolvieren und um die neuen Entwicklungen des Kanonenbaus zu studieren. Die deutsche Artillerie hatte 1916 eine neue leichte Feldhaubitze mit 9225 Meter Reichweite und außerdem eine Reihe neukonstruierte Flugabwehrkanonen (Flak) in Dienst gestellt, nachdem zu Beginn des Krieges noch mit auf provisorischen Sockeln befestigten Feldkanonen auf Flugzeuge geschossen worden war. Nun wurden die modernen Flaks eingesetzt, die mit Entfernungsmessern, Scheinwerfern und Horchgeräten ausgerüstet waren, um Angreifer aus der Luft frühzeitig erkennen und bekämpfen zu können. Gegen die von den Alliierten an der Westfront zuerst eingesetzten Panzer wurden neu entwickelte Tankabwehrkanonen in Stellung gebracht. In Jüterbog konnte Otto Mossdorf die ganzen neuen Waffen studieren und auf dem Schießplatz der Schule praktische Erfahrungen sammeln. An die Front kam er nicht mehr.

Im Heer an der Westfront hatte sich angesichts des jahrelangen entnervenden und verlustreichen Stellungskampfes Kriegsmüdigkeit breitgemacht. Immer mehr Soldaten verweigerten den Gehorsam oder entfernten sich von der Truppe. General Erich Ludendorff ordnete strengere Verfahren der Kriegsgerichte an. Statt Festungshaft in der Heimat wurden Soldaten nun zum Dienst in Strafkompanien verurteilt. Ungehorsam und Fahnenflucht wurden mit der Todesstrafe gesühnt. In der Postüberwachungsstelle der 6. Armee, die zehn Tage im August sämtliche Feldpostbriefe mitlas, häuften sich Schreiben mit Sätzen wie: »Wir können nicht siegen.« – »Ich will nur noch überleben.« – »Ich drücke mich, so gut ich kann.« – »Unsere Offiziere haben auch keine Lust, sie dürfen's ja nicht offen aussprechen, aber hier und da lassen sie schon ein Wort fallen.« – »Durch etwaige weitere Erfolge Deutschlands könnte der Krieg nur verlängert werden, durch eine Niederlage hätten wir den ersehnten Frieden.« Viele der Briefe wurden nicht befördert, sondern beschlagnahmt.

In der Nacht vom 29. auf den 30. Oktober meuterten in Wilhelmshaven die Matrosen der Kriegsmarine. Zwei Jahre lang hatte die Flotte in Warteposition gelegen. Fünf Tage zuvor hatte Konteradmiral Adolf von Trotha einen geheimen Befehl gegeben, eine »letzte Entscheidungsschlacht« mit der Royal Navy zu suchen, »auch wenn sie ein Todeskampf wird«. Und das, obwohl der neue Reichskanzler Max von Baden auf massives Drängen der Obersten Heeresleitung zur selben Zeit mit der Entente über einen Waffenstillstand verhandelte. Die Flotte lag fünfzehn Seemeilen von Wilhelmshaven entfernt auf Schilling-Reede, als der Geheimbefehl durchsickerte. Die Matrosen verweigerten die Befehle, in den Maschinenräumen wurden die Feuer unter den Kesseln herausgezogen. Wenig später griff die Revolte auf die Kriegsmarine in Kiel über, wo Aufständische am 4. November die Macht übernahmen. Von hier aus breitete sich die Revolution in ganz Deutschland aus. In Bayern, Hessen, Sachsen, Franken, Baden, Mecklenburg und Württemberg dankten die regierenden Fürsten ab.

Am Mittag des 9. Novembers verkündete Kanzler Max von Baden, dass auch der Kaiser abgedankt habe. Wilhelm II. floh mit seiner Familie ins Exil nach Holland. Eine halbe Stunde später traf Max von Baden mit der SPD-Führung zusammen, übertrug dem Parteichef Friedrich Ebert die Regierungsgewalt und trat zurück. Der Sozialdemokrat Philipp Scheidemann verkündete von einem Fenster des Reichstags aus einer großen Menschenmenge die deutsche Republik. Am Abend desselben Tages erklärte sich die Oberste Heeresleitung bereit, mit der Regierung Ebert zusammenzuarbeiten. Am 11. November kapitulierte Deutschland. In einem Eisenbahnwagen nahe Compiègne unterschrieb der Zentrumspolitiker Matthias Erzberger den Waffenstillstandvertrag. Diktiert hatte ihn der französische Marschall Ferdinand Foch, er wurde Grundlage des Friedensvertrags von Versailles.

Die Bilanz des Ersten Weltkrieges war grauenhaft: 1,8 Millionen deutsche Soldaten waren gefallen, die Franzosen beklagten 1,4 Millionen, die Briten knapp eine Million Tote, Österreich-Ungarn verlor 1,4 Millionen Soldaten, Russland zählte 1,7 Millionen Tote.

Otto Mossdorf wurde in Jüterbog von der Revolution überrascht. »Auf Umwegen und durch Hintertürchen verließ man diese letzte Stelle der kaiserlichen Armee.« Der Kaiser sei nicht geflohen, sondern habe »ein Opfer gebracht, das den Bürgerkrieg fast völlig ausschaltete und die deutschen Gaue und Städte, Dörfer und Weiler vor Krieg und Vernichtung bewahrte, ein Opfer, das erst spätere Geschlechter in seiner ganzen Größe begreifen und anerkennen werden«. In seinen Erinnerungen feierte er Größe und Verdienste der Hohenzollern, die »auf ewige Zeiten« ihren »Namen mit ehernen Buchstaben in die deutsche Geschichte eingegraben« hätten. Er bedauerte, dass jede Aussicht verschlossen sei, »mit dem Kaiser oder Angehörigen des kaiserlichen Hauses jemals in Verbindung zu treten«. Das sollte sich einige Jahre später zu seiner Freude gründlich ändern.

Zunächst verdiente Otto Mossdorf seinen Unterhalt mit militärischen Aufräumarbeiten, denn auch ein verlorener Krieg musste ordentlich dokumentiert werden. Ab November 1918 verfasste er in der »Kriegsgeschichtlichen Abteilung des alten Generalstabs« ein Manuskript über den Ostfeldzug 1914 auf Grundlage seiner Kriegstagebücher.

Während Otto in diesen turbulenten Zeiten über Kriegsakten brütete, bereitete sich Else Mossdorf auf die Geburt ihres zweiten Kindes vor. Wie schon bei der Entbindung von Anne-Regine hatte sie sich wieder in der privaten Frauenklinik von Prof. Dr. Alwin Mackenrodt in der Bendlerstraße 19 angemeldet. Am Dienstag, 19. November, setzten die Wehen ein, und am selben Tag wurde der kleine Richard geboren. Die

Freude über den Stammhalter war groß. Zehn Tage blieben Mutter und Kind in der Klinik. Für die ärztlichen Bemühungen, Hebamme, Aufenthalt in der ersten Klasse und Verpflegung wurden »Frau Hauptmann Else Mossdorf« 630,40 Mark in Rechnung gestellt. Das Leben in der Prinzregentenstraße 83 wurde lebhafter, Großmutter Rosa Krause half ihrer Tochter bei der Säuglingspflege und brachte der inzwischen vierjährigen Enkelin Anne-Regine Kartenspiele wie Rommé bei. Ein Kindermädchen wurde engagiert, das im Haushalt half und Richard im Kinderwagen durch den nahen Volkspark in Wilmersdorf schob.

Vater Otto war inzwischen vom Reichswehrministerium gefragt worden, ob er in das schließlich 100 000 Mann starke neue deutsche Heer übernommen werden wollte. Auf diese Anfrage reagierte er nicht. Er fand ein solches Ansinnen empörend. »Ich verhielt mich so, weil ich annahm, die rote Regierung wollte aus der neuen Reichswehr eine rote Garde machen.« Das sei zwar nicht geschehen, aber er wollte mit der neuen Armee nichts zu tun haben.

Als die »Kriegsgeschichtliche Abteilung« nach Potsdam verlegt wurde, begann er sein Studium der Volkswirtschaft in Berlin, »ohne eine Ahnung zu haben, wohin das führen könnte«. Also nahm er am 1. Oktober 1919 zusätzlich einen Posten als »Personalreferent«, dann als »Leiter des Abwicklungsamtes des Grossen Generalstabes« an. »Meine Haupttätigkeit bestand darin, sämtliche nicht in die Reichswehr übernommenen Generalstabsoffiziere zu verabschieden, auch diesem und jenem noch ein schon in Aussicht gestelltes Eisernes Kreuz zu verschaffen.« Er las die Personalakten von den jüngsten Offizieren bis zu denen von Generalfeldmarschall Paul von Hindenburg. »Auch meine eigenen, bisher geheim gehaltenen Qualifikationsberichte hatte ich zur Hand und habe mir natürlich Abschriften davon gemacht.«

Mehrfach musste das Abwicklungsamt neues Quartier beziehen, weil die Räume von anderen Behörden gebraucht wurden. Eines Tages bekam Otto unangemeldeten Besuch von einer Delegation hoher französischer Offiziere, die kontrollieren wollten, wie viele Generalstäbler in die Reichswehr übernommen worden seien. Otto konnte nur auf seine Entlassungsbilanzen verweisen. Der große gelbe Schrank mit allen Personalakten und Qualifikationsberichten wurde kurz darauf ins neue Reichswehrministerium verlagert.

»Im Dezember 1919 wurde uns bedeutet, wir hätten genug abgewickelt und sollten uns nun selbst auf die Liste der Todeskandidaten setzen.« Letzter Arbeitstag sollte der 9. April 1920 sein. Die Zahl der Mitarbeiter sank kontinuierlich, die letzten durften sich ein Erinnerungsstück aussuchen, sein Kanzleirat Schirmer entschied sich für ein großes Bild von Kaiser Wilhelm. »Ich wählte einen kleinen, aber lebensähnlichen Stich von Feldmarschall Graf von Moltke, der mich bei allen Umzügen begleitet hatte.« Vor seinem Ausscheiden aus der Armee wurde Otto Mossdorf noch zum Major befördert.

In seinem Zeugnis vom 1. September 1920 bescheinigte ihm das Abwicklungsamt: »Ein besonders befähigter und klarer Kopf, der aus unzähligen, sich überstürzenden, oft sich aufhebenden und widersprechenden Bestimmungen und Vorschriften das Maßgebende schnell und sicher herausfinden und anzuwenden, das Interesse der Offiziere und Beamten mit ebensoviel Takt als Geschicklichkeit zu vertreten weiß. Er besitzt ein ungewöhnliches Maß von Allgemeinbildung und weiten Blick, verfügt über reiche Sprachkenntnisse und gedenkt in Kurzem seine durch außerdienstliche Studien erworbenen Kenntnisse zum Ablegen des juristischen und volkswirtschaftlichen Doktor-Examen zu benutzen.« Es stehe ihm »unzweifelhaft noch eine nützliche und verdienstliche Zukunft bevor«.

Bei seinen Ökonomie-Vorlesungen an der Universität hatte Otto Mossdorf besonderes Glück – sein Studium an der Kriegsakademie und sein Fronteinsatz wurden ihm zum Teil angerechnet. Auf den Rat von Prof. Otto Hoetzsch hin, den er schon von der Kriegsakademie her kannte, wo der ab 1911 Neue Geschichte gelehrt hatte und der nun an der Universität Professor für Osteuropäische Geschichte und Landeskunde war, spezialisierte er sich auf die japanische Wirtschaft. Mit dem Thema seiner Doktorarbeit *Die Förderung des japanischen Außenhandels im Kriege* stieß er auf keine Gegenliebe bei seinem Professor Schuhmacher, der ihm stattdessen ein anderes Gebiet schmackhaft machen wollte. »Das war mir zu dumm, außerdem hatte ich Frau und Kinder und musste für das tägliche Brot sorgen.«

Er reiste also nach Würzburg, um an der dortigen Universität einen Doktorvater für seine fertige Arbeit zu finden. Der Versuch schlug fehl. Auch an der Universität Hamburg wurde er abgewiesen. Doch dann half unverhofft eine gute Verbindung, er besuchte Major von Heinersdorf, den Generalsekretär der Stinnes-Reederei in Hamburg. So »gelang mir überraschend schnell der Sprung in die Journalistik, und zwar kam ich zur *Deutschen Allgemeinen Zeitung*.« Sie war ein Blatt mit langer Tradition, das der Ruhr-Industrielle und Politiker Hugo Stinnes kurz zuvor gekauft hatte.

Die 1861 zuerst erschienene *Norddeutsche Allgemeine Zeitung* galt lange Zeit als »Bismarcks Hauspostille«. Im November 1918 wurde das Blatt in Berlin als *Deutsche Allgemeine Zeitung* (*DAZ*) neugegründet und gehörte während der Weimarer Republik neben der *Frankfurter Zeitung*, der *Vossischen Zeitung* und dem *Berliner Tageblatt* zu den renommiertesten deutschen Blättern. Stinnes, Chef eines Montanindustrie- und Handelskonzerns, spielte nach der Novemberrevolution auch politisch eine entscheidende Rolle in der jungen Republik. In Verhandlungen zwischen 21 Arbeitgeberverbänden und sieben Gewerkschaften hatte er im November 1918 als Sprecher der Arbeitgeber eine großflächige Sozialisierung abgewendet und dafür Tarifverträgen, der Bildung von Betriebsräten und dem Acht-Stunden-Tag zugestimmt (»Stinnes-Legien-Abkommen«). 1920 wurde er Reichstagsabgeordneter der Deutschen Volkspartei. Wegen seiner großen wirtschaftlichen Macht und seines politischen Einflusses nannte ihn das *Time*-Magazin 1923 den »Neuen Kaiser von Deutschland«. Der Kauf der angesehenen *DAZ* stieß auf heftige Kritik. Eine Karikatur zeigte ihn als Urbild des Kapitalisten mit Zylinder, dicker Zigarre und seinem Imperium, Schlagzeile »Stinnes kauft alles«.

In der Redaktion der *DAZ* begann Otto Mossdorf im Mai 1921 als Volontär. Schon im Oktober stieg er zum Redakteur im Auslandsressort auf. Wegen seiner umfangreichen Kenntnisse über Japan und Ostasien war er schnell der Fachmann für Wirtschaft, Politik und Militär in Fernost.

Die ersten Jahre der Weimarer Republik waren politisch und wirtschaftlich unsichere Zeiten. Der Wertverfall der Mark hatte schreckliche Folgen. Begonnen hatte diese Entwicklung schon zu Beginn des Ersten Weltkriegs, der vor allem mit Kriegsanleihen finanziert worden war, die nach der Niederlage wertloses Papier wurden. Ende 1918 überstiegen die Schulden des Deutschen Reichs mit rund 150 Milliarden Mark das gesamte Volkseinkommen im Jahr 1919 von 142 Milliarden Mark.

Die immensen Reparationszahlungen nach dem Versailler Vertrag kurbelten die Inflation erst richtig an. Im Januar 1920 kostete ein US-Dollar 42 Mark, zwei Jahre später schon 199,40 Mark. Im Januar 1923 stand der Kurs bei 49 000 Mark. Es war das Jahr der Hyperinflation. Am 9. November 1923 musste man für einen Dollar unglaubliche

Der Salon in der »83«

628 500 000 000 Mark zahlen. Das Briefporto war von zwanzig Pfennig auf eine Milliarde Mark gestiegen.

Millionen Deutsche verloren durch Krieg und Inflation ihre gesamten Ersparnisse, auch große Vermögen lösten sich in Luft auf. Otto Mossdorfs Schwiegermutter, Rosa Krause, hatte 1895 gemeinsam mit ihren drei Schwestern das Familiengut Karbowo in Westpreußen an die Landbank in Berlin für 2,4 Millionen Goldmark verkauft. Ihr Anteil betrug 600 000 Mark, dazu hatten die vier Schwestern jede noch ein weiteres Gut geerbt. Rosa bekam das Gut Tergewisch (heute Targowisko) in der Nähe der westpreußischen Stadt Löbau (heute Lubawa), das sie 1908 verkaufte. Sie konnte davon nicht nur sorgenfrei leben, sondern ihre Tochter Else und deren

Das Berliner Zimmer in der »83«

Familie in der Prinzregentenstraße 83 jahrzehntelang großzügig unterstützen. Durch vorausschauende Geldanlage gelang es ihr auch jetzt, zumindest Teile ihres Besitzes vor dem Totalverlust zu bewahren.

Die Wohnung der Mossdorfs in der Prinzregentenstraße 83 war in diesen Jahren wie eine Insel aus der »guten alten Zeit«. Die großen Räume mit den hohen Decken verströmten großbürgerliche Atmosphäre. Das typische Berliner Zimmer, das den Wohn- und Schlafbereich trennt, war mit einer mächtigen Anrichte und verglasten Schränken aus schwarzer Wassereiche eingerichtet, über dem wuchtigen Esstisch, der für 24 Personen ausziehbar war, hing eine Kupferlampe mit Fransen. Der blaue Salon war mit Rokoko-Möbeln ausgestattet, hier stand auch der Blüthner-Flügel, auf dem am Heiligen Abend Weihnachtslieder gespielt wurden. Daneben hatte dann der Tannenbaum mit den Geschenken seinen Platz. Auf die Bescherung wartete die Familie ungeduldig im Herrenzimmer, das vom Salon durch eine Schiebetür getrennt war. Im Herrenzimmer standen der mächtige Schreibtisch aus Birkenholz, an dem Otto Mossdorf arbeitete und in dem er später seine Tagebücher in einem Geheimfach verstaute, der Bücherschrank mit Glastüren und eine Sitzecke aus Ledercouch und Ledersesseln mit rundem Tisch, an den sich der Hausherr mit seinen männlichen Gästen nach einem Abendessen zum Rauchen zurückzog. Orientteppiche auf dem Boden und Gemälde und Stiche an den Wänden trugen zur Behaglichkeit bei.

Inzwischen war die Familie weiter gewachsen: Am 7. Dezember 1921 wurde in der Klinik von Prof. Mackenrodt der zweite Sohn Carl Friedrich und im 27. Oktober 1925 das Nesthäkchen Rosemarie geboren. Wie gut sich die »beiden Großen« entwickelt hatten, zeigt ein Foto von 1922: Beide stehen mit Matrosenhemden, Anne-Regine mit blauem Rock und weißen Kniestrümpfen, Richard mit kurzer blauer Hose und Ringelsocken Hand in Hand vor dem Fotografen. Neben Anne-Regine ist ein Güterwagen einer Spielzeugeisenbahn zu sehen, neben Richard eine Spielzeugkanone. Die Kriegsgräuel scheinen inzwischen verblasst zu sein.

Das überrascht insofern, weil Umsturzversuche und Attentate die Republik immer wieder erschüttern. Am 13. März 1920 besetzten Freikorps-Soldaten und Angehörige der Marine-Brigaden Ehrhardt und von Loewenfeld das Regierungsviertel in Berlin und riefen den rechtsradikalen Politiker Wolfgang Kapp zum Reichskanzler aus, Erich Ludendorff war sein prominentester Unterstützer. Die Reichsregierung

Anne-Regine und Richard, 1922

flüchtete nach Dresden und weiter nach Stuttgart und rief die Bevölkerung zum Generalstreik auf. Nach fünf Tagen brach die Revolte zusammen, Wolfgang Kapp flüchtete nach Schweden.

Schon im Januar 1920 hatte ein ehemaliger Soldat in Berlin ein Attentat auf den Politiker Matthias Erzberger verübt, das dieser durch einen Schulterschuss leicht verletzt überlebte. Erzberger wurde von rechter Hetzpropaganda als »Erfüllungspolitiker« verfolgt, weil er 1918 in Compiègne den Waffenstillstandsvertrag unterschrieben hatte. Dass er dies auf ausdrückliche Bitten von Generalfeldmarschall Paul von Hindenburg getan hatte, verschwiegen seine Feinde. Eineinhalb Jahre später lauerten zwei ehemalige Marineoffiziere, Angehörige der rechten Terrorgruppe »Organisation Consul«, Erzberger bei einem Spaziergang im Schwarzwald auf und töteten ihn mit acht Schüssen. Die »Organisation Consul« war ein krimineller Geheimbund, den Hermann Ehrhardt nach dem gescheiterten Kapp-Putsch gegründet hatte.

Auf den SPD-Politiker Philipp Scheidemann, der im November 1918 von einem Fenster des Berliner Schlosses die Republik ausgerufen hatte, verübten am Pfingstsonntag 1922 zwei Mitglieder der »Organisation Consul« ein Blausäure-Attentat. Scheidemann, inzwischen Oberbürgermeister von Kassel, überlebte, erhielt aber weiter Morddrohungen. Nur drei Wochen später, am 24. Juni, wurde Reichsaußenminister Walther Rathenau im Grunewald auf dem Weg zum Auswärtigen Amt in seinem Auto von drei Terroristen der »Organisation Consul« mit Schüssen aus einer Maschinenpistole und einer Handgranate ermordet. Nationalistische Zeitungen und Politiker hatten indirekt zum Mord aufgerufen, in den Freikorps wurde das Schmählied gesungen: »Knallt ab den Walther Rathenau, die gottverdammte Judensau!« Wenige Tage nach dem Mord an seinem Freund Rathenau wurde der Journalist Maximilian Harden am 3. Juli in Berlin Opfer eines Attentats, das er von Kopfschüssen getroffen nur knapp überlebte.

In der Trauerrede für Walther Rathenau machte Reichskanzler Joseph Wirth die Hetze der nationalistischen Politiker und Presse für die Mordtat verantwortlich. Im Reichstag sagte er mit Blick auf die Deutschnationale Volkspartei den Satz: »Der Feind steht rechts.« In vielen deutschen Städten protestierten Menschen gegen die Politmorde, in Berlin versammelten sich mehr als 400 000 Menschen, um gegen die Attentate und für die Weimarer Republik zu demonstrieren.

Zu den dramatischen Entwicklungen im Inland, in seiner unmittelbaren Umgebung Berlin findet sich nichts in den Aufzeichnungen von Otto Mossdorf. Er konzentrierte sich derweil ganz auf seine außenpolitischen Berichte. Seine verschmähte Doktorarbeit wurde auch noch gedruckt. Er bot den Text Dr. Max Linde, Generalsekretär des »Verbands für den fernen Osten«, an und wurde eingeladen, ihn auf einer der nächsten Veranstaltungen vorzutragen. Der anwesende deutsche Vertreter der japanischen Exportfirma Mitsubishi war dermaßen begeistert, dass er sich »bereit erklärte, meinen Vortrag gegen das fürstliche Honorar von 2000 Reichsmark auf Kosten seiner Firma drucken zu lassen«.

Nach diesem Erfolg wurde er immer öfter zu Vorträgen über Fernost eingeladen. Neben seiner journalistischen Tätigkeit vertiefte sich Otto Mossdorf in die Akten des Auswärtigen Amtes von 1870 bis 1914, die in insgesamt vierzig Bänden nach und nach veröffentlicht wurden. Für ihn eine unentbehrliche Quelle, um die Außenpolitik des Kaiserreichs speziell im fernen Osten besser zu verstehen.

Ein besonders interessantes und brisantes Kapitel war für ihn die Inbesitznahme des Gebiets um die Bucht von Kiautschou 1898 an der Ostküste des chinesischen Kaiserreichs. Kaiser Wilhelm II. gab zunächst den Befehl zur Eroberung durch die deutsche Marine. Ein Kreuzergeschwader besetzte die Bucht im November 1897. Der chinesische Kaiser bot daraufhin Verhandlungen an und verpachtete Kiautschou schließlich per Vertrag für 99 Jahre an das Deutsche Reich. Über diesen Coup erregte sich insbesondere Großbritannien, das seine Interessen berührt sah. Aber auch in der russischen Regierung gab es Widerstand gegen das deutsche Vorgehen.

In Band 14 der Akten des Auswärtigen Amtes fand der kaisertreue Otto Mossdorf zu diesem Thema nun Spannendes: »Lediglich dem persönlichen Eingreifen Kaiser Wilhelm II.« sei diese Pachtung zu verdanken. »Der Kaiser konnte nämlich, als die Minister des Zaren wegen der Erwerbung Schwierigkeiten zu machen suchten, ein Telegramm des Zaren vorweisen, das als Antwort auf ein persönliches Telegramm des Kaisers vom 6. November 1897 anzusehen war. Wilhelm II. hatte angefragt, wie sich der Zar beim Einlaufen deutscher Kriegsschiffe in den Hafen von Tsingtau verhalten würde. Der Zar antwortete bereits am 7. November: ›Ich bin sehr dankbar, dass Du mich persönlich avertiert hast. Bedauere Angriff der Chinesen auf deutsche katholische Mission unter Deinem Protektorate. Kann weder erlauben noch verhindern, dass Du deutsches Geschwader nach Kiautschou schickst, da ich erst kürzlich erfahren habe, dass dieser Hafen überhaupt nur zeitweise unser gewesen ist, und zwar von 1895 bis 1896.‹« Der russische Außenminister habe zwar noch versucht, den deutschen Flotteneinsatz in China zu verhindern, habe sich aber dem Zaren beugen müssen.

Seinen historischen Fund wollte Otto Mossdorf natürlich sogleich bekanntmachen. »Es war damals, 1924, nicht leicht, eine derartige Rechtfertigung einer Handlung des Kaisers zu veröffentlichen.« Da traf es sich gut, dass er ständiger Autor für die *Eisernen Blätter* war, eine christlich-nationale Zeitschrift, die der Pfarrer und Politiker Gottfried Traub in München herausgab. Ottos Text über Kiautschou, den Kaiser und den Zaren erschien in der Oktober-Nummer. Und er hatte die Idee, diese Ausgabe der *Eisernen Blätter* sogleich dem Kaiser in sein Exil im holländischen Doorn zu schicken. Als Adressat bot sich der Adjutant des Kaisers in Doorn, Hauptmann Sigurd von Ilsemann, an, der war nämlich ein Kriegskamerad seines Schwagers Werner Krause.

Am 27. November 1924 hielt er Ilsemanns Antwortbrief in den Händen:

> *Seine Majestät der Kaiser hat Ihren Artikel mit großem Interesse gelesen und mich beauftragt, Ihnen für die gütige Übersendung bestens zu danken mit gleichzeitiger Übermittlung beiliegender Bildkarte.*

Das Foto zeigte Wilhelm II. im Park von Doorn auf einer Bank sitzend und die Linke auf einen Spazierstock gestützt, »rechts neben sich seinen treuen, alten Dackel«. Das war wie ein Ritterschlag für Otto Mossdorf. Völlig unverhofft war sein Traum in Erfüllung gegangen, mit dem Kaiser in Kontakt zu kommen.

Kapitel 10

BEI HOFE IN DOORN

Als im Spätsommer 1918 die militärische Lage des deutschen Heeres immer verzweifelter wurde und das verbündete Österreich-Ungarn vor dem Zusammenbruch stand, verlangte die Oberste Heeresleitung im September, sofort mit der Entente über einen Waffenstillstand zu verhandeln. Frankreich und der US-amerikanische Präsident Woodrow Wilson bestanden als Vorbedingung darauf, dass Kaiser Wilhelm II. zurücktreten und als Kriegsverbrecher ausgeliefert werden müsse. Immer mehr Politiker im Reichstag bedrängten den Monarchen. Als Reichskanzler Max von Baden am 28. Oktober Wilhelm II. riet, freiwillig abzudanken, reiste der am nächsten Tag zum »Großen Hauptquartier« ins belgische Spa. Bei seinen Generälen fühlte er sich noch sicher.

Doch auch die senkten den Daumen, als in Wilhelmshaven und Kiel die Revolution begann. 37 von 39 Spitzenmilitärs stimmen am Morgen des 9. Novembers für die Erklärung des Generalquartiermeisters der Obersten Heeresleitung, General Wilhelm Groener, und Generalfeldmarschall Hindenburgs: »Das Heer wird unter seinen Führern und Kommandierenden Generalen in Ruhe und Ordnung in die Heimat zurückmarschieren, aber nicht unter dem Befehl Eurer Majestät, denn es steht nicht mehr hinter Eurer Majestät.«

Während der Kaiser in Spa noch taktierte und zwar als Kaiser, nicht aber als König von Preußen demissionieren wollte, verkündete Max von Baden in Berlin am Mittag den kompletten Thronverzicht des Preußen. Am Abend desselben Tages bestieg Wilhelm II. mit wenigen Vertrauten den »Hofzug«, der am nächsten Morgen in Richtung holländischer Grenze fuhr. Kurz vor Lüttich stieg man in drei Autos um. In der Nähe des Ortes Eijsden passierte die Kolonne die Grenze. Die holländische Regierung sorgte dafür, dass der Kaiser samt Gefolge in Amerongen im Schloss des Grafen Godard van Bentinck aufgenommen wurde. Zwei Tage später kam auch Kaiserin Auguste Viktoria in Amerongen an. Ein Auslieferungsbegehren der Entente lehnte die holländische Regierung später ab.

Sein Adjutant und Vertrauter Sigurd von Ilsemann hatte Wilhelm II. auf der Flucht begleitet und blieb bis zu dessen Tod an seiner Seite. Achtzehn Monate lebten der Kaiser und sein Hofstaat in Amerongen. 1919 kaufte er Haus Doorn, ein kleines Schloss in der Gemeinde Utrechtse Heuvelrug und ließ es umbauen. Er ergänzte ein neo-mittelalterliches Torhaus mit Gästezimmern und ließ einen Rosengarten anlegen.

Aus Deutschland rollten mehr als fünfzig Güterwagen mit Möbeln, Kunstwerken und persönlichem Inventar an, mit denen das neue Zuhause ausgestattet werden konnte. Zu Haus Doorn gehörten ein 35 Hektar großer Schlossgarten und ein angrenzender Wald. Mit Audienzsaal, Speisesaal, Wohn- und Schlafräumen und einem großen Schreibtisch für den Adjutanten Ilsemann war Haus Doorn die perfekte Kulisse, um Hofstaat zu spielen.

Als Otto Mossdorf zum ersten Mal hierher eingeladen wurde, war Kaiserin Auguste Viktoria schon gestorben. Ein halbes Jahr nach ihrem Tod am 11. April 1921 ging der dreiundsechzigjährige Witwer auf Brautschau. Zahlreiche Damen besuchten Haus Doorn. Der Kaiser entschied sich für die neununddreißigjährige verwitwete Prinzessin Hermine von Schönaich-Carolath, geborene Prinzessin Reuß, Mutter von vier Kindern.

Adjutant Ilsemann notierte über ihre Ankunft: »Selten sah ich den Kaiser derart erregt. Dauernd sah er nach dem Torgebäude, ob das Auto mit dem sehnsüchtig erwarteten Gast nicht bald käme, dann zog er sich den Anzug zurecht, fragte recht nervös nach dem Begrüßungsbukett (dunkelrote Rosen), und als endlich der Wagen anrollte, sagte er sehr feierlich majestätisch in alter kurzer Schärfe: ›Auf Ihre Plätze, meine Herren!‹ Ich wusste gar nicht, was ›Plätze‹ hier bedeutete, kapierte nur, dass wir zunächst verschwinden sollten.« Wilhelm muss von Hermine sehr beeindruckt gewesen sein. Normalerweise fand er abends nicht ins Bett, aber jetzt änderte er spontan seine Gewohnheit. Ilsemann: »Schon um 10 Uhr zog sich der Kaiser mit ihr in ihre Gemächer zurück.« Am 5. November 1922 heirateten die beiden.

Seine Erlebnisse in Haus Doorn hat Otto Mossdorf in einem 253 Seiten starken Erinnerungsband aufgeschrieben (»Ich habe über alle Fahrten nach Doorn genauestens Tagebuch geführt«). Seine Frau Else hatte die zündende Idee, die ihm schließlich eine Einladung bescherte. Sie riet ihm, »über Hauptmann Ilsemann anzufragen, ob dem Kaiser Vorträge über den fernen Osten willkommen wären«. Die Antwort von Hofmarschall Admiral von Rebeur-Paschwitz vom 22. Dezember 1924 kam am Weihnachtstag in Berlin an:

> *Majestät wollen dieser Anregung (Vorträge zu halten) Folge geben. Ich darf Sie ergebenst bitten, mich zu benachrichtigen, wann Sie sich freimachen können, um wie viele Vorträge es sich handeln würde und um eine kurze Inhaltsangabe.*

Otto antwortete postwendend, er wolle an zwei Tagen sprechen, zunächst über die »Machtverhältnisse im Stillen Ozean« und danach »über Einzelprobleme«. Dafür wurden der 22. und 23. Januar 1925 festgelegt.

Das holländische Generalkonsulat stempelte in Otto Mossdorfs Pass ein Visum. Die Kleiderordnung kam aus Doorn: »Als Anzug für den Abend wurde Smoking, tagsüber Jacketanzug – wenn möglich nicht zu hell (!) – empfohlen oder kleiner Rock.« Uniform sei auch passend. Vor der Abreise sollte er noch mit dem »Schatullverwalter« des Kaisers, Geheimer Hofrat Bruno Nitz, Unter den Linden 11, Kontakt aufnehmen, damit der Doorn über die Anreise informieren konnte.

Am Morgen des 21. Januars begleitete Else Mossdorf ihren Mann zum Bahnhof Friedrichstraße. Der D-Zug nach Amsterdam fuhr pünktlich um 8.54 Uhr. Genauso pünktlich kam er um 19.38 Uhr in Amersfoort an. Ein Auto brachte den Gast nach Doorn. Im Torhaus war das sogenannte Treppenzimmer für ihn reserviert. »Freundlichen Empfang bereitete mir das Stubenmädchen Elisabeth, die mich bei allen meinen Besuchen bestens versorgt hat. Jetzt stellte sie mir gleich einen Imbiss mit Rotwein auf den Tisch.« Daneben eine Nachricht des Hofmarschalls: »Drüben ist Kino im Gange. Wenn Sie noch herüberkommen wollen, so sind Sie willkommen. Anzug, Smoking oder Uniform, wie es Ihnen bequem ist.«

Otto Mossdorf entschied sich für die Uniform (»alter Waffenrock aus dem Weltkrieg«) und ging in den Gartensaal. Hier war der Hofstaat versammelt. »Ganz vorn links auf dem Eckplatz ein grauer Kopf, das war der Kaiser, links von ihm seine beiden Stieftöchter, noch weiter links ihre Mutter Hermine, die zweite Frau des Kaisers.« Nachdem er sich mit Adjutant Ilsemann und Admiral Rebeur-Paschwitz bekannt gemacht hatte, kam der feierliche Augenblick: »Der Kaiser trug graue Felduniform, dazu die Schnüre eines Generaladjutanten und zahlreiche Orden. Ein Wink vom Admiral brachte mich in Front vom Kaiser, der mich sehr aufgeräumt mit Handschlag und den Worten begrüßte: ›Guten Abend, Herr Oberstwachtmeister! (Alte Form für den Major bei der Artillerie) Sie wollen uns etwas von den Chinesen erzählen?‹ Ich hatte kaum zustimmend geantwortet, so begann der Kaiser sich über die augenblickliche Lage in Ostasien auszulassen.« Es war einer der Monologe, mit denen der Kaiser die Welt erklärte. »Der Kaiser wandte sich noch einmal zu mir, zeigte auf mein EK I: ›Wo haben Sie das her?‹ – ›Nach der Winterschlacht in Masuren 1915.‹ – ›Da war ich auch dabei.‹ – ›Ich weiß. Majestät waren damals in Lyck.‹«

Der Gast aus Berlin lernte nun die Damen und Herren des Hofstaates kennen, einen ehemaligen Botschafter, Hofräte, einen Generaloberarzt, einen holländischen Gendarmeriehauptmann, Offiziere vom Dienst, adlige Damen der Verwaltung, den ehemaligen Gastgeber des Kaisers Graf Bentinck, dessen Bruder und seine Tochter, die inzwischen mit Sigurd von Ilsemann verheiratet war. Plötzlich kam »die Kaiserin in den Vortragsraum zurück und gleich auf mich los. Nach Begrüßung mit Handschlag fragte sie, wie die Reise gewesen sei und wie es in Deutschland aussehe«.

Die Frage, ob sie denn nun wirklich Kaiserin war, war damals unter Adligen eine heikle Sache. De jure war sie es nicht. Otto notierte dazu in seinen Aufzeichnungen: »Nebenbei bemerkt: in Kreisen in Potsdam hat man sich niemals daran gewöhnen können, die zweite Frau des Kaisers als Majestät anzusprechen, sondern blieb bei der Prinzessin. Dabei war diese Frage sehr bald entschieden, weil Prinz Heinrich als Bruder des Kaisers bei seinem Toast anlässlich der Vermählung die Frau des Kaisers mit Majestät angeredet hatte.

Außerdem war diese Frage schon dadurch bereinigt, dass der Kaiser selbst dritten Personen gegenüber stets von ›Ihrer Majestät‹ zu sprechen pflegte.« Wobei die »Generalverwaltung des vormals regierenden Preussischen Königshauses« in Berlin bis heute offiziell ausschließlich von »Prinzessin Hermine« spricht.

Mit den scharfen Augen des Journalisten beobachtete Otto Mossdorf den Kaiser, sein lebhaftes Mienenspiel, wie er den rechten Zeigefinger drohend hob, wenn er seinen Argumenten Nachdruck verleihen wollte, dass der aufgezwirbelte Schnurrbart einem kurzgeschnittenen Spitzbart gewichen war, wie der Kaiser seinen kurzen, seit Kindheit verkrüppelten linken Arm auf dem Rücken zu tarnen wusste, dass von Altersbeschwerden nichts zu bemerken war und dass der Kaiser sich stets aufrecht und gerade hielt. Außerdem konnte er unvorstellbar lange Zeit stehend mit Besuchern reden, auch wenn die schon erkennbar müde wurden.

Nach einigen Anekdoten gab Hermine dem Kaiser das Zeichen zum Aufbruch. Die Gäste verabschiedeten sich. Für den inneren Zirkel gab es noch ein Glas Bier, dann begab man sich zu Bett. »Um 11 Uhr wurde das Licht gelöscht.«

Der nächste Tag sollte mit einer Morgenandacht beginnen. Um sieben Uhr war Otto Mossdorf aufgestanden. Elisabeth hatte ihm ein erstes Frühstück mit Tee, Sahne, Zwieback und Butter serviert, »weil sie der Meinung war, es dauere da drüben noch sehr lange Zeit, bis ich etwas bekäme«. Auf dem Weg ins Haupthaus begegnete er dem Kaiser, der seinen Morgenspaziergang machte. Wilhelm II. sah den Gehpelz von Otto und sagte, so »ein feiner Mann passe gar nicht nach Doorn«. Der antwortete: »Majestät! Der stammt noch aus der Friedenszeit, das ist mein alter Uniformpelz.« – »Ach so, mit neuen Knöpfen drauf.« – »Zu Befehl, Majestät.«

Im Gartensaal war nun ein Rednerpult aufgestellt. »Zunächst verlas der Kaiser einen Bibeltext, dann eine Art kurze Predigt, die wohl von einem der Hofprediger stammte. Vaterunser und Segensworte schlossen die kurze Andacht.« Darauf fragte die Kaiserin den Besucher, ob er sie nach dem Frühstück zu einem Spaziergang begleite. »Ich sagte natürlich zu. Es schien mir gleich so, dass man mich ausforschen wollte, wess' Geistes Kind ich wäre.« Kaiserin Hermine war bekannt dafür, dass sie in Doorn ein strenges Regiment führte und viel Wert auf Etikette legte.

Das Frühstück war an der »Marschalltafel« gedeckt, in einem Raum hinter der Garderobe, wo sich auch die Bibliothek des Kaisers mit historischen, militärischen und politischen Büchern befand. Kaffee, Butter, Eier, Schinken, Weiß- und Schwarzbrot wurden serviert. Adjutant von Ilsemann, der im Schloss seines Schwiegervaters wohnte, hatte die neuesten Zeitungen mitgebracht. Er wies seinen Gast besonders auf einen Artikel in den *Hamburger Nachrichten* hin, der sich mit den Beziehungen zwischen Russland und Japan befasste.

Nach dem Frühstück hängte Otto Mossdorf mit Hilfe von Hausmeister Turke noch zwei große Weltkarten aus den Beständen des Großen Generalstabes auf, dann war es Zeit für den Spaziergang mit Kaiserin Hermine. Die beiden gingen los und kamen als erstes am »Waldarbeitsplatz« des Kaisers vorbei, wo sich Wilhelm II., Hauptmann Ilsemann und der holländische Offizier vom Vorabend Bäume fällten und Holz hackten.

Sigurd von Ilsemann hat diese Marotte des Kaisers in seinem Buch *Der Kaiser in Holland* detailliert beschrieben. Schon sein erster holländischer Gastgeber Graf van Bentinck war kurz nach Wilhelms Ankunft um seine Wälder besorgt gewesen. Denn der Monarch versank in einen wahren Säge-Rausch. Ilsemann vermerkte am 26. Juni 1919: »Bis heute wurden 4824 Bäume gesägt.« Am 30. Oktober: »Der Kaiser sägte heute den 11 000. Baum.« Anfang Dezember hatte er den 13 000. Baum zerlegt. Und als er Haus Doorn mit vierzig Hektar Wald gekauft hatte, war Wilhelm gar nicht mehr zu bremsen. Ilsemann notierte im November 1920: »Der Park wird immer kahler, ein Baum nach dem anderen fällt.«

Eine Stunde dauerte der Spaziergang mit der Kaiserin. »Wir sprachen über dies und das, über ihren schweren Rheumatismus, über Ludendorff, Rupprecht von Bayern, Zustände in Deutschland und so weiter.« Hermine berichtete, wie schlimm die Verhältnisse gewesen seien, als sie in Doorn eintraf. Der Kaiser sei gänzlich isoliert gewesen, die Holländer hätten ihn boykottiert. Sie habe das durch persönlichen Einsatz geändert. »Jetzt grüßt jedermann auf der Straße das Kaiserpaar.«

Die aktuelle Presseschau, die von Ilsemann jeden Vormittag dem Kaiser und seinen Getreuen hielt, hatte Otto versäumt. Es ging sogleich zum Mittagessen ins große Speisezimmer mit den bis zum Boden reichenden Fenstern. Hermine rief mit einer unter dem Tisch angebrachten Klingel die drei Diener und Hausmeister Turke, die Rinderfilet mit Gemüse und Käse servierten. Danach gab es im Rauchzimmer zu Zigaretten einen Likör und besten holländischen Kaffee. Der Kaiser erklärte: »Weil der Mossdorf hier jeden Abend redet, muss ich meine Sachen jetzt hier vorlesen.« Es war seine tägliche Tour de Raison, die der Kaiser normalerweise nach dem Abendessen unternahm und die er nun vorzog.

Auf seinem Zimmer fand Otto Mossdorf eine vom Kaiser gegebene vertrauliche Anordnung für das Verhalten bei Besuchen in Doorn. Es war eine Art Verschwiegenheits-Verpflichtung: »Ich wünsche daher auch keinesfalls, dass in Erzählungen von Eindrücken hier aus Haus Doorn etwas hineingetragen wird, was als meine Ansicht hingestellt wird, auch nicht im vertrauten Kreis. Solche Erörterungen können mir und meinem Hause und auch der großen Sache des Vaterlandes nur zum Schaden dienen.«

Begonnen hatte der Kaiser sein Papier mit der Feststellung: »Das deutsche Volk hat, trotz der gewaltigen Opfer, die es durch 4 Jahre des Weltkrieges getragen hatte, die ihm gestellte große Probe vor Gott und der Menschheit nicht bestanden … Mich hat das deutsche Volk in jenen ernsten Tagen fallen lassen und beiseite geworfen. Ich bin daher auch nicht willens, mich in diese schweren Kämpfe, die es durchzukämpfen hat, hineinziehen zu lassen.«

Am Abend versammelten sich insgesamt achtzehn Personen, auch eine Reihe Holländer waren geladen. Die Kaiserin trug ein rosa Brokatkleid mit Silberstickerei und einen mit Brillanten besetzten Kamm im Haar. »Wie auch am nächsten Abend war große Kostümierung allgemein vorgesehen.« Es wurden Eierröllchen, Brathühner und Gemüse sowie Schokoladenbrötchen serviert.

In der Diele waren die Karten aufgehängt, Stuhlreihen aufgestellt, auch das Hauspersonal durfte den Vorträgen lauschen. Otto Mossdorf hatte Redemanuskript und Notizen vor sich auf einen Stuhl gelegt, die er aber nur zur Hand nahm, wenn er ein längeres Zitat verlesen wollte, ansonsten sprach er frei. Sein Thema: *Die Probleme des Stillen Ozeans, Teil 1: Die Machtverhältnisse seit Beendigung des Krieges.* In seinen Erinnerungen vermerkte er: »Wobei ich mich an meine sechs Vorträge halten konnte, die ich genau vor einem Jahr in Wilhelmshaven vor der Nordseestation der Marine gehalten hatte.«

Der Kaiser und seine Gäste erwiesen sich als aufmerksame Zuhörer, es gab kurze Zwischenbemerkungen, ab und zu wurde gelacht. Nach einer Stunde war das Fazit von Wilhelm II.: »Das war gut, das war ausgezeichnet.« Dann ging er mit Otto Mossdorf zu einer der Karten, ließ sich noch Einzelheiten erläutern und zeigen, wo in Sibirien Otto in Kriegsgefangenschaft gesessen hatte. Nach Kaffee, Zigaretten und Likör verabschiedete sich der Kaiser von seinen Gästen per Handschlag. Für Otto Mossdorf hatte er noch einen kleinen Stapel Postkarten mitgebracht, sie zeigten ein Werk des Malers Hermann Knackfuß mit dem Titel *Völker Europas! Wahret Eure heiligsten Güter!* Die sollte er zu Hause an gute Freunde verteilen. Gegen 23 Uhr ging er mit den Herren des Hofstaates zum Schlafen ins Torhaus hinüber. »Ich konnte mit dem Verlauf des Abends wohl zufrieden sein … Der Konnex ist schnell hergestellt, als ob man sich schon jahrelang gekannt hätte.«

Der nächste Tag verlief wie der erste. Ein erstes Frühstück von Fräulein Elisabeth, Zusammentreffen mit dem Kaiser, der seinen Morgenspaziergang machte, Morgenandacht, gemeinsames Frühstück an der Marschalltafel. »Hier brachte mir Ilsemann die Sensation meines Aufenthalts in Doorn und zwar bezüglich meiner Vorträge. In der *Kölnischen Zeitung* stand der Vertragsabschluss zwischen Sowjetrussland und Japan. Mein zweiter Vortrag erfuhr dadurch eine Wendung, die zu berücksichtigen war.« Japan hatte die Sowjetunion anerkannt und sich bereit erklärt, die Insel Sachalin zurückzugeben. Nach dem Frühstück wieder Spaziergang mit Hermine, Seine Majestät sägte und hackte, und Otto Mossdorf erfuhr von der Kaiserin, dass die beiden Prinzen Wilhelm und Heinrich »wie bisher großen Respekt vor ihrem Vater haben«.

Im örtlichen Laden kaufte Otto Andenken und Mitbringsel für Else und die Kinder. Mittagessen (Porreesuppe, Steinbutt in Buttertunke und Apfelbrei), Kaffee und Likör im Rauchzimmer, kurzer Kommentar des Kaisers zur Weltlage. Als Otto

Mossdorf später auf seinem Zimmer seinen Vortrag aktualisierte, »schneite ein Liebesgabenpaket der Kaiserin für Frau und Kinder mit Gebäck in mein Zimmer«. Außerdem brachte der Diener ein gerahmtes Bild der Kaiserin mit ihrer jüngsten Tochter Henriette, eigenhändig signiert mit »Hermine I. R.« Für die Schatullverwaltung in Berlin bekam er einen Packen Briefe in die Hand gedrückt, so sparte Majestät das Porto.

Als Otto in Uniform zum Abendessen antrat, wurde er in den ersten Stock in das Arbeitszimmer des Kaisers gerufen. Der überreichte ihm die Reproduktion eines Ölgemäldes, auf das er mit Kopierstift geschrieben hatte: »Doorn 21. – 23. 1. 1925. Tokio – Moskau – Peking«. Darunter hatte er notiert: »Die Deutschen sind Morgenländer! Sie sind das gegen das Abendland gewandte Westantlitz des Morgenlandes.« Diesen mysteriösen Satz des Kaisers kommentierte Otto Mossdorf in seinen Aufzeichnungen höflich mit: »Eine sicher überraschende Interpretation.« Außerdem wurde er noch mit diversen Kaiser-Postkarten ausgestattet.

Zum Abendessen hatten sich dieselben Gäste wie vortags versammelt, zur Begrüßung gab es ein Glas 93er Rheinwein, »der wie Tokaier mundete«. Es folgten Käseauflauf, Schweinerücken mit Gemüse und Hohlrippchen. »Niemand wird behaupten können, dass diese Speisefolgen extravagant gewesen seien.« Bevor Otto Mossdorf mit seinem zweiten Vortrag begann, ergriff Wilhelm II. das Wort, verlas den sowjetisch-japanischen Vertrag und die Anmerkungen seines Gastes dazu, um dann zu sagen: »So, Herr Major, nun ergreifen Sie das Zepter.« Am Ende seiner Ausführungen wurde Otto Mossdorf beklatscht und beglückwünscht.

Ein holländischer Gast fragte ihn, ob er nicht über das gleiche Thema vor dem Deutsch-Holländischen Klub sprechen könne, und Nikolaus Graf zu Dohna-Schlodien schlug dasselbe für den National-Klub in Hamburg vor. Das war der ehemalige Kommandant des Hilfskreuzers *Möve*, der von 1915 bis 1917 bei Kaperfahrten auf dem Atlantik feindliche Handelsschiffe von insgesamt 180 000 Bruttoregistertonnen versenkt hatte. Kaiser Wilhelm II. hatte ihn nach Ende der Kaperfahrten per Telegramm so begrüßt: »Ich heiße Sie und Ihre tapfere Besatzung von Herzen in der Heimat willkommen. In dankbarer Würdigung Ihrer Taten, die für alle Zeiten ein Ruhmesblatt meiner Marine bilden werden, ernenne ich Sie zu meinem Flügeladjutanten. Wilhelm I. R.« Nun war der »Pirat des Kaisers« Gast in Doorn.

Sigurd von Ilsemann bemerkte, Vorträge wie von Otto Mossdorf seien leider selten geworden. »Das sonst so eintönige Leben in Doorn erfahre dadurch eine willkommene Belebung. Im allgemeinen sei es tödlich langweilig.« Ilsemann bat ihn deshalb, interessante Nachrichten an den Kaiser über ihn zu schicken und lud ihn zum Herbst erneut ein. Abschied vom Kaiserpaar, nachts um halb eins war Otto Mossdorf mit dem Kofferpacken fertig.

Um neun Uhr am nächsten Morgen stand das Auto bereit, das ihn zur Bahn nach Driebergen brachte, wo er den Zug nach Amsterdam bestieg. Dort traf er sich mit Elses Vetter Ernst von Krause und blieb zwei Tage. Sie besuchten Zandvoort, Den Haag und Scheweningen. Am Sonntagabend fuhr Otto Mossdorf mit dem Nachtschnellzug Richtung Berlin, wo er pünktlich um 7.38 Uhr eintraf, »bepackt mit vielen Erinnerungen an zwei unvergessliche Tage«. Als er zwei Tage später Geburtstagsglückwünsche an den Kaiser schickte, kam postwendend das erste vieler folgender Brieftelegramme: »Herzlich danke ich für Ihre treuen Wünsche. Gern gedenke ich mit Ihrer Majestät der Kaiserin Ihres Hierseins und der interessanten Vorträge. Wilhelm I. R.« Die Brieftelegramme wurden alle in der Prinzregentenstraße säuberlich gesammelt und über Jahrzehnte aufbewahrt.

Von nun an schickte Otto Mossdorf Zeitungsausschnitte nach Doorn und meldete sich dort an, wenn er wieder etwas Interessantes zusammengestellt hatte. Stets wurde er zum nächsten Besuch eingeladen. Mitte Mai 1926 war es wieder soweit. Er hatte die Woche mit dem Himmelfahrtstag gewählt, so konnte er vier Tage in Holland sein und brauchte nur einen Urlaubstag zu nehmen. An der Grenze genoss Otto Mossdorf einen Sonderstatus beim Zoll. »Diesmal fiel meine Zigarrenkiste auf. ›Wie lange bleiben Sie in Holland?‹ – ›Ich fahre nach Doorn.‹ Dieser Hinweis schloss alle Weiterungen aus.«

Die Kaiserin war diesmal in Doorn nicht anwesend, sie besuchte das schlesische Saabor, wo ihre Familie Schloss und Güter besaß. In ihrem Ehevertrag mit Wilhelm II. hatte sie festgeschrieben, dass sie ihren Wohnsitz in Berlin behielt und sich zweimal im Jahr für zwei Monate in Deutschland aufhalten durfte. Die Abwesenheit von Hermine änderte am Programm wenig, nur dass Otto diesmal auch beim Holzhacken und Sägen mitmachte, dem Frühsport Seiner Majestät, und später bei strahlendem Sonnenschein mit Wilhelm II. einen ausgedehnten Spaziergang unternahm. »Alle uns begegnenden Holländer grüßten sehr höflich. Damit erwies sich, dass die Kaiserin die Missstimmung unter den Holländern zu beseitigen gewusst hat.«

Nach dem Mittagsschlaf unterhielt der Kaiser seine Gäste, indem er ein Kapitel aus dem gerade erschienenen Buch *Schiggi-Schiggi – Abenteuer des Leo Parcus in den Urwäldern Boliviens* vorlas. Laut Verlagswerbung: »Ein Buch von unerhörter Spannung.«

Zur »Königlichen Abendtafel«, wie das Abendessen offiziell hieß, erschien Wilhelm II. in der Uniform eines Großadmirals. Nach Menü, Kaffee und Likör hielt Otto Mossdorf eineinhalb Stunden lang seinen Vortrag über *Die augenblick-*

liche Lage im Fernen Osten. Der Kaiser bedankte sich mit einem neuen Bild von sich.

Am folgenden Tag kaufte Otto Glücksschweine als Sparbüchsen für die Kinder. Nach dem Abendessen zeigte er dem Kaiser »ein Bild unserer Rosemarie, bei der die Kaiserin Pate gestanden hatte«. Otto hatte die Sache eingefädelt. Wilhelm II. las ein weiteres Kapitel aus *Schiggi-Schiggi* vor »bei geteilter Aufmerksamkeit« der Zuhörer. Um 23 Uhr begab man sich zu Bett. Und zum ersten Mal vertraute Otto seinem Tagebuch Kritisches an: »Einer der gewöhnlichen Doorener Tage lag hinter mir, der allzu deutlich erkennen ließ, wie die Langeweile sich breit machte und Vergleiche mit der von mir durchgemachten Kriegsgefangenschaft in Russland und Sibirien aufkommen ließ.«

Nach einem verregneten Sonntag bestieg Otto Mossdorf den Abendzug nach Berlin. Beim Abschied vom Kaiser »forderte er mich auf wiederzukommen und bekräftigte diese Einladung mit einem fühlbaren Schlag auf meine Schulter«.

Bei den täglichen Presseschauen, bei Tisch, bei Spaziergängen und beim Holzhacken in Doorn wurde über alle möglichen politischen Vorgänge und Ereignisse in Deutschland und der Welt diskutiert, bemerkenswert ist aber, worüber offenbar nicht gesprochen wurde. Selbst Wilhelms höchster Militär war kein Thema für den Kaiser. Ende Juni 1919 war Paul von Hindenburg als Chef des Generalstabes zurückgetreten und hatte sich in Hannover niedergelassen, wo ihm von der Stadt eine Villa geschenkt worden war. Der »Sieger von Tannenberg« genoss bei Reisen durch Deutschland seine Popularität. Er bekämpfte den Versailler Vertrag und verbreitete die Legende, das Heer sei »im Felde unbesiegt« gewesen und nur durch den Waffenstillstand, den die Novemberrevolutionäre unterschrieben hätten, »von hinten erdolcht« worden.

Nach dem Tod von Reichspräsident Friedrich Ebert im Frühjahr 1925 kandidierte der Siebenundsiebzigjährige auf Drängen der Rechtsparteien im zweiten Wahlgang und wurde zu dessen Nachfolger gewählt. Er blieb zwar Monarchist, hielt sich nach dem Urteil der meisten Historiker aber strikt an die Weimarer Verfassung, zumindest bis 1930, als er begann, Präsidialkabinette zu berufen, die mit Notverordnungen regierten.

Mit keinem Wort ist über die neue Rolle Hindenburgs als erstem Mann der Weimarer Republik in Otto Mossdorfs Berichten über seine Besuche in Doorn die Rede, die ansonsten sehr detailreich sind, und etwa die Speisefolgen und Tischordnung jedes Mal akribisch auflisten. In seinem holländischen Exil scheint Wilhelm II. wie unter einer Käseglocke gelebt zu haben, immer davon träumend, doch wieder als deutscher Kaiser den Thron zu besteigen.

Umso heftiger wurde in Doorn über die Kriegsschuldfrage diskutiert. Hatte Deutschland ganz bewusst den bewaffneten Konflikt gesucht und war allein für die Millionen Toten des Ersten Weltkriegs verantwortlich, so wie es in Artikel 231 des Versailler Vertrags festgeschrieben war, was die für Deutschland harten Bedingungen begründet hatte? Natürlich nicht, war die einhellige Meinung. Ebenso wurde über die Frage debattiert, ob der Kaiser im November 1918 nach Holland ins Exil geflüchtet war, wie es zum Ärger von Wilhelm II. immer wieder in Zeitungen zu lesen war.

Das war denn auch Thema beim dritten Besuch in Doorn vom 26. bis 30. Mai 1927. Wieder hatte sich Otto Mossdorf ein verlängertes Wochenende als Termin ausgesucht, und wieder war Kaiserin Hermine nicht da, sondern inspizierte ihre Besitzungen in Schlesien, was zu Verstimmung führte.

»Ich bin von der Kaiserin später ziemlich scharf angelassen worden.« Mit gehöriger Entschuldigung und besserer Terminwahl konnte Otto die Wogen wieder glätten, »bis 1933 aus mir niemals ganz bekannten Gründen eine neue Trübung eintrat, die sich auch auf das Verhältnis zum Kaiser übertrug, sodass mein letzter Besuch im Dezember 1933 stattfand ... was ich leider dem Verhältnis zur Kaiserin zuschreiben muss, die sich in den letzten Jahren der Lebzeit ihres Gemahls das Recht vorbehalten hatte zu bestimmen, wer als Gast nach Doorn kommen durfte. Auf dieser Liste war ich nicht mehr verzeichnet.« Er konnte nicht verstehen, warum sich Wilhelm II. derart dem Diktat seiner Frau unterwarf, zumal er ihn doch jedes Mal mit dem Wunsch entlassen hatte, er möge auf jeden Fall wiederkommen. Möglicherweise hatte Hermine inzwischen erkannt, dass Otto zwar ein absoluter Fachmann für Ostasien war, als außenpolitischer Redakteur aber kein Lobbyist dafür sein konnte, dem Kaiser wieder zum Thron zu verhelfen.

Auslöser der Diskussion über die Themen Flucht und Kriegsschuldfrage war ein Leitartikel in der erzkonservativen, antisemitischen *Kreuzzeitung*, in dem es um die Rolle des Reichskanzlers Max von Baden ging. Ein anderes Blatt hatte einen Briefwechsel zwischen Hindenburg und Wilhelm II. unter der Überschrift »Kaiser Wilhelm über die Schuldfrage« veröffentlicht. Hindenburgs Feststellung, Deutschland treffe keine Schuld am Weltkrieg, hatte Wilhelm II. mit dem Satz ergänzt: »Es besteht heute kein Zweifel mehr, dass nicht Deutschland, sondern der Feindbund den Krieg planmäßig vorbereitet und absichtlich herbeigeführt hat.« Und zum Thema Flucht hatte Hindenburg kurz darauf wieder in der *Kreuzzeitung* Stellung genommen: Es sei zweifelsfrei, dass der Entschluss des Kaisers, nach Holland zu emigrieren, »auf meinen und anderer Rath erst nach qualvollen Seelenkämpfen gefasst und ausgeführt wurde, um die Fortsetzung des Krieges oder einen Bürgerkrieg zu vermeiden und dadurch dem Vaterland Noth und Elend zu ersparen.«

Sigurd von Ilsemann hatte Otto Mossdorf gebeten, ihn und damit den Kaiser mit aktuellen Presseartikeln zu versorgen. Als Chef des Auslandsressorts der *Deutschen Allgemeinen Zeitung* hatte er nicht nur die deutschen Blätter zur Verfügung, sondern auch etwa zwanzig ausländische, vor allem französische und englische Tageszeitungen. Besonderes Augenmerk widmete Wilhelm II. allen Veröffentlichungen über den Krieg und die Kriegsschuldfrage sowie Marinenachrichten aus aller Welt. Selbst hatte der Kaiser die *Frankfurter Zeitung*, die *Kölnische Zeitung*, den *Hannoverschen Kurier* und das *Hamburger Fremdenblatt* abonniert. Dass die *Deutsche Allgemeine Zeitung* nicht dabei war, missfiel Otto Mossdorf. »Ich habe dann durchgesetzt, dass man auch noch die *DAZ* hielt.« Die Presseausschnitte und ganzen Zeitungsseiten aus Berlin versah der Kaiser mit Kommentaren und schickte sie an Vertraute weiter. Auch Otto erhielt solche Sendungen aus Doorn. Ilsemann schrieb ihm: »Ich lege auch Ihre Anlagen wieder bei, damit Sie aus den von S.M. unterstrichenen Stellen ersehen, was den Allerhöchsten Herrn besonders interessiert.«

Zu einer wahren Groteske wurde die vierte Reise von Otto Mossdorf nach Doorn. Der Kaiser hatte ihn im September 1927 eingeladen, weil der »Direktor der Schule für Politik in Tokio, Herr Mamoto, Mitglied des dortigen Parlaments« seinen Besuch angekündigt hatte. Otto solle zu seiner Unterstützung zur Stelle sein, »wo ich zum ersten Mal einen Orientalen empfange«. Otto Mossdorf kam der Name komisch vor, er recherchierte und fand heraus, dass es sich um den Unterstaatssekretär für die Marine im japanischen Abgeordnetenhaus, Kumpei Matsumoto, handelte. Auch gut, das Treffen mit dem Japaner sollte am 1. Oktober stattfinden.

Otto Mossdorf reiste wie immer pünktlich an. Von dem Japaner keine Spur. Wie üblich wurde gesägt, diesmal musste eine 200 Jahre alte Eiche daran glauben. Am Sonntag: »Keine Nachricht von dem Japaner.« Am Montagmorgen begrüßte ihn der Kaiser mit der Frage: »Wo bleibt Ihr Japaner?« Darauf Otto Mossdorf: »Mein Japaner? Es ist doch Euer Majestät Japaner.« Wenig später kam immerhin ein Telegramm, und am Nachmittag erreichte Otto ihn telefonisch in Den Haag. Gegen neunzehn Uhr kam Herr Matsumoto endlich an. Otto führte das Vorgespräch: Es handele sich keinesfalls um ein Interview mit dem Kaiser, sondern »um eine zwanglose Unterhaltung. Vor allem dürfe nichts von dem Empfang in die Presse kommen«. Das Treffen dauerte etwa eine Stunde, die längste Zeit redete der Kaiser, vor allem machte er Vorschläge, wie Japan seine Wirtschaft ausbauen könne. Anschließend schenkte ihm Wilhelm II. das obligate Bild mit Unterschrift. Otto Mossdorf war froh, am nächsten Morgen den Zug zu besteigen, um am späten Nachmittag in Berlin den 13. Geburtstag von Anne-Regine feiern zu können.

Das furiose Nachspiel kam in Berlin. Bei seinen Kontakten zur Presseabteilung des Auswärtigen Amtes fiel Otto Mossdorf die Wochenendausgabe des *Japan Chronicle* vom 17. November 1927 in die Hände. Matsumoto Kumpei hatte dem Blatt ausführlich über seinen Besuch beim Kaiser im Exil berichtet. Angeblich hatte Wilhelm II. einen neuen großen Krieg in Europa vorhergesagt und die Politik von Reichspräsident Hindenburg »in Stücke gerissen«. Otto Mossdorf war geschockt und empört. In Abstimmung mit dem Kaiser schickte er einen geharnischten Brief via japanische Botschaft nach Tokio. »Eine Erwiderung ist niemals erfolgt.«

Die Aufenthalte in Doorn wurden langsam zum Ritual. Morgenandacht, Frühstück, Holzsägen, Mittagessen, Mittagsschlaf, Spaziergang, Vortrag, Abendessen, Zigarre und Nachtruhe wechselten einander ab. Als einen Höhepunkt seiner sechsten Reise schilderte Otto Mossdorf einen boshaften Spaß des Kaisers: »Dort auf der Wiese wusste der Kaiser mich in eine Lage … zu manövrieren, die er schon bei anderen Besuchern mit Erfolg hervorgerufen hatte. Er verwickelte den Betreffenden in ein Gespräch und sprach so lebhaft auf ihn ein, dass der Angeredete vor dem erhobenen Zeigefinger des Kaisers immer weiter zurückwich, bis der Kaiser ihn in einen Kuhfladen lanziert hatte. So erging es auch mir zum Gelächter der Anwesenden.« Wie zum Trost bot ihm Wilhelm II. danach eine Zigarre an, holte ein kleines Etui aus der Manteltasche und sagte: »Ich habe Ihnen was mitgebracht.« Überrascht öffnete Otto Mossdorf das Kästchen. »Es enthielt ein Paar Manschettenknöpfe mit viermal ›W‹ und der Krone aus Hartgold, d.h. einer Legierung aus Gold, Platin und Paladium, auf blauem Emaille-Grund.« Gerührt bedankte er sich. Wenig später am Mittagstisch erzählte er voller Stolz der Kaiserin von den Manschettenknöpfen. Ihr Kommentar war eine kalte Dusche: »Sie halten nur nicht lange!«

Beim nächsten Besuch im September 1930 gab es nach der Morgenandacht und vor der Holzarbeit wieder ein Geschenk als Anerkennung für Otto Mossdorfs Vortrag über *Weltpolitische Blockbildungen* am Abend zuvor. »Er gab mir das übliche Etui, das ich sofort öffnete und den Orden am weiss-schwarzen Band darin fand. Es war die Friedensklasse des Ordens, da ja der gleiche Orden mit Schwertern nur im Kriege verliehen wird.« In der Verleihungsurkunde hieß es: »In dankbarer Anerkennung Ihrer ausgezeichneten vaterländischen Arbeit und Ihrer treuen Anhänglichkeit an Mich und Mein königliches Haus verleihe Ich Ihnen hiermit das Ritterkreuz meines Königlichen Hausordens von Hohenzollern. Wilhelm.«

Auch das war ein etwas vergiftetes Präsent. Denn beim Frühstück an der Marschalltafel konnte Otto Mossdorf mit dem Orden keinerlei Eindruck machen. »Das hatte man schon oft genug erlebt. Außerdem hatten die anderen Herren schon die höhere zweite Klasse, die aus dem Halse getragen wurde.« Trotzdem trug er das Kreuz zum Abendessen natürlich an der Uniform – »den Hohenzollern in das zweite Knopfloch von oben eingebracht. In der Halle traf ich schon den Kaiser an, der mir mit den Worten entgegentrat: ›Der steht ihm aber gut.‹«

Am 12. Dezember 1933 reiste Otto Mossdorf zum zehnten und letzten Mal nach Doorn. Inzwischen hatte Adolf Hitler in Deutschland die Macht übernommen und sein Terrorregime begonnen. Einen Tag nach dem Reichtagsbrand waren in der *Verordnung zum Schutz von Volk und Staat* die in der Weimarer Verfassung garantierten demokratischen Grundrechte aufgehoben worden. Gegen die Stimmen der Sozialdemokraten nahm der Reichstag am 23. März das Ermächtigungsgesetz an, der Freibrief für Adolf Hitler als Diktator. Am 1. April folgte die Boykott-Aktion gegen alle jüdischen Geschäfte, Ärzte und Rechtsanwälte in Deutschland. Eine Woche später wurde der »Arierparagraph« eingeführt, und jüdische Beamte verloren ihre Posten.

Im Briefverkehr zwischen Doorn und Berlin kein Wort dazu. Einziges Thema im Zusammenhang mit Hitlers Machtübernahme war die Enttäuschung von Wilhelm II. und Hermine, dass die Nationalsozialisten so gar nicht daran dachten, dem Kaiser im Exil zurück auf den Thron in Deutschland zu verhelfen. Dabei war doch Hermann Göring zweimal getarnt als »Dr. Döhring« in Doorn gewesen und mächtig hofiert worden. Er hatte die Bemerkung fallenlassen, er sei ja eigentlich für die Monarchie.

Das Thema von Otto Mossdorfs Vortrag war diesmal *Die Kriegsgefahr im Fernen Osten und im Pazifik*. Wieder hatte er am Abend seine Uniform angezogen und dabei gemerkt, dass er dummerweise sein Eisernes Kreuz I. Klasse zu Hause in Berlin am Frack hatte stecken lassen. Er lieh sich den Orden beim Hofmarschall Detlef Graf Schwerin aus. In der Garderobe des Haupthauses steckte er es sich an und betrachtete sich wohlwollend im Spiegel. Der Kaiser kam vorbei, beobachtete die Szene und sagte: »Ja, seien Sie mal recht eitel.« Man spielte wirklich Hof in Doorn.

Kapitel 11

SOMMERFRISCHE AUF DEN GÜTERN DER FAMILIE

So wichtig Otto Mossdorf seine Besuche beim Kaiser und seine Arbeit als außenpolitischer Redakteur bei der *Deutschen Allgemeinen Zeitung* auch waren, das Familienleben vernachlässigte der vierfache Vater nicht. Otto und Else unternahmen mit den Kindern Ausflüge in und um Berlin, man besuchte Pferderennen auf der Rennbahn Grunewald, in Karlshorst und Hoppegarten. Schließlich war Otto nicht nur selbst passionierter Reiter, sein Schwager, Rittmeister Werner Krause, war Generalsekretär des noblen »Union Klubs« in Hoppegarten. Die Mossdorfs hatten häufig Gäste, die Familie und der große Freundeskreis, man ging auch gern in die Oper und ins Theater.

Otto hatte seine Geige aus sibirischer Kriegsgefangenschaft nach Berlin gerettet, damit Tochter Anne-Regine darauf lernen konnte. Otto selbst spielte regelmäßig mit Freunden im Hausquartett. Die vier Kinder verzogen sich dann in die Kinderzimmer, sie fanden die Klänge aus dem Salon gar nicht schön. Zu besonderen Anlässen fand man sich zu kleinen Hauskonzerten ein. Mit dabei waren die langjährigen Freunde Werner Donisch und Dr. Ing. Max Leibbrand, Referent im Reichsverkehrsministerium, der später große Karriere machte und 1932 Vorstandsmitglied der Reichsbahngesellschaft wurde. Nach dem Zweiten Weltkrieg wurde er zum Chef der »Hauptverwaltung der Eisenbahnen des amerika-

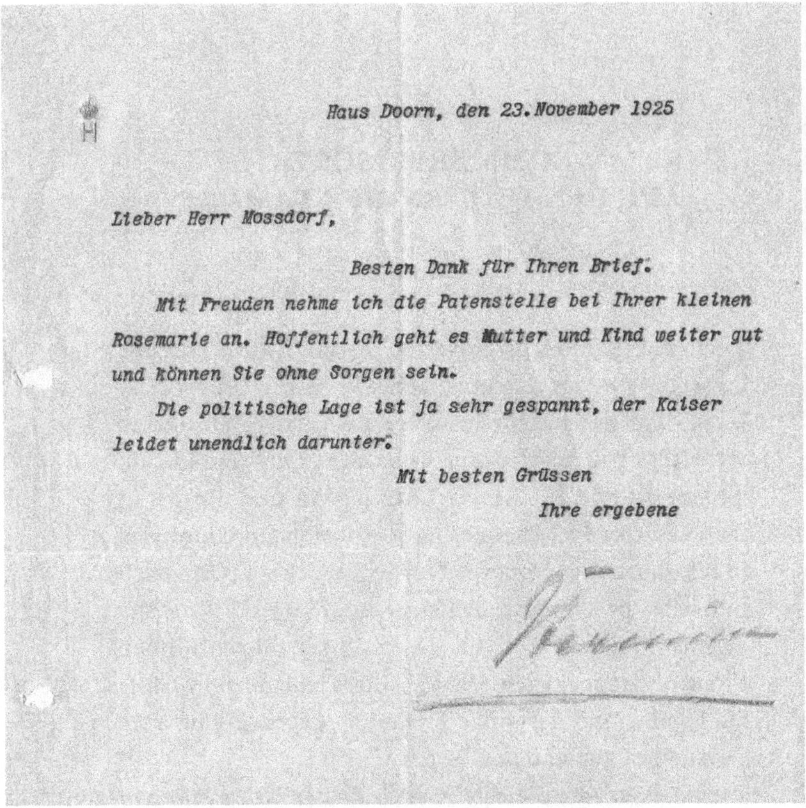

Haus Doorn, den 23.November 1925

Lieber Herr Mossdorf,

Besten Dank für Ihren Brief.

Mit Freuden nehme ich die Patenstelle bei Ihrer kleinen Rosemarie an. Hoffentlich geht es Mutter und Kind weiter gut und können Sie ohne Sorgen sein.

Die politische Lage ist ja sehr gespannt, der Kaiser leidet unendlich darunter.

Mit besten Grüssen

Ihre ergebene

Hermine nimmt die Patenschaft für Rosmarie an, 1925

nischen und britischen Besatzungsgebiets« berufen. Vierte im Bunde war die Pianistin Marga Henatsch. Sie hatte ab 1921 am Stern'schen Konservatorium in Berlin bei Professor James Kwast studiert und ab 1925 von der Presse gelobte Konzerte gegeben – »Klavierspiel von allerbester Durchbildung« (*Signale für die musikalische Welt*), »Empfindung und Intensität« (*Allgemeine Musikzeitung*).

Die Beziehungen zur Kaiser-Familie in Doorn wurden bis zum Zweiten Weltkrieg gepflegt. Nicht nur, dass Otto Mossdorf den Kaiser mit Zeitungsausschnitten versorgte, er und Else gratulierten zum Geburtstag von Wilhelm II. und Hermine, die inzwischen ja Patentante von Tochter Rosemarie war. Am 23. November 1925 hatte sie folgende Zeilen nach Berlin geschickt:

Lieber Herr Mossdorf,

Besten Dank für Ihren Brief. Mit Freuden nehme ich die Patenstelle bei Ihrer kleinen Rosemarie an. Hoffentlich geht es Mutter und Kind weiter gut und können Sie ohne Sorgen sein. Die politische Lage ist ja sehr gespannt, der Kaiser leidet unendlich darunter.
Mit besten Grüssen Ihre ergebene Hermine.

Als Taufgeschenk schickte sie einen silbernen Breiteller.

Wann immer die Kaiserin aus Doorn nach Berlin kam, um hier geschäftliche Dinge mit der Schatullverwaltung Unter den Linden zu verhandeln oder zum Zahnarzt zu gehen, so traf man sich zum Tee. Absoluter Höhepunkt in den Begegnungen war der Besuch von Hermine bei den Mossdorfs am 18. Februar 1931. Dazu geladen war die Pianistin Marga Henatsch, Ottos Musikfreundin. Sie sollte für den hohen Besuch ein Hauskonzert in der »83« geben.

Später hat Marga Henatsch sich an diesen denkwürdigen Abend erinnert: »Ich weiß es noch genau, Telefon klingelt: ›Hier Mossdorf, können Sie Mittwochabend zu uns kommen, die Kaiserin hat sich angesagt, wünscht kleinen Kreis. Nach dem Abendbrot 9 Uhr wollen Sie bitte etwas spielen.‹« Die junge Künstlerin, damals 31 Jahre alt, sagte zu und klärte erst einmal die Kleiderfrage: »Welches Kleid, mit oder ohne Ärmel?« – »Die Damen werden alle in schwarz mit langem Ärmel erscheinen. Sie spielen also bitte ohne Ärmel.« – »Gut, hellblau.«

Am Mittwochabend war Marga Henatsch pünktlich um neun Uhr zur Stelle. Unten vor dem Haus Prinzregentenstraße 83 patroullierte »ein Herr in Civil« eines privaten Sicherheitsdienstes. Oben im Salon und im Berliner Zimmer, die mit Blumenarrangements geschmückt waren, hatten sich schon alle Gäste versammelt, darunter Superintendent Friedrich Geest von der Dreifaltigkeitskirche mit seiner Frau, Elses Vetter Jenö von Egan-Krieger, der berühmte Rennreiter der Familie und Carl Friedrichs Patenonkel, Großmutter Rosa Krause, bei der sich Marga Henatsch gleich Rat holte: »Handkuss erlaubt?« Antwort der Familienpatronin: »Sie ja, ich täte es nur bei unserer alten Kaiserin.«

Im Herrenzimmer klingelte das Telefon: »Der Wagen ist unterwegs.« Otto eilte nach unten, um Majestät in Empfang nehmen zu können. Oben standen die Gäste im Halbkreis »in höchster Spannung, wie die Kinder vor der Weihnachtsbescherung«, so Marga Henatsch. Else Mossdorf begrüßte die Kaiserin als Erste mit tiefem Hofknicks und Handkuss und überreichte ebenso wie die Kinder Blumen. Otto Mossdorf stellte seine Gäste vor, die von Hermine beeindruckt waren. Marga Henatsch: »Die Kaiserin ist wirklich eine hoheitsvolle Erscheinung. Frisches Aussehen, rosige Farben zum graumelierten Haar, champagnerfarbiges Spitzenkleid, lange Perlenkette.«

Begleitet wurde sie von ihrem Adjutanten Alexander Freiherr von Senarclens-Grancy, an den sich Henatsch gut erinnerte: »Herr von Grancy, früherer Seeoffizier mit Spitzbart, sehr gut aussehend, alle Damen sind futsch.« Der Freiherr machte ein Jahr später Furore, als er versuchte, mit einem Staatsstreich Wilhelm II. wieder auf den Thron zu bringen. Mit Hilfe der deutschen Marine sollte der Kaiser von Holland nach Wilhelmshaven gebracht werden und dort verkünden, das deutsche Volk habe ihn zurückgerufen. Der amtierende Kanzler Franz von Papen sollte daraufhin zurücktreten und Reichspräsident Paul von Hindenburg seine Amtsvollmachten auf Wilhelm II. übertragen. Doch die Reichswehr winkte ab, auch Adolf Hitler hatte kein Interesse an den Umsturzplänen des Freiherrn und seines Chefs.

Kaiserin Hermine nahm im Salon, wo auch der Flügel stand, auf dem Sofa Platz, Alexander von Grancy reichte ihr einen champagnerfarbenen Beutel. Daraus holte sie Stricknadeln und hellblaue Wolle und begann, an einem Schal weiterzustricken. Man unterhielt sich angeregt, die Frauen an ihrer Seite wechselten, die Mossdorf-Kinder servierten Tee und Gebäck, Hermine bevorzugte Fachinger. »Hofluft – ja, ich empfinde es als ästhetischen Genuss«, notierte Marga Henatsch.

»Ich werde gebeten zu spielen. Chaconne von Händel. Ich fühle mich sehr wohl und frei. Die Kaiserin klatscht, sagt etwas Liebenswürdiges.« Weitere Stücke folgten, dann fragte Hermine: »Wollen Sie nicht mit Herrn Mossdorf etwas zusammen spielen?« Der hatte Marga Henatsch schon vorher signalisiert, dass er das auf keinen Fall wolle. »Majestät, ich fürchte, Herr Mossdorf streikt.« – »Er soll Streikbrecher sein.« Otto Mossdorf nahm Haltung an: »Wie Majestät befehlen.« Er holte seine Geige, und so erklang also ein Konzert für Violine und Klavier. Danach spielte Marga Henatsch noch ein Stück ihres Lehrers, des niederländisch-deutschen Komponisten und Pianisten James Kwast. Die Kaiserin war begeistert.

Sie erzählte nun vom Leben in Doorn. »Das einzige, was wir haben, sind Bücher. Im Frühjahr zieht es mich immer wieder nach der Heimat, nach Deutschland.« Aber das sei auch nicht immer ein Vergnügen, denn im Palais vom alten Kaiser Wilhelm Unter den Linden, wo sie wohne, sei es gruselig kalt. Ihre jüngste Tochter Henriette habe sie nicht mitgebracht. Erstens habe sie soviel zu tun, und zweitens »ist Berlin nichts für ein junges Mädchen«. Immerhin habe sie einen Teil des Hofstaates von Doorn zu ihrer Begleitung in der Hauptstadt.

Gegen elf Uhr gab Freiherr von Grancy der Kaiserin das Zeichen zum Aufbruch. Hermine packte ihr Strickzeug ein. Sie hatte eine Menge geschafft und kommentierte das: »Ich brauche viele Handarbeiten, habe viel zu verschenken.« Großes Lebewohl. Angesichts des netten Abends warf Rosa Krause ihre Vorsätze über Bord und küsste Hermine die Hand. Als der Hausherr nach der Verabschiedung auf der Straße wieder nach oben kam, gab es noch ein Glas Wein. Man schwatzte ein wenig und war sich einig, einen nicht alltäglichen Abend erlebt zu haben.

Wenige Tage später bekam Marga Henatsch Post: Darin ein Foto der Kaiserin und ein Brief: »Mit herzlichem Dank für den mir durch Ihre Kunst gebotenen musikalischen Genuss im Hause des Major Mossdorf, sende ich Ihnen mein Bild – Hermine.« Ein Dank à la Hohenzollern.

Otto und Else Mossdorf blieben eingefleischte Monarchisten, sie reisten an die Urlaubsorte des Kaisers, drei ihrer Kinder wurden an Kaisers Geburtstag am 27. Januar getauft. Beide Eheleute waren hochbeglückt über Ottos direkten Kontakt zu den Majestäten in Doorn. Für Else wäre ihr größter Wunsch in Erfüllung gegangen, wenn in der langen Ahnenreihe ihrer Familie doch ein Adliger zu finden gewesen wäre. Der kleine Namenszusatz »von« hätte die Familie doch sehr geschmückt. Schließlich war ihr Otto doch ein hochdekorierter kaiserlicher Offizier und begeisterter Reiter, es hätte alles so schön zusammengepasst.

Und war ihr Onkel Paul Krause inzwischen nicht auch von Adel? Der hatte sich nach dem Jurastudium als Rechtsanwalt und Notar in Königsberg niedergelassen. 1888 wurde er für die Nationalliberale Partei in das Preußische Abgeordnetenhaus gewählt, wo er wenig später das Amt des zweiten Vizepräsidenten übernahm. Er wurde zum Chef des Berliner Anwaltsvereins und zum Vorsitzenden des Vereins für die Deutsche Binnenschifffahrt gewählt. 1906 bekam er den Titel Geheimer Justizrat verliehen. Zu seinem 25. Thronjubiläum erhob ihn der Kaiser 1913 in den erblichen Adelsstand, 1917 machte er ihn zum Staatssekretär im Reichsjustizamt.

Leider waren diese Zeiten ja vorbei, im Exil konnte der Kaiser keine Adelsprädikate mehr verleihen. Was blieb, war also Ahnenforschung. Gleich nach der Rückkehr aus der Kriegsgefangenschaft in Sibirien begann Otto Mossdorf, sich intensiv mit diesem Thema zu beschäftigen. Grundlage dafür waren die Vorarbeiten seines Vetters Heinz Mossdorf, der etliche Dokumente bis ins 16. Jahrhundert zusammengetragen hatte. Otto fuhr in seine Heimatstadt Erfurt, wälzte Kirchenbücher und fertigte Abschriften an. Er forschte auf den Spuren der Familie in Naumburg, Schulpforta, Merseburg und Meißen. Alle Erkenntnisse wurden sorgfältig archiviert.

Und tatsächlich, zur großen Freude von Else stieß Otto auf eine alte Urkunde einer Familie »von Mossdorf«. Doch

Das Familienwappen der Mossdorfs

der Adels-Traum war nur von kurzer Dauer. Schon das Siegel des Papiers war nicht mit dem Familienwappen der Mossdorfs identisch. Die »von Mossdorfs« waren sogenannte »Exulanten«, die im 16. Jahrhundert als protestantische Glaubensflüchtlinge aus Kärnten nach Deutschland geflüchtet waren und sich bei Meißen niedergelassen hatten.

Wenn schon nicht adelig, so konnte Otto Mossdorf die Wurzeln der bürgerlichen Familie eindeutig bis 1542 nachweisen. Ehefrau Else ließ sich von diesen Erkenntnissen nicht beeindrucken, in ihrer Überzeugung blieb das »von«. Die Ahnentafel verschwand in Ottos Schreibtisch. Die Enkelkinder erinnern sich noch heute lebhaft, dass ihre Eltern sie in den Sommerferien in Kärnten gern auf die Feste Landskron und Burg Hochosterwitz schleppten, um die adligen Vorfahren aufzuspüren. In ihrem Tagebuch hatte schon Else Mossdorf etwa unter dem 29. Juli 1938 vermerkt: »Ausflug auf die ›Landskron‹ Sitz derer von Mossdorf«.

Ein Zufallsfund bei Ottos Adelsfahndung war Else jedoch hochwillkommen. Es zeigte sich, dass sich über Ottos Mutter Amalie Mossdorf, geborene Müller aus Erfurt, eine entfernte, aber eindeutige Linie zum Dichterfürsten Johann Wolfgang von Goethe ziehen ließ. Verwandt mit dem deutschen Olympier – das war doch etwas, und Else erzählte die Geschichte gern jedem, der es wissen wollte, und auch denen, die es nicht wissen wollten.

Doch auch ohne Adelsprädikat lebten die Mossdorfs wie eine noble Familie. Carl Friedrich, zu Hause »Bubi« genannt, ging wie seine Geschwister nicht in die nächstgelegene Volksschule, sondern bekam bei den Fräulein Elisabeth und Olga Dames in der Berliner Straße 160/161 Privatunterricht. Das war eine kleine feine Einrichtung, die direkt um die Ecke zur »83« lag und wo Gruppen von sechs bis acht

Kindern Wissen vermittelt wurde. Wenn die Mädchen Handarbeitsunterricht hatten, konnten die Jungen nach Hause gehen. Nicht so Carl Friedrich, er nahm freiwillig an diesen Kursen teil und konnte später nicht nur Knöpfe annähen, sondern auch Risse in Hosen oder Löcher in Strümpfen stopfen und sogar stricken.

Carl Friedrich und seine jüngere Schwester Rosi waren begeisterte Reiter, der Tattersall Beermann war zeitweise ihr zweites Zuhause. Der Name geht auf den Londoner Pferdetrainer und Verleger Richard Tattersall zurück, der 1766 am Hydepark Pferdeställe mit Reithalle eröffnet hatte. Bei Beermann hatten begüterte Berliner ihre Pferde für den Morgenausritt durch den Tiergarten untergestellt. Man konnte auch Pferde ausleihen. Carl Friedrich und Rosi waren häufig im Tiergarten unterwegs. Der Tattersall Beermann war eine Institution in Berlin. Hier wurden große Pferdefeste gefeiert. In ihrem Buch *Arbeiten mit dem Pferde* hat Sonja Steiner-Welz ein »Historisches Ritterfest« bei Beermann beschrieben:

> *Die große Reithalle des Tattersalls Beermann war festlich geschmückt mit vielen mächtigen Fahnen und Guirlanden, sodass sie einem mittelalterlichen Turnierhof wohl ähnlich sah. Die Tribüne vermochte die große Zahl der Zuschauer kaum zu fassen.*
> *Um 5 Uhr nachmittags öffneten sich die Tore und der Turniervogt, Major Müseler, der Direktor des Tattersalls Beermann, in blendender Rüstung sprengt in die Mitte der Reitbahn, um das Herannahen der Majestäten zu künden. Der Kaiser Rudolf von Habsburg und seine Gemahlin eröffnen unter einem Baldachin reitend, der von vier Knappen getragen wurde, den Festzug, der jetzt in langem Zuge in der Reitbahn erscheint. Alle Teilnehmer waren in Kostümen des XIII. Jahrhunderts gekleidet.*

Otto Mossdorf 1928 mit dem »Kleeblatt«, seinen vier Kindern am Strand: »die lange Gini, der aufgeregte Hering Richard, der dickhäutige Carl Friedrich und der Sonnenschein Rosemarie«

Achtzig bis neunzig Reiter traten unter Fanfarenklängen zum Lanzenstechen, Ringstechen und zum »Türkenkopf-Schlagen« an, bei dem einer großen Puppe der Fez vom Haupt heruntergeholt werden musste. Ein großes Spektakel auch für die Kinder.

Die Frage, wohin in den Ferien, bereitete den Mossdorfs keine Kopfschmerzen, sie waren auf den Gütern und Landsitzen der Verwandtschaft Höltzel und Gohlke in Westpreußen und Schlesien immer willkommen, nicht zuletzt brachten sie ja stets ein bisschen Großstadtflair mit in die Provinz. Im Tagebuch von Else Mossdorf finden sich ständig Einträge wie: »Wir waren mit den Kindern vom 31. Mai bis 28. Juni in Garnsee, Westpreußen.« – »Am 29. Juni fuhr Otto nach Garnsee voraus. Am 6. Juli die übrige Familie bis 26. Juli.« – »Vom 5. Juli wir alle in Birkeneck, Otto bis 2. August, wir anderen bis 14. August.« – »29. Juli bis 12. August in Flämischdorf/Schlesien.« – »Am 5. Juli alle über Marienburg nach unserem geliebten Garnsee bis 4. August.« – »7. Juli Fahrt nach Birkeneck, am 4. August zurück.« Natürlich ging es auch einmal vier Wochen nach Wyk auf Föhr, mit allen Kindern ins Ostseebad Dahme oder nach Hechendorf in Bayern am Pilsensee, aber Westpreußen blieb das beliebteste Ferienziel.

Zu Carl Friedrichs siebzigstem Geburtstag hat seine Cousine Irmgard Höltzel die glücklichen alten Zeiten in Birkeneck (heute Birkinek) noch einmal aufleben lassen: »Mossdorf war fast ein zweites Wort für Sommerferien. Wenn in Berlin die Ferien begannen, dann kamt Ihr. Zu dritt, zu viert oder alle sechs, freudig erwartet und begrüßt. Wer durfte Euch von der Bahn abholen? Auf jeden Fall wurde der ›Sechssitzer‹ angespannt, und der alte Somnitz saß auf dem Bock. Später besorgte das einer von uns. Die Linden blühten vor dem Haus. Ihr Vettern und Cousinen wart eigentlich kein Besuch, sondern eine selbstverständliche Erweiterung unserer Familie.«

Die Mütter und Großmütter machten es sich mit ihren Handarbeiten auf der Terrasse gemütlich. Otto unternahm Ausflüge zu Pferd durch Felder und Wälder. Stets kehrte er mit spannenden Tierbeobachtungen wieder zurück. Die Kinder inspizierten die Ställe, begrüßten die Knechte, freuten sich über neugeborene Kälber oder Fohlen. Der Esel begann jedes Mal laut zu schreien, wenn die Kinder den Stall betraten. Gemeinsam mit Ferienkindern aus dem oberschlesischen Industriegebiet, die ebenfalls zur Erholung auf dem Gut waren, streiften sie durch die Umgebung, kein Erwachsener kümmerte sich darum. »Wir lernten ›Piesepampel‹

und andere schöne Berliner Aussprüche und revanchierten uns mit der Vermittlung polnischer Flüche. Wir waren alle sehr lernfreudig.«

Kein Baum war zu hoch, um nicht bestiegen zu werden. Beim Herunterklettern gab es immer wieder Probleme. Favorit der Kletterkünstler war eine große Tanne im Park mit einer selbstgezimmerten Bude auf halber Höhe. »Einmal hatte ein Mutiger an der Spitze eine Ordensritterfahne befestigt – mitten in Polen! Die Fahne musste wieder herunter, aber wir alle erklärten, nicht so hoch klettern zu können, und so musste der Gärtner das tun.«

Diese Fahne war in Polen verpönt; hatte doch 1410 das Königreich Polen und das Großherzogtum Litauen in einer der größten mittelalterlichen Ritterschlachten den Deutschen Orden in Tannenberg besiegt und sich so von der Vorherrschaft des Ritterordens befreit. Dieses historische Ereignis wurde für Polen zum Nationalmythos.

Seit Abschluss des Versailler Vertrages 1919 trennte nun der »polnische Korridor«, ein dreißig bis neunzig Kilometer breiter Landstreifen, Ostpreußen vom Deutschen Reich. Gut Birkeneck lag auf polnischem Staatsgebiet. Die meisten deutschen Gutsbesitzer blieben aber auf ihren Gütern in Polen – eine Konstellation, die konfliktgeladen war. Familie Mossdorf verbrachte also ihre Ferien in Polen.

Der Gärtner von Birkeneck hatte seine Last mit den Ferienkindern, die über seine gepflegten Beete und Büsche herfielen. Erbsenschoten wurden geplündert, Mohrrüben gezogen, Johannisbeeren und Himbeeren abgeerntet. Jeden Tag um Punkt zwölf Uhr gab es Mittagessen. Da mussten die Kinder frisch gekämmt mit sauberen Händen hinter ihren Stühlen stehen und abwarten, bis sich die Erwachsenen setzten. Während der Mahlzeit sollte Stille herrschen, aber Carl Friedrich, der wegen seiner roten Haare und unzähligen

Gut Birkeneck

Sommersprossen inzwischen »Feuermelder« genannt wurde, brachte die anderen durch Augenzwinkern und Grimassen immer wieder zu Lachanfällen.

Man fuhr zum Baden zum nahen Bachoteksee, es gab Wasserschlachten und hinterher im Gutshaus Kaffee und Kuchen. Oder man fuhr zu den Nachbarn Abramowski nach Hoheneck »zu Kaffee und Tennis mit all dem jungen Volk, das sich auch dort zu den Ferien eingefunden hatte«.

Carl Friedrich Mossdorfs jüngere Cousine Marie-Luise erinnerte sich später gut an die Ferien mit den Berliner Besuchern:

Ihr durftet die Pferde aus dem Kutschstall reiten, während wir glücklich waren, wenn wir vor dem Erntewagen oder Pflug auf dem kalten Rücken der Arbeitspferde sitzen durften. Aber was Ihr auch konntet: bei herrlichem Sommerwetter stundenlang im Herrenzimmer am Kartentisch sitzen und Karten spielen. Ich glaube, 66 hieß das Spiel, und es galt zu verlieren, wegen dem ›Glück in der Liebe‹. Das ging uns über den Verstand. Oder hattet Ihr ihn verloren? Wir kleines Gesindel spielten Pferdchen oder Räuber und Gendarm, stöberten in Wald und Feldern und hatten überhaupt weit Wichtigeres zu bestellen.
Zu dem Bild gehört auch Onkel Otto, von uns mit Erfurcht und Abstand betrachtet, der jeden Morgen im Bademantel zur Dubiella ging, um sein Morgenbad zu nehmen. Was für ein unglaublicher Mut. Die Dubiella war voll mit Blutegeln, für uns der Schrecken der Schrecken. In einem Anflug von Übermut hatten wir das Auto unseres Onkels ›versteckt‹, das heißt um die Ecke geschoben. Und waren sehr betroffen, als er, der sonst soviel Sinn für Humor hatte, diesen Spaß sehr ungnädig aufnahm. – Also: Sommer in Birkeneck – Paradies auf Erden! Was wären die ohne Mossdorfs gewesen?

Zu den gern erzählten Familiengeschichten gehörte die »Fliegende Untertasse« im Berliner Zimmer. Wie üblich saßen Otto und Else Mossdorf samt Kindern zum Abendessen rund um den großen Esstisch. Carl Friedrich machte mal wieder Faxen, die Geschwister kicherten, der Vater verlangte Ruhe, verdammt noch mal. Es half nicht, er konnte die Turbulenzen nicht unter Kontrolle bringen. Im Zorn griff er zu einer Untertasse und warf sie in Richtung des Unruhestifters. Carl Friedrich duckte sich, die Untertasse krachte gegen die Wand, fiel zu Boden – und blieb heil. Atemlose Stille,

Die Villa der Familie Tietz, fotografiert
aus der Wohnung der Mossdorfs.

dann brach die ganze Familie in herzhaftes Gelächter aus. Der Streit war beigelegt.

Der große Esstisch wurde ab und an von Carl Friedrich und seinem älteren Bruder Richard zweckentfremdet – sie spielten darauf Tischtennis. Bei den Turnieren ging es lautstark her. Mutter Else, die sonst viel Wert auf Etikette legte, muss bei ihren Söhnen ziemlich tolerant gewesen sein.

Auch eine andere Leidenschaft der Brüder blieb glücklicherweise ohne Folge. Gegenüber der »83« stand die Villa der Familie Hermann Tietz, dem Namensgeber der Kaufhaus-Kette Hertie. Ein prächtiger Bau mit zwei Türmen und mächtigem Satteldach, mit großer Terrasse und Freitreppe in den Garten hinein. Zur »83« hin schloss das Grundstück mit einem großen Gewächshaus ab, in dessen Mitte sich ein gläserner Kuppelbau erhob. Im Winter 1933 – die Firma Hertie war inzwischen von den Nationalsozialisten mit Hilfe der Dresdner Bank »arisiert« worden, stand die Villa leer, und die zahllosen Glasscheiben waren unwiderstehlich für Richard und Carl Friedrich, sie boten ideale Zielscheiben für Schneebälle. Manchmal schepperte es bedrohlich, manchmal klirrte es auch, erwischt wurden sie nie.

Otto Mossdorf war inzwischen Chef des Auslandsressorts der *Deutschen Allgemeinen Zeitung* geworden. Nicht zuletzt durch zahlreiche Veröffentlichungen in außenpolitischen Fachblättern und seine Vortragsreisen hatte er sich erhebliches Ansehen erworben. Er hatte beste Verbindungen zu zahlreichen Botschaften in Berlin, Otto wurde zu Hintergrundgesprächen eingeladen und gemeinsam mit Else besuchte er Empfänge, Bälle und Feste zu Nationalfeiertagen.

In Berlin gingen die Goldenen Zwanziger zu Ende. Dank amerikanischer Kredite hatte sich die Wirtschaft belebt. Auch die politische Situation hatte sich stabilisiert. Die Regierungen wechselten zwar, aber Gustav Stresemann blieb Außenminister und verhandelte mit seinem französischen Kollegen Aristide Briand über die vorsichtige Annäherung der ehemaligen Kriegsgegner. Deutschland wurde Mitglied im Völkerbund. Mit dem Young-Plan wurden die Reparationszahlungen für Deutschland auf zwei Milliarden pro Jahr gesenkt. Die Alliierten räumten das besetzte Rheinland.

In Berlin entstanden die Kinopläste *Marmorhaus*, *Ufa-Palast* und *Capitol*, in denen große Orchester die Musik zu den Stummfilmen machten. Der Kurfürstendamm mit feinen Hotels und Cafés wurde zum Laufsteg der mondänen Welt. Der Theaterregisseur und große Impresario Max Reinhardt übernahm die Komödie und das Theater am Kurfürstendamm, die Schauspielstars standen hier auf der Bühne. In den Tanzlokalen und Ballhäusern wurde Jazz gespielt und Charleston getanzt. Bars, Nachtclubs und Kabaretts sorgten für flirrende Großstadt-Atmosphäre.

Doch das wilde Leben glich einem Tanz auf dem Vulkan. Denn Ende der zwanziger Jahre verfinsterte sich die wirtschaftliche Situation. Durch ausländische Milliarden-Kredite hatte Deutschland eine wirtschaftliche Scheinblüte erlebt. Seit 1925 hatten ausländische Banken Kredite in Höhe von rund 21 Milliarden Reichsmark nach Deutschland vergeben. Das waren kurzfristige Anleihen mit drei Monaten Laufzeit, die immer wieder verlängert wurden. Nach dem Börsenkrach an der Wallstreet im Oktober 1929 wurden die Gelder zurückgerufen, wenig später kollabierten die ersten Banken. Die Industrieproduktion in Deutschland ging um 47 Prozent zurück, die Zahl der Arbeitslosen stieg sprunghaft, im Februar 1930 erreichte sie die 3,5-Millionen-Grenze.

Die Auswirkungen der Krise auf das Leben in der Prinzregentenstraße 83 hielten sich in Grenzen. Else beschloss, Kosten zu sparen, und entließ das Dienstmädchen. Jetzt mussten die Kinder bei der Hausarbeit helfen. Vater Otto Mossdorf hatte sich inzwischen dem »Berliner Nationalen Klub« angeschlossen, der 1919 unter anderem von dem rechtskonservativen Zeitungszar Alfred Hugenberg gegründet worden war. In dem nationalistischen Herrenclub versammelten sich Konzernchefs, Unternehmer, Kaufleute, Bankiers, hohe Offiziere und Beamte, Adlige, Mediziner, Pastoren und Juristen. Sie lehnten die Weimarer Demokratie ab und sahen ihre Aufgabe in der »Erneuerung des nationalen Bewusstseins«. Der Nationale Klub sollte »ein Vereinigungspunkt aller der Kreise werden, in denen der nationale Gedanke in Schärfe und Klarheit lebt«. Die Mitglieder waren »den heute herrschenden zersetzenden, international gerichteten Kräften entgegenzuwirken entschlossen«.

Vortragsredner waren Admiral Alfred von Tirpitz, Erich Ludendorff, aber auch Liberale wie Reichskanzler Hans Luther oder Außenminister Gustav Stresemann. Adolf Hitler sprach mehrmals vor den Mitgliedern und verkündete als sein wichtigstes Ziel »die Zertrümmerung und Vernichtung der marxistischen Weltanschauung«. 1925 hatte der Berliner Nationale Klub 1800 Mitglieder, man traf sich montagabends im Klubhaus Friedrich-Ebert-Straße 29. Otto Mossdorf muss den Klub-Oberen positiv aufgefallen sein, denn mit Datum vom 23. März 1928 erhielt er folgenden Brief:

Euer Hochwohlgeboren,

erlaube ich mir die sehr ergebene Mitteilung zu machen, dass der Vorstand und Beirat in seiner gemeinsamen Sitzung Euer Hochwohlgeboren für ein ausscheidendes Mitglied in den Vorstand des Nationalen Klubs gewählt haben. Der Vorstand würde es mit besonderem Dank und großer Freude begrüßen, wenn Euer Hochwohlgeboren geneigt wären, die Wahl anzunehmen und für die kommende Zeit Ihre Kräfte als Mitglied des Vorstandes dem Nationalen Klub zu widmen.

Mit dem Ausdruck vorzüglicher Hochachtung
NATIONALER KLUB
Geschäftsführender Direktor

Otto Mossdorf fühlte sich geehrt und nahm an. Er war auch Mitglied der Deutschnationalen Volkspartei (DNVP) geworden. In ihren Anfangsjahren war die Partei eindeutig republikfeindlich, nationalistisch, antisemitisch und monarchistisch gewesen und hatte den Kapp-Putsch unterstützt. Doch im Laufe der Jahre beteiligte sie sich an mehreren Landesregierungen und auch an der Reichsregierung. Erst als Alfred Hugenberg 1928 den Parteivorsitz übernahm, steuerte die Partei wieder einen stramm nationalistischen Kurs und kooperierte schließlich mit Hitlers NSDAP. Otto Mossdorf fühlte sich vor allem von der monarchistischen, kaisertreuen Ausrichtung angezogen.

Von den Nazis hielt er wenig. Bei seinem Besuch in Doorn im Oktober 1932 hatte er der NSDAP einen Verlust von zwei Millionen Wählerstimmen bei der Reichstagswahl vorhergesagt. Damit hatte er das Ergebnis präzise vorausgesagt. Hitlers Partei war allerdings mit 11,7 Millionen Stimmen und 33,1 Prozent die mit Abstand stärkste Partei geworden. Zur Regierungsübernahme reichte das nicht, aber drei Monate später wurde Hitler von Reichspräsident von Hindenburg zum Reichskanzler ernannt.

Trotz aller politischen Turbulenzen – es gab zwanzig Regierungen in den vierzehn Jahren der Weimarer Republik –, trotz der Straßenkämpfe zwischen den Schlägertrupps der SA und Kämpfern der KPD und trotz der großen wirtschaftlichen Not – die Zahl der Arbeitslosen war im Februar 1932 auf sechs Millionen angestiegen – verlief das Leben der Familie Mossdorf in gewohnten Bahnen. Man ging ins Theater, in Konzerte, man verreiste. Im Frühjahr 1932 fuhren Otto und Else Mossdorf mit ihren Kindern Anne-Regine und Richard vierzehn Tage nach Neapel und Rom, und Else verbrachte mit Rosi drei Monate Sommerferien in Zoppot und Garnsee (heute Gardeja).

Im Oktober feierte Else ihren 48. Geburtstag, und Otto Mossdorf schrieb seiner Frau einen liebevollen Brief, in dem er ganz nebenbei alle vier Kinder kurz porträtierte.

Mein liebes Elsenkind!

Nun sind es schon … das darf man wohl nicht sagen? Aber, nachdem wir im März die 20jährige Jubelfeier unserer ehelichen Gemeinschaft festlich begangen haben, lässt sich das auch nicht mehr verheimlichen. Du bist eine tüchtige Frau, wie man letzthin offiziell bescheinigt hat. Du hast vier Kinder, die Dir als Salz der Ehe den nötigen Ärger am Tage, – manchmal auch Freude bringen, die aus ihren Stiefeln wachsen und dir schon übern Kopf.
Da ist die lange Gini, der aufgeregte Hering Richard, der dickhäutige Carl Friedrich und dein »Sonnenschein« Rosemarie. Die süßen Bälger! – Na wat denn, wat denn! Heute sind sie alle so brav, kommen mit ihren in langen Konferenzen überlegten Geschenken, und Vater zahlt!
Gini kommt mit einem Waschkorb von praktischen Gegenständen und weiß Zeit und Nutzen zu paaren. Es schenken Bruder und Schwägerin, Tanten und Freundinnen. Es gibt Entenbraten aus Garnsee, den sahn wir im Sommer noch lebend. Behalte Deinen Optimismus und Deine gesunde Natur, dann schaffen wir es auch über die

miesen Zeiten. Also, Glückauf zu den 48! Nun habe ich es doch verraten.

Dein kluger Mann

Besonderer Höhepunkt des Jahres war in der Familie natürlich Weihnachten. Carl Friedrich Mossdorf hat sich an die Weihnachtstraditionen in der »83« in einem Brief an seine Eltern 1946 so erinnert:

Schon bei Zeiten begann sich ein jeder auf Weihnachten einzurichten. Erster Vorläufer des großen Festes war der Nikolaustag, an dem Ihr lieben Eltern uns mit Überraschungen in unseren sorgsam und voller Erwartungen vor die Kinderzimmertüre gestellten Schühchen kleine Gaben legtet. Waren es Süßigkeiten in einem roten Stiefelchen, Theaterkarten, Grammophonplatten, Zinnsoldaten oder ein Paar Strümpfe.

Die Kinder bereiteten sich auf ihre Weise vor:

So bastelte oder baute jeder von uns seinem Alter entsprechend geheimnisvoll etwas für Euch zusammen. In bestimmten Zeiten durfte dieses oder jenes Zimmer von Euch nicht mehr betreten werden … Wenn einer in irgendein Zimmer hineinwollte, so musste er gefasst sein, ein lautes »Halt, nicht reinkommen!« entgegengebrüllt zu bekommen oder den verachtenden Vorwurf hinzunehmen »Pfui, Du guckst ja!« Manche Dinge wurden auch mit bestimmten »Vertrauenspersonen« besprochen, was auch seinen Reiz hatte.
Eine große Spannung lag über der Wohnung, angefangen vom Balkon, worauf mit einem Mal ein großer Tannenbaum gewachsen schien, bis zum Schlafzimmer, wo es viel-

leicht auch noch Verstecke gab … Etwa fünf Tage vor dem Fest zog ein schöner Geruch durch die ganze Wohnung, der den kleinen Naseweisen anzeigte, dass in der Küche etwas vor sich ging. Die ganze Zeit hing schon Ginis angefertigter Adventskalender mit den zu öffnenden Fensterchen im Damenzimmer am Fenster, und auf dem Esstisch stand fachmännisch auf der Drehplatte innerhalb des Adventkranzes die Engelkapelle. Zu den Vorfreuden, die uns Kindern die Eltern bescherten, gehörte selbstverständlich auch ein Besuch »der Stadt«, wo bei Wertheim der große Weihnachtsmann stand.

Auch Spielwaren Matthes in der Leipziger Straße war eine große Attraktion. Für den Heiligen Abend gab es kleine Rituale, dazu gehörte, dass die Bescherung um 18 Uhr begann.

Vati war meist noch bis zur letzten Minute im »Laden«, da ja 1. Feiertag die Weihnachtsausgabe erschien. Eventuelle Verzögerungen seinerseits hatten dann mehrere Telefonanrufe zur Folge, die begannen: »Bitte Major Mossdorf!« – Pause – »Otto, wo bleibst Du denn?« oder »Otto, wann kommst Du denn?« Erlöst war man diesseits der Strippe beim 4. Anruf, hörte von Herrn Best oder sonst jemand: »Ihr Herr Gemahl, gnädige Frau, ist schon weggegangen …«
Endlich war dann alles soweit. Alle angezogen im Festtagskleide, durch die Scheiben sah man schon die Lichter am Baum brennen, und es öffnete sich nun die große Schiebetür und strahlende Augen sahen aus allen Beteiligten auf die Festlichkeit dieses mit aller elterlichen Liebe geschmückten Weihnachtszimmers. Zuerst trat nun das Familienorchester in Aktion und zur Geige von Vati und dem Klavier von Gini wurden die beiden Weihnachtslieder gesungen.

Nachdem dieses mit mehr oder weniger Glück, Steckenbleiben und Inbrunst geschehen war, trat einer nach dem anderen aus der »Orgelpfeife« zwischen die Schiebetür und sagte – auch mit, sehr selten ohne Hängenbleiben – sein Weihnachtsgedicht auf, welches er dann nach kurzem Beifall auf dem Weihnachtsbogen aufgezeichnet den Eltern schenkte, was mit einem herzlichen Kuss erwidert wurde … Dann raste jeder auf seinen Tisch los und hob unter lautem Freudengejubel dieses oder jenes Geschenk in die Höhe, wobei besonders zusagende Geschenke mit einem Extrakuss bedankt wurden, sodass die Eltern eigentlich fortwährend »einen am Hals hatten«.
Was gab es nun Schöneres als unter dem Tannenbaum zu sitzen und alles zu besehen und aufzubauen, sodass man am Ende Seiltänzer sein musste, um nicht auf Soldaten, Autos, Puppen, Bausteine usw. zu treten. Und trotzdem hat manches Geschenk noch gleich am Festabend einen Knacks wegbekommen, was Vati dann nach Möglichkeit gleich in Reparatur nahm, wozu er aus der linken Schublade seines Schreibtisches die berühmte Syndetikon-Tube holte.
Zwischen all diesen Ereignissen wurde dann oftmals wiederholt der Ruf laut »So einen schönen Baum haben wir noch nie gehabt!«, in den wir Kleinen nachäffend gern einfielen. Er war auch schön, jedes Mal und wird es auch immer wieder sein. Mutti war inzwischen schon mal in die Küche geeilt, um nach dem Karpfen zu sehen, als Omi mit ihren Geschenken auspackte und neue Freuden spendete, wobei sie sich sehr oft von Dingen ihres so emsig behüteten Schatzes trennte, um Aussteuer anzulegen oder Lücken auszufüllen. Zu Weihnachten pflegte sie immer ganz groß auszupacken, was ihr auch mit vielen Zärtlichkeiten von Herzen gedankt wurde.
Die Kiste von Omi-Erfurt wurde mit Zange und Hammer

geöffnet. Vor allem erschien aus ihr ein obligatorisches Geschenk. Das Erfurter Schittchen (ein Thüringer Stollen). Und Vati hatte die Sache so geschickt gemacht, dass den ganzen Abend noch plötzlich hier und dort neue Überraschungen auftauchten, die meist aus komischen Dingen bestanden, wie zum Beispiel der noch vorhandene Gummi-Schutzmann.

Unter dem Bestaunen, Spielen und Essen der Süßigkeiten verlief dann der Weihnachtsabend noch so harmonisch, wie es eben an keinem Feste im Jahre sonst gewesen ist. Und mit dem Erlöschen des letzten Lichtes war dann »Heiligabend« auch vorüber und mit den schönsten Bildern konnten die Kleinen sich dann den schönsten Träumen im Schlafe anvertrauen.

Kapitel 12

TANZ AUF DEM VULKAN – DIE MOSSDORFS IM NATIONALSOZIALISMUS

Und nun meine Herren, vorwärts mit Gott«, sagte Reichspräsident Paul von Hindenburg, nachdem er am Mittag des 30. Januar 1933 Adolf Hitler zum Reichskanzler ernannt hatte. Am Abend zogen 15 000 SA-Männer und Mitglieder des »Stahlhelm« mit brennenden Fackeln durch das Brandenburger Tor und huldigten ihrem »Führer«. Der tat genau das, was er im September 1930 als Zeuge vor dem Reichsgericht in Leipzig angekündigt hatte: »Die Verfassung schreibt uns nur die Methoden vor, aber nicht das Ziel. Wir werden aus diesem verfassungsmäßigen Wege die ausschlaggebenden Mehrheiten in den gesetzgebenden Körperschaften zu erlangen versuchen, um … den Staat in die Form zu bringen, die unseren Ideen entspricht.«

Am 1. Februar löste Hindenburg auf Wunsch Hitlers den Reichstag auf. Am 4. Februar wurden per Notverordnung Presse- und Versammlungsfreiheit eingeschränkt. Am 27. brannte der Reichstag, die Kommunisten wurden als Täter beschuldigt und die Partei am 28. Februar verboten. Am selben Tag wurden mit der »Verordnung zum Schutz von Volk und Staat« die Grundrechte praktisch abgeschafft. Zehntausende linke Intellektuelle, Kommunisten und andere politische Gegner der NSDAP wurden verhaftet und in provisorischen Konzentrationslagern festgehalten.

Am 21. März fand der von Propagandaminister Joseph Goebbels pompös inszenierte »Tag von Potsdam« statt, bei dem sich Hitler demütig vor Reichspräsident von Hindenburg verneigte, um die »Verbindung des Alten mit dem Neuen« zu demonstrieren. Zwei Tage später verabschiedete der Reichstag das »Ermächtigungsgesetz« mit den 444 Stimmen der Regierungskoalition aus NSDAP und DNVP sowie von Zentrum, Bayerischer Volkspartei und Deutscher Staatspartei. Allein die 94 SPD-Abgeordneten stimmten gegen das Gesetz, mit dem Hitler seine Diktatur begründete. Drei Monate später wurde die SPD verboten. Am 1. April marschierten SA- und SS-Leute mit Plakaten »Deutsche! Wehrt euch! Kauft nicht bei Juden!« vor jüdischen Geschäften auf, auch gegen jüdische Ärzte und Rechtsanwälte wurde zum Boykott aufgerufen. So begann die Judenverfolgung in Deutschland. Am 2. Mai wurden die Gewerkschaften aufgelöst, am 4. Mai die Geheime Staatspolizei (Gestapo) gegründet. Am 10. Mai inszenierten die Nazis mit dem Motto »wider den undeutschen Geist« die Bücherverbrennungen, die Werke linker und jüdischer Autoren landeten auf dem Scheiterhaufen. Kulturorganisationen, Sportvereine, Wirtschaftsverbände und Presse wurden »gleichgeschaltet«.

Über diesen politischen Umsturz findet sich nur ein indirekter Kommentar in den Papieren von Otto Mossdorf, nämlich in den Aufzeichnungen über seine Besuche bei Wilhelm II. in Doorn. 1933 habe man geglaubt, »dass mit dem Einzug der Nazis in Deutschland auch die Behandlung des Kaisers in der deutschen Presse eine anständigere Richtung einnehmen würde. Um so auffallender war es, dass Februar/März 1933 im *8-Uhr-Abendblatt* eine Serie von Artikeln über den Kaiser erschien, die in keiner Weise der Verunglimpfung unter den vor den Nazis in Deutschland herrschenden roten und rosaroten Persönlichkeiten nachstand. Da war unter anderem vom »Theaterkaiser« und Ähnlichem die Rede.

»Ich wandte mich schließlich schriftlich an den damaligen Polizeipräsidenten und trug ihm die Sache vor. Seine Antwort lautete dahin, dass er die Artikelserie auch missbillige. Auf Grund der gesetzlichen Bestimmungen sei er jedoch nicht in der Lage, etwas gegen die genannte Zeitung zu veranlassen. Bei einem Verstoß gegen die gesetzlichen Bestimmungen werde er das Erforderliche veranlassen. Das schrieb ein Nazi, wo sich später gezeigt hat, dass diesem Regime weder Gesetz noch Recht im Wege stehen, wenn es darum geht, ihre Ziele zu erreichen. So hat man sich eben getäuscht, auch auf dem hier erwähnten Gebiet.«

Der Eintrag ist bemerkenswert: Ein Journalist schaltet den Polizeipräsidenten ein, um eine ihm missliebige Berichterstattung zu stoppen. Als das mit Hinweis auf die Gesetze verweigert wird, empört er sich darüber, die Nazis seien doch sonst nicht so pingelig mit dem Einhalten von Gesetzen gewesen.

Zwischen Eintragungen über Ausflüge und Urlaubsreisen notierte Else Mossdorf in ihrem Tagebuch Ende Mai 1933 den Satz: »Die *DAZ* wackelte einige Tage.« Der Journalist Karl Silex, seit 1933 Chefredakteur der *Deutschen Allgemeinen Zeitung* hat in seinem Buch *Mit Kommentar* die damaligen Ereignisse beschrieben.

Sein Vorgänger Dr. Fritz Klein hatte in den letzten Jahren der Weimarer Republik in der *DAZ* eine Kampagne gegen Hitler und seine Partei geführt. Die Zeitung hatte die »Harzburger Front« und Hugenbergs DNVP angegriffen. »Auch nach dem 30. Januar war Fritz Klein nicht bereit, den Kampf aufzugeben. Im Gegenteil, je mehr sich die Front der Hitler-Gegner lichtete, desto aggressiver zog Fritz Klein gegen die Kapitulationstendenzen im Bürgertum und im Militär zu Felde … Die Generalität klagte er des Verrats an den alten preußischen Tugenden an.« Er kritisierte den Adel und die Industrie, die Hitler unterstützte. »Eines Montags warnte er vor einer Behandlung der Juden, die sich eines Tages an Volk und Reich rächen werde.« Nichts geschah. Aber als Klein die Regelung attackierte, dass für eine Reise nach Österreich 1000 Mark Gebühren an die Reichskasse zu zahlen seien – Hitler hatte das selbst angeordnet, um das Land mürbe für einen Anschluss an das Deutsche Reich zu machen –, tobte der »Führer«. Die *DAZ* wurde für drei Monate verboten.

In der Situation handelte Hugo Stinnes jr., der Sohn des gestorbenen Verlegers. Hitler hatte nämlich auf die Frage, was denn nun mit der *DAZ* geschehen solle, erklärt, das sei ihm egal, nur »der Kerl muss weg!« Noch ehe Joseph Goebbels einen ihm genehmen Kandidaten ins Spiel bringen konnte, wollte Stinnes Fakten schaffen und berief in einer Blitzaktion den damaligen Londoner *DAZ*-Korrespondenten Karl Silex zum neuen Chefredakteur.

Silex versuchte, die Zeitung vorsichtig auf bürgerlichem Kurs zu halten. Das stenografische Protokoll der Redaktionskonferenzen schaffte er ab, weil zu viele kritische Aussagen von Redakteuren darin zu lesen waren. »Ich habe die ganze alte Protokollsammlung verbrennen lassen.« Der Leser, so Silex, »lernte, zwischen den Zeilen zu lesen … Er verlangte von der Zeitung nicht mehr Bekennermut als von sich selbst«. Die *DAZ* druckte auch heikle Beiträge freier Mitarbeiter. So setzte sich der Berliner Historiker Prof. Hermann Oncken für »Objektive Geschichtswissenschaft« ein, die von den Nationalsozialisten bekämpft wurde. Kaum war der Artikel erschienen, verlor Oncken nach weiteren Angriffen eines seiner ehemaligen Studenten im *Völkischen Beobachter* seine Lehrbefugnis.

Auch der gefeierte Dirigent Wilhelm Furtwängler, Chef der Berliner Philharmoniker und Direktor der Staatsoper, bat Silex um Abdruck eines Artikels, in dem er sich für den von den Nazis wegen sozialkritischer, entarteter Musik verfemten Paul Hindemith einsetzte. Der Text erschien unter der Überschrift »Der Fall Hindemith« am 25. Dezember 1934. Furtwängler verlor alle seine Ämter, wurde allerdings ein halbes Jahr später von Hitler rehabilitiert und machte wieder große Karriere.

Wegen dieser und weiterer Vorfälle wurde Silex 1935 zu Propagandaminister Goebbels gerufen, der ihm eröffnete: »Ihr Dossier ist ziemlich voll.« Was er Rudolf Kircher, seinem Kollegen von der *Frankfurter Zeitung*, vor kurzem gesagt habe, gelte auch für ihn: »Sie beide müssen wissen, dass wir Kircher und Silex für unsere Zwecke gebrauchen, genau so lange, wie wir das für nützlich halten«. Darauf habe er, so Silex in seinem Buch, geantwortet, wenn der Tag komme, »dann fahre ich wieder zur See«. Er hatte ein Kapitänspatent.

Über die gestandenen Journalisten bei der *DAZ* und den Redaktionsalltag unter der NS-Diktatur schrieb er:

> *Sie alle, derer hier mit Dankbarkeit gedacht wird, hatten zur alten Garde der DAZ gehört, die bei allen Einstellungen nach wie vor das Rückgrat der Redaktion geblieben war. Otmar Best, Ressortchef der Innenpolitik, stand jetzt mit seinem Namen als alleiniger Stellvertreter des Chefredakteurs im Impressum. Neben ihm stand Otto Mossdorf, Chef des Ressorts für Außenpolitik. Ihnen beiden musste ich eine zusätzliche Verantwortung aufbürden. Die neue Pressegesetzgebung hatte unter Abschaffung des sogenannten Sitzredakteurs den Chefredakteur, den »Hauptschriftleiter«, allein für den gesamten Inhalt der Zeitung verantwortlich gemacht.*

Es soll auch in demokratisch-unbeschwerten Zeiten Chefredakteure geben, die nicht schlafen können, wenn sie nicht alle Bürstenabzüge gelesen haben, bevor die Zeitung in Druck geht. Mein Rezept ist das nie gewesen. Wo hätte ich die Zeit hernehmen sollen, um die wirklichen und wesentlichen Aufgaben eines Chefredakteurs zu erfüllen? In demokratisch-unbeschwerten Zeiten kann ein falscher Zungenschlag zwar peinlich sein, aber doch niemals gefährlich. Das war jetzt anders. Eine Vorzensur gab es nicht, es gab die Sprachregelungen in der Reichspressekonferenz und die nachträglichen Rügen. Das mit dieser Methode verbundene Risiko war in das Ermessen des Chefredakteurs gestellt. Es musste ein kalkulierbares Risiko sein, dessen Folgen der Chefredakteur in Kauf zu nehmen entschlossen war. Die Zeitung durfte nicht »aus Versehen« in eine Konfliktsituation hineinschlittern, deren Möglichkeit nicht einkalkuliert war. Als Sicherheitsventil baute ich daher einen Pannendienst ein, den Best und Mossdorf schichtweise versahen. Mit diesem Pannendienst klärten die Ressorts die vielen alltäglichen kleinen Zweifelsfragen.

Die Redakteure der DAZ entwickelten ein feines Instrumentarium, wie sie ihre Informationen und Meinungen den Lesern auch verschlüsselt mitteilen konnten. Offizielle Meldungen des vom Propagandaministerium gesteuerten »Deutschen Nachrichtenbüros« wurden deutlich mit dem Quellenhinweis abgedruckt. Eigen recherchierte Nachrichten erhielten die Vorzeile »daz, Berlin«. In jeder Ausgabe gab es auf der Titelseite ein Zitat zum Tage. Die *DAZ* druckte nun häufig Bibelverse oder Zitate deutscher Klassiker ab. Am 10. April 1935, als Hermann Göring die Schauspielerin Emmy Sonnemann heiratete, war in der *DAZ* ein Zitat aus Goethes *Wahlverwandtschaften* zu lesen: »Die Ehe ist der Anfang und der Gipfel aller Kultur. Sie macht den Rohen mild, und der Gebildete hat keine bessere Gelegenheit, seine Milde zu beweisen.«

Als Joseph Goebbels im Feuilleton keine Kritiken mehr lesen wollte und stattdessen »Betrachtungen« verlangte, beschrieb Filmkritiker Werner Fiedler eine Szene eines aktuellen Films nach der anderen, schilderte seine Gedanken und Gefühle, erzählte, worüber er sich beim Betrachten gefreut oder geärgert hatte. Silex: »Noch kaum zuvor war ein Film so madig gemacht worden.« Fiedler bekam mehrfach Schreibverbot.

Auch Otto Mossdorf konnte sich in der Kunst der Camouflage üben, wenn es darum ging, zum Beispiel ausländische Kritik an Menschenrechtsverletzungen während der NS-Diktatur oder Berichte über Kriegsvorbereitungen Hitlers den *DAZ*-Lesern nahezubringen. Hinweise darauf waren erlaubt, wenn sie Anlass einer heftigen Polemik gegen solche »Falschmeldungen« waren.

Zur Redaktion der *DAZ* gehörte übrigens auch Else Mossdorfs Cousin, der Sportreporter Jenö von Egan-Krieger. Er war schon vor dem Ersten Weltkrieg ein berühmter Rennreiter gewesen. 1912 errang er 61 Siege. Legendär war sein Start in Berlin-Karlshorst, wo er siegte, dann das Flugzeug nach Hamburg bestieg und dort zwei Stunden später das nächste Rennen gewann.

Er hatte als Leutnant des Leib-Husaren-Regiments Nr. 1 am Ersten Weltkrieg teilgenommen, zuerst an der Westfront, im September 1914 wurde die Einheit nach Galizien an die Ostfront verlegt. Wie Otto wurde er als Major der Reserve 1919 aus der Armee verabschiedet. Und wie Otto hatte auch er Verbindungen zu Kaiser Wilhelm II. in Doorn. Ihm gelang, was sich Otto Mossdorf immer gewünscht hatte, aber trotz der Unterstützung von Sigurd von Ilsemann nie schaffte:

Egan-Krieger durfte einige Wochen Dienst in Doorn tun. Der Kaiser hatte ihn auch höher dekoriert, nämlich mit dem Hausorden mit Schwertern. In seinem Tagebuch vermerkte Otto über seinen Besuch im September 1930 enttäuscht dazu: »Im Rauchzimmer bestellte ich dem Kaiser Grüße von Jenö von Egan-Krieger, der später zum Dienst herangezogen wurde, was mir niemals geglückt ist. Warum nicht? Die Camarilla!!!!«

Die Allmachtsansprüche der Nationalsozialisten erlebten die Mossdorfs ganz persönlich in der Familie. Elses Bruder, Rittmeister Werner Krause, hatte seit April 1919 als Generalsekretär des »Union-Klubs« die Geschicke dieses traditionsreichen Klubs für Galopprennsport geleitet. Um immer vor Ort zu sein, hatte er sich 1921 in Dahlwitz-Hoppegarten in der Kaiserallee 20 direkt an der Rennbahn ein Landhaus im englischen Stil bauen lassen, mit großem Garten und eigenem Tennisplatz. Carl Friedrich und Richard eiferten hier nur zu gern den Jockeys nach und veranstalteten ihre eigenen Rennen. Im Jockey-Dress hatten sie ihre Rennstrecke rund ums Rondell.

Werner Krause hatte dafür gesorgt, dass die Rennen reibungslos abliefen, er hatte die Anlagen in Hoppegarten erneuern lassen und vor allem auch die »Berliner Internationalen Rennwochen« kreiert, zu denen immer zahlreiche Prominente erschienen. So kam auch Reichspräsident Paul von Hindenburg 1926 auf die Rennbahn.

Der bei Pferdebesitzern, Jockeys und Zuschauern beliebte Werner Krause passte den neuen Machthabern nicht mehr, die ja auch den Sportvereinen ihre Selbstständigkeit nahmen. »Reichssportführer« Hans von Tschammer und Osten schaffte Wahlen in den Vereinen ab, es galt nun das Führerprinzip, jüdische Mitglieder wurden ausgeschlossen. Die *BZ*

Werner Krause (auf dem Pferd), bis 1933 Generalsekretär des Union-Klubs, in Hoppegarten, 1935

meldete am 28. September 1933, dass Rittermeister Werner Krause »mit Schluß dieser Saison sein verantwortungsvolles Amt niederlegen« werde. Die Zeitung lobte seine »unermüdliche Arbeitskraft, seine große Passion, seine überragende Sachkenntnis«. Der Artikel endet mit dem vielsagenden Satz: »Das Präsidium des Union-Klubs kann den Entschluß des Herrn Rittmeister Krause, seine Stellung als Generalsekretär aufzugeben, nach den Erfahrungen der letzten Zeit voll verstehen.«

Das nationalsozialistische *Sportblatt* redete unter der Überschrift »Rittmeister Krause geht« Klartext: »Der Scheidende stand der Ideenwelt des Nationalsozialismus wenig verständnisvoll gegenüber. Sein Fortgang ist eine derjenigen

Bedingungen, die für einen Wiederaufbau des Deutschen Rennsports und der Vollblutzucht im nationalsozialistischen Sinne erfüllt werden müssen. Schade, wirklich schade, dass die Bedingung erst so spät erfüllt wird.«

Werner Krause, gern gesehener und häufiger Gast in der »83«, wurde später Direktor bei der Allianz-Lebensversicherung.

Für den Normalbürger begann mit der Machtübernahme Hitlers eine Zeit des wirtschaftlichen Aufstiegs, vor allem die sechs Millionen Arbeitslosen profitierten. Deren Zahl sank allein bis November 1933 fast um die Hälfte. Hitler gab schon im ersten Jahr seiner Regierung 3,1 Milliarden Reichsmark für Arbeitsbeschaffungsmaßnahmen aus. Das 1929 begonnene Programm zum Bau von Straßen, Autobahnen und Brücken wurde ausgeweitet, dafür konnten vor allem schwer vermittelbare ungelernte Arbeiter eingesetzt werden. Die Autoindustrie wurde ebenso gefördert wie der Schiff- und Flugzeugbau, die vor allem Rüstungsgüter produzierten.

Ab Sommer 1935 mussten alle jungen Männer zwischen 18 und 24 Jahren für sechs Monate zum »Reichsarbeitsdienst« einrücken. Das sorgte ebenso wie die am 16. März 1935 verkündete allgemeine Wehrpflicht für einen rapiden Rückgang der Arbeitslosenzahlen. Im Oktober 1935 war sie auf 1,8 Millionen gesunken. Dass dies alles mit unseriösen Tricks finanziert wurde, mit sogenannten »Sonderwechseln«, blieb geheim. Um die wahre Haushaltslage zu verschleiern, wurde der Reichsetat nicht mehr veröffentlicht. Der Historiker Götz Aly bewertet dies so: Die NS-Regierung habe »zunächst mit unseriösen, bald mit kriminellen Techniken der Haushaltspolitik« gearbeitet. Und der Wirtschaftshistoriker Dieter Stiefel sieht in den Sonderwechseln Instrumente einer »abenteuerlichen Finanzpolitik«.

Otto und Else Mossdorf genossen derweil das Leben. Reisen hatte schon immer zu den Leidenschaften der Familie gehört, und so unternahmen die Eheleute Mitte September eine fast zweimonatige Balkanfahrt: Von Linz ging es per Donaudampfer nach Wien, per Schiff weiter nach Budapest, Belgrad, Sarajewo, zur Adria-Hafenstadt Kotor in Montenegro, auf die Insel Korfu, wo die beiden schon auf ihrer Hochzeitsreise zufällig Kaiser Wilhelm II. an dessen Sommerresidenz Achilleion getroffen hatten. Weiter ging es über Konstantinopel nach Ankara und zurück, dann Sofia, Bukarest, Krakau, Warschau zurück nach Berlin. Ihre vier Kinder hatten inzwischen eine Wanderung durch das Riesengebirge gemacht. Am 11. November standen sie mit Blumen am Bahnhof und begrüßten ihre weitgereisten Eltern. Eintrag in Elses Tagebuch: »Zu Hause herrliches Auspacken aller mitgebrachten Sachen.«

Im folgenden Frühjahr starteten die Eheleute mit Tochter Anne-Regine zu einer Kreuzfahrt mit Ziel Azoren. Am 18. Mai gingen sie in Bremen an Bord des Passagierdampfers *Columbus*. Das 232 Meter lange Schiff mit 32 565 Bruttoregistertonnen war damals das größte unter deutscher Flagge und Schmuckstück des Norddeutschen Lloyd. Die drei bezogen Luxuskabinen mit Schlafzimmer, Salon und Privatbad. Zu den Annehmlichkeiten der ersten Klasse gehörten ein mit feinsten Möbeln ausgestatteter Speisesaal, ein Rauchsalon, Bibliothek, Veranda, eine Sporthalle und ein Schwimmbecken mit Meerwasser. Else in ihrem Tagebuch: »Jeden Morgen warmes Seebad.« Die Drei aßen am Tisch mit Kapitän Hermann von Thülen.

Die Reise ging zuerst nach Ponta Delgada, der Hauptstadt der Azoren, wo im Mai der »Dia do Santo Christo« groß gefeiert wird. Nächstes Ziel war Madeira, dort ankerte die *Columbus* auf Reede, Else und Anne-Regine ließen sich mit

Landungsbooten auf die Insel bringen, um dort zur Grabeskirche von Karl I. von Habsburg, dem letzten Kaiser von Österreich-Ungarn, zu pilgern. Der war, weil er als König von Ungarn nicht abdanken wollte, von den Alliierten nach dem Ersten Weltkrieg auf die Atlantikinsel verbannt worden. Mit nur 34 Jahren starb er dort im April 1922. Aber auch ein toter Kaiser war allemal einen Besuch wert.

Mit Blick auf den Leuchtturm Europa Point in Gibraltar wurde der Hafen von Tanger angelaufen, wo der Sultanspalast Dar el-Makhzen auf dem Besuchsprogramm stand. In Lissabon besuchten die Drei das Hieronymitenkloster im Stadtteil Santa Maria de Belém, ein Meisterwerk der Spätgotik aus dem 16. Jahrhundert. Das nächste Ziel war Santa Cruz auf Teneriffa. Nach dem Besuch der nordspanischen Hafenstadt Vilagarcía, von wo aus man einen Ausflug in den nahen Pilgerort Santiago de Compostela machte, nahm die *Columbus* wieder Kurs auf Bremen, wo das Schiff am 1. Juni anlegte.

Zünftiger war Carl Friedrich unterwegs. In den Schulferien radelte er mit Freunden durch Ostpreußen und übernachtete in Jugendherbergen und auf Heuböden.

In Berlin war Else Mossdorf unermüdlich, Musikabende, Feste und Bälle in der »83« zu organisieren. Einmal waren 45 Gäste zu einem Hauskonzert geladen, zu einem Tee-Empfang versammelten sich vierzig Personen. Dann wurde der Kostümball »Himmel, Erde, Hölle« gefeiert. Bei einem Faschings-Ball waren Richard und Carl Friedrich als Barkeeper angestellt. Die Musikklasse von Fräulein von Treskow gab in der »83« ein Konzert. Bei *DAZ*-Chefredakteur Silex waren Otto und Else zum Frühstück, zum Abendessen und zur Cocktail-Party eingeladen, bei der auch der Preußenprinz Louis Ferdinand erschien. Im Februar 1937 war der Prinz auch bei Mossdorfs zum Tee.

Die Eheleute waren beim Diplomatischem Korps gern gesehene Gäste und besuchten häufig Empfänge und Feste in den Berliner Botschaften von Afghanistan, Österreich, Polen, China, Schweiz, Japan, Bulgarien, Großbritannien, Jugoslawien, Griechenland, Persien, Irland, Schweden und Ungarn. So lernten sie auch Prinz Chichibu kennen, den Sohn des japanischen Kaisers. Der war nach einem Besuch in Schweden und den Niederlanden 1937 nach Nürnberg gereist, um am Reichsparteitag der NSDAP teilzunehmen. Anschließend fuhr er nach Berlin und gab einen großen Empfang im Hotel Esplanade, zu dem Else und Otto geladen waren. Der japanische Botschafter stellte ihn dem Prinzen als großen Kenner Nippons vor.

Ein Höhepunkt in diesen Berliner Jahren waren die XI. Olympischen Spiele vom 1. bis zum 16. August 1936. Das Sportfest wurde zum grandiosen Propagandasieg des NS-Regimes. Das Internationale Olympische Komitee hatte die Spiele 1931 an die deutsche Hauptstadt vergeben. Nach der Machtübernahme Hitlers gab es die ersten kritischen Stimmen gegen diesen Beschluss. Nachdem im September 1935 die Nürnberger Rassegesetze verkündet worden waren, wurden im IOC Pläne diskutiert, Berlin die Spiele wieder zu entziehen. In mehreren Staaten, besonders in den USA gab es Bestrebungen, die Spiele zu boykottieren. Mit 58 gegen 56 Stimmen setzten sich im US-NOK die Befürworter um den Vorsitzenden und späteren IOC-Chef Avery Brundage knapp durch. Damit waren die Boykott-Debatten weltweit beendet.

Auf einer Konferenz zur Verteidigung der Olympischen Idee im Juni 1936 sagte Heinrich Mann, der 1933 vor den Nazis nach Frankreich geflohen war: »Ein Regime, das sich stützt auf Zwangsarbeit und Massenversklavung; ein Regime, das den Krieg vorbereitet und nur durch verlogene

Propaganda existiert, wie soll ein solches Regime den friedlichen Sport und freiheitliche Sportler respektieren? Glauben Sie mir, diejenigen der internationalen Sportler, die nach Berlin gehen, werden dort nichts anderes sein als Gladiatoren, Gefangene und Spaßmacher eines Diktators, der sich bereits als Herr dieser Welt fühlt.« Der Appell verhallte, eine geplante Gegen-Olympiade in Barcelona scheiterte.

Für Adolf Hitler waren die Olympischen Spiele Chefsache, er wollte der Welt demonstrieren, dass Deutschland unter seiner Führung ein friedliebendes, gastfreundliches und fortschrittliches Land sei. Er garantierte freien Zugang »für alle Rassen und Konfessionen«. Während der Spiele verschwanden alle Hinweise auf Restriktionen gegen Juden. Schilder mit der Aufschrift »Juden unerwünscht« wurden abgeschraubt. Propagandaminister Goebbels verkündete die Parole »Olympia – eine nationale Aufgabe«. Die Deutschen wurden aufgerufen, die internationalen Sportler und Besucher freundlich zu behandeln, um »alle Vorurteile gegenüber dem deutschen Volk aus der Welt zu schaffen«.

Die Organisation und Ausstattung der Spiele übertrafen alles bisher Dagewesene. Zum ersten Mal wurde das Olympische Feuer mit einem Fackellauf aus Athen durch sieben Staaten zur Eröffnungszeremonie getragen. An der mehr als 3000 Kilometer langen Stafette beteiligten sich 3400 Läufer. Im Stadtviertel Westend ließ Hitler ein Stadion für 110 000 Zuschauer bauen, dazu das Maifeld, ein Aufmarschgelände für 500 000 Menschen, mit dem 78 Meter hohen Olympia-Turm, direkt daneben ein Schwimmstadion für 18 500 Zuschauer, sowie ein Hockeystadion mit 20 000 Plätzen. Die 3961 Athleten aus 49 Nationen waren auch neuer olympischer Rekord.

Die Eröffnungsfeier wurde als großes Spektakel inszeniert. Als Adolf Hitler eintraf, flog das Luftschiff *Hin-*

denburg mit großen Hakenkreuzen an den Heckflossen über das Stadion und zog eine große olympische Flagge über die Zuschauerränge. Für die Wettkämpfe wurden in den sechzehn Tagen etwa 3,8 Millionen Eintrittskarten verkauft. Radioreporter berichteten zum ersten Mal live von den Wettkämpfen, die Sendungen wurden in vierzig Länder übertragen. 700 ausländische Journalisten und mehr als hundert Fotografen hatten sich akkreditiert. Es herrschte grenzenlose Begeisterung. Deutschland führte mit 89 Medaillen die Länderliste mit weitem Abstand vor den USA an. Publikumsliebling war – zum Verdruss der Nazis – der schwarze US-Leichtathlet Jesse Owens, er errang vier Goldmedaillen.

Auch Richard und Carl Friedrich Mossdorf waren bei den Spielen dabei. Richard trug am 31. Juli bei der Generalprobe eine der Nationalfahnen ins Stadion und beide waren einen Tag später beim großen Festspiel »Olympische Jugend« dabei, das ab 21 Uhr im Olympiastadion aufgeführt wurde. Dafür hatten sie auf zehn Ferientage verzichten müssen, weil die einzelnen Szenen in den letzten Julitagen mehrfach geprobt werden mussten. Mehrere hundert sportliche Schüler zwischen zwölf und achtzehn Jahren waren dafür ausgesucht worden. Reisen an den Probetagen waren streng verboten. Bei sommerlichen Temperaturen um die 25 Grad verbrachten sie ganze Tage auf den Wettkampfstätten. Um überhaupt auf das Gelände zu kommen, hatte jeder Schüler einen roten Ausweis, der bis zum Abend des 1. August gültig war. Bei Ordnern, die nicht so gründlich kontrollierten, kamen Richard und Carl Friedrich auch danach noch aufs Gelände und stahlen sich heimlich nach oben auf die Ränge des Olympia-Stadions.

Else und Otto Mossdorf genossen das internationale Flair während der Olympischen Spiele. Am 8. August waren sie beim großen Empfang in der britischen Botschaft, 207 Sportlerinnen und Sportler waren von der Insel angereist, es gab die ersten Medaillen zu feiern. Drei Tage später wurde in der griechischen Botschaft gefeiert, Kronprinz Paul war angereist und hatte sich mit der Läufer-Legende Spiridon Louis den Fotografen gestellt, der 1896 in Athen bei den ersten Olympischen Spielen den Marathon gewonnen hatte.

Die polnische Botschaft lud am 12. August zum Festabend. Umjubelter Star des Abends war der Tenor Jan Kiepura, der sowohl auf der Opernbühne als auch als Schlagersänger (»Heut Nacht oder nie« – »Ob blond ob braun, ich liebe alle Frau'n«) weltweit Erfolge feierte. Wo immer sich die gute Gesellschaft traf, Else und Otto Mossdorf waren dabei.

Nach den berauschenden Olympia-Wochen setzte wieder der Alltag in NS-Deutschland ein. Die Entrechtung und Verfolgung der Juden ging weiter: Atteste jüdischer Ärzte wurden nicht mehr anerkannt, jüdische Lehrer durften Deutschen keinen Privatunterricht mehr erteilen. Unter größter Geheimhaltung griff Hitler in den spanischen Bürgerkrieg mit der »Legion Condor« ein, die später vor allem durch einen gnadenlosen Bombenkrieg bekannt wurde.

Am 1. Dezember 1936 wurde das Gesetz über die »Hitler-Jugend« erlassen. In der Begründung hieß es:

> *Von der Jugend hängt die Zukunft des deutschen Volkes ab. Die gesamte deutsche Jugend muss deshalb auf ihre künftigen Pflichten vorbereitet werden. Die Reichsregierung hat daher das folgende Gesetz beschlossen, das hiermit verkündet wird.*
> *§ 1 Die gesamte deutsche Jugend innerhalb des Reichsgebietes ist in der Hitlerjugend zusammengefaßt.*

§ 2 Die gesamte deutsche Jugend ist außer in Elternhaus und Schule in der Hitlerjugend körperlich, geistig und sittlich im Geiste des Nationalsozialismus zum Dienst am Volk und zur Volksgemeinschaft zu erziehen.

Carl Friedrich Mossdorf war inzwischen fünfzehn Jahre alt und Mitglied in der »Freischar junger Nation«, die im Juni 1933 mit der Hitler-Jugend zwangsvereinigt wurde. Um wenigstens dem normalen Dienst in der HJ zu entgehen, meldete er sich zum »Nationalsozialistischen Reiterkorps« (NSRK), in dem alle berittenen Einheiten der NS-Organisationen seit 1936 zusammengefasst waren und der für die Reit- und Fahrausbildung zuständig war. Als Mitglied der Reiter-HJ machte er in der Franklinstraße in Charlottenburg seinen »Jugendreiterschein«. Carl Friedrich und seine Reiterfreunde trafen sich gern im ehemaligen Burschenzimmer im Dachgeschoss der »83« zu »Heim- und Bierabenden«.

Das Jahr 1937 brachte einigen Wandel in der Familie Mossdorf. Richard machte im März sein Abitur und wurde kurz darauf zum Arbeitsdienst einberufen und zum sechsmonatigen Einsatz nach Ujeschütz (heute Ujeździec) in Schlesien verschickt. Carl Friedrich wurde konfirmiert. Gern hätten Otto und Else in diesem Jahr am 20. März ihre Silberhochzeit dort gefeiert, wo sie ihre Hochzeitsfeier begangen hatten: im Hotel Prinz Albrecht; aber hier war 1934 der Reichsführer SS Heinrich Himmler mit seinem Stab eingezogen. Daneben, in der Prinz-Albrecht-Straße 8, dem Gebäude der ehemaligen Kunstgewerbeschule, war die Zentrale der Gestapo untergebracht, ab 1939 außerdem das Reichssicherheitshauptamt. So wurde stattdessen ein Fest mit zwanzig Personen in der »83« daraus. Natürlich mit Krönchen für die Silberbraut, die Damen trugen lang, die Herren kamen im Frack.

Elses und Ottos Silberne Hochzeit 1937, in der ersten Reihe
die vier Kinder, das Silberhochzeitspaar ganz links in der Mitte,
Schwiegermutter Rosa Krause in der Mitte, rechts: Werner Krause,
zweiter von rechts: Jenö von Egan-Krieger

Tochter Anne-Regine hatte 1933 beim Lette-Verein am Viktoria-Luise-Platz eine Lehre als Haushaltspflegerin begonnen. Zu dieser Ausbildung gehörte auch ein dreimonatiger Kursus als Kinderschwester in der Kinderklinik des Roten Kreuzes, den sie mit Bestnoten abschloss. 1935 begann sie ein Praktikum im Berliner Wirtschaftsministerium, wo sie sechs Monate arbeitete. Von Mai bis Oktober 1936 war sie bei der Familie Bronsart von Schellendorff auf Gut Marienhof bei Güstrow tätig. Nun, im April 1937 begann sie ihren theoretischen Kursus beim Lette-Verein, der dauerte ein Jahr. Die Prüfung bestand sie mit »gut«.

Ihr kleiner Bruder Carl Friedrich absolvierte gemeinsam mit seinem Freund Hoimar von Ditfurth einen Tanzkurs. Beider Eltern waren seit vielen Jahren gut befreundet. Hoimar reiste immer aus Potsdam an, Carl Friedrich brauchte nur um die Ecke in die Landhausstraße zu gehen, wo Fräulein von Prießdorf ihre Tanzschule hatte. Nach dem Abschlussball wurde er von der Tanzlehrerin immer wieder zu kostenlosen Kursen eingeladen, die Zahl der Mädchen war meist höher als die der Jungen. Eine feine Sache für Carl Friedrich, denn er tanzte mit Begeisterung.

Für Bruder Richard begann dagegen jetzt wirklich der Ernst des Lebens. Nach seinem Arbeitsdienst trat er zum zweijährigen Wehrdienst an. Wie Vater Otto wollte er Offizier werden und hatte sich ebenfalls für die Artillerie entschieden. Am 2. November 1937 rückte er beim Artillerie-Regiment 12 in Rostock ein. Im Dezember schrieb Else stolz in ihr Tagebuch: »Richard erscheint in Uniform zum Weihnachtsurlaub.« Die nächsten Monate sollten zeigen, dass Adolf Hitler auf einen großen militärischen Konflikt zusteuerte.

Unter der Propaganda-Parole »Heim ins Reich!« ließ Hitler Österreich am 12. März 1938 von der Wehrmacht besetzen. Drei Tage später feierte er vor hunderttausenden begeisterten Wienern auf dem Heldenplatz den »Anschluss« Österreichs. Deutschland hieß nun offiziell das »Großdeutsche Reich«.

Im September verlangte Hitler von der Tschechoslowakei die Abtretung des Sudetenlandes und die Aussiedlung dort lebender Tschechen. Beim Treffen von Deutschland, Großbritannien, Frankreich und Italien am 29. September zur Münchner Konferenz einigte man sich darauf, Hitlers Forderungen zu erfüllen. Die Wehrmacht besetzte das Sudentenland, die Tschechoslowakei wurde zerschlagen. Carl Friedrich schrieb in sein Tagebuch: »Spalier gestanden für heimkehrenden Führer!« Die Hakenkreuzfahne hängten die Mossdorfs allerdings nie raus – für sie gab es nach wie vor nur »schwarz-weiß-rot«. Über diese Aggressionen und Verletzungen des Völkerrechts findet sich kein Wort in den Aufzeichnungen der Familie.

Für Carl Friedrich gab es zum Schluss des Schuljahres eine böse Überraschung. Am 24. März 1938 war das Schauturnen für die Eltern in der Turnhalle des Friedenauer Gymnasiums die letzte Schulveranstaltung. Der sechzehnjährige Carl Friedrich war dabei in seinem Element. Zum Abschluss marschierte die Schulmannschaft im Gleichschritt auf, »Horst-Wessel-Lied«, Hitler-Gruß, Ende des Abends.

Als sie die Halle verließen, beobachtete Carl Friedrich, wie sein Klassenlehrer Derlitzki mit seinen Eltern sprach. Ihm schwante, dass sie jetzt erfuhren, was er schon wusste: Er war sitzengeblieben. Die Eltern waren schon fast zu Hause in der »83« angekommen, als der Sohn sie mit dem Fahrrad überholte. Otto rief wütend: »Du Arschloch bist sitzengeblieben!« Das war es aber, über dieses Thema wurde später nicht mehr gesprochen, Strafen gab es nicht. In Panik rannte Carl

Friedrich nach oben, riss seine Latein-Grammatik aus dem Regal und begann unsinnigerweise darin zu lesen, zu retten war ja nichts mehr. So landete er in der Klasse von Egon Bahr, der ab 1969 in der SPD-Regierung von Bundeskanzler Willy Brandt führender Mitgestalter und Berater von dessen Ost- und Entspannungspolitik war.

Ein einschneidendes Erlebnis hatte Carl Friedrich am 10. November 1938, als er auf dem Weg zur Schule war. Jeden Morgen kam er an der großen Synagoge in der Prinzregentenstraße 69/70 vorbei, ein mächtiger Backsteinbau mit zwei hohen Sandsteinsäulen am Eingang. Am 16. September 1930 war sie feierlich eingeweiht worden. Angesichts des jüngsten Wahlerfolgs der NSDAP hatte der Vorsitzende des Gemeindevorstands Georg Kareski in seiner Festansprache gesagt: »Leider ist es in diesem Augenblick nicht möglich, sich restlos Gedanken des Stolzes und der Freude hinzugeben. Entscheidungen gerade der letzten Zeit werfen ihren Schatten auch auf die heutige Festesfreude. Noch wissen wir nicht, welche Auswirkungen auf unsere Stellung und unser Leben diese Entscheidungen haben werden.«

Jetzt stand der Junge fassungslos vor der ausgebrannten Ruine des Gotteshauses, noch immer drang Qualm heraus. Wie in ganz Deutschland waren auch in Berlin Synagogen und jüdische Geschäfte von einem braunen Mob in Brand gesteckt, zerstört und verwüstet worden. 91 Juden wurden von SA-Leuten erschlagen. Auf Befehl Hitlers wurden 35 000 vor allem wohlhabende Juden in der Nacht vom 9. auf den 10. November vorübergehend in Konzentrationslager verschleppt. Auf Anweisung von Hermann Göring »durften« sie sich daraus gegen hohe Geldsummen »freikaufen«. Die Feuerwehr war daran gehindert worden, den Großbrand in der Prinzregentenstraße zu löschen. SA-Leute vertrieben Anwohner, die Augenzeugen des Verbrechens waren.

Propagandaminister Goebbels hatte in der Nacht Fernschreiben und Telegramme an Gauleiter und Gestapo wie dieses schicken lassen: »Sämtliche jüdische Geschäfte sind sofort von SA-Männern in Uniform zu zerstören. Nach der Zerstörung hat eine SA-Wache aufzuziehen, die dafür zu sorgen hat, daß keinerlei Wertgegenstände entwendet werden können. – Die Presse ist heranzuziehen. Jüdische Synagogen sind sofort in Brand zu stecken, jüdische Symbole sind sicherzustellen. Die Feuerwehr darf nicht eingreifen. – Der Führer wünscht, daß die Polizei nicht eingreift.«

In den Alltag der Familie Mossdorf drangen diese Ereignisse nicht ein; aus der Schulklasse von Carl Friedrich ›verschwand‹ hin und wieder ein jüdischer Mitschüler, was lediglich registriert, nicht aber hinterfragt wurde.

Auch Richard Mossdorf war zu der Zeit gerade auf Urlaub in der »83«. In Rostock war er zum Gefreiten befördert worden und sollte ab Mitte November die Kriegsschule in München besuchen. Mutter Else notierte unter »November« in ihrem Tagebuch: »7. Bunter Abend im Friedenauer Gymnasium, 11. Vortrag Weltwirtschafts-Gesellschaft, 12. Skagerrak-Ball, Gini, Richard, Lutz Doebbelin, Carl-Heinz, Jutta von Witzleben, Sigrid von Blücher; Mädels schlafen bei uns.« Die politische Lage spitzte sich zu, aber im Hause Mossdorf ging das gesellschaftliche Leben seinen Gang.

Das Jahr 1938 endete für Otto Mossdorf mit einer Beförderung. Mit Wirkung zum 1. Januar 1939 wurde er Schriftleiter der *Deutschen Allgemeinen Zeitung*. Die *DAZ* erschien damals morgens und abends als Hauptstadtzeitung mit starkem Lokalteil, außerdem wurden zwei Reichsausgaben gedruckt, bei denen nun Otto Mossdorf der Chefredakteur war. Es war jeden Tag ein Kampf mit der Zeit. Redaktionsschluss für die Berliner Abendausgabe war 14.30 Uhr. Danach musste aus den beiden Berlin-Ausgaben eine Kurzfassung der Berichte und Meldungen für die Reichsfassung zusammengestellt, in der Setzerei umbrochen und dann gedruckt werden. Die erste Ausgabe ging Punkt sechzehn Uhr an die Rotation, die zweite um 18.30 Uhr. Die Auslieferung der Zeitungen war präzise den Abfahrtszeiten der Schnellzüge von Berlin in die Provinz angepasst.

Die neue Stellung hatte für Otto Mossdorf erfreuliche Folgen: Sein Gehalt wurde auf monatlich 995 Reichsmark erhöht. Ein Facharbeiter verdiente damals durchschnittlich 190 Reichsmark. Außerdem wurde Otto zur »Ostasien-Reise deutscher Schriftleiter« eingeladen, die Ende März 1939 stattfinden sollte. Das war ebenso ehrenvoll wie aufregend. Es war eigentlich eine Weltreise, denn der Weg zurück sollte über Amerika gehen. Das Propagandaministerium stellte ein umfangreiches Dossier mit Richtlinien, genauen Daten, Preisen, Verhaltensregeln und Tipps zusammen.

Die Abreise war auf den 28. März, 14.30 Uhr ab Anhalter Bahnhof festgelegt. Ziel war Genua, wo die Reisegruppe am 29. März an Bord des Passagierdampfers *Gneisenau* gehen wollte. Bis zur Hafenstadt an der ligurischen Küste fuhren Ehefrau Else, Schwiegermutter Rosa, die Töchter Anne-Regine und Rosemarie und Sohn Carl Friedrich kurz entschlossen mit. Als sie den Vater am Hafen abgeliefert hatten, machten die reisefreudigen Mossdorfs eine ausgedehnte Tour durch Italien. Letzte Station war das *Grand Hotel* am Gardasee. Jetzt war langsam Ebbe in der Reisekasse. Aber, so Elses Befund nach kurzem Kassensturz, »es reicht noch für einen weiteren Tag«. Dann ging es zurück nach Berlin. Um die Taxifahrt vom Bahnhof zur »83« zu bezahlen, musste erst schnell Geld vom »Notgroschen« aus der vierten Etage geholt werden. Und ausgerechnet da war der Fahrstuhl außer Betrieb.

Otto Mossdorf bestieg die *Gneisenau*, das modernste

Otto an Bord der *Gneisenau,* 1939

Schiff des Norddeutschen Lloyds. Es legte um 18 Uhr in Richtung Port Said ab, wo ein Stadtrundgang und Basarbesuch geplant war. Als sie den Ausgang des Suezkanals passierten, herrschte leichter Nebel, und Otto notierte in seinem Reisebericht eine für die Zeit sicherlich typische Randbemerkung: »So bleibt der heilige Berg Sinai unseren Blicken entzogen, der für einen gewissen Teil der Passagiere ein passendes Reiseziel abgegeben hätte.«

Am 4. April sollte das Schiff Colombo, die Hauptstadt von Ceylon (heute Sri Lanka), und vier Tage später Singapur erreichen, wo ein Besuch des Palasts des Sultans von Johore geplant war. Doch mitten im Indischen Ozean zur Frühstückszeit wurde die *Gneisenau* von einem heftigen Krach durchgeschüttelt und stoppte. Ein Flügel der Backbordschraube war abgebrochen. Der Dampfer konnte die Fahrt nur mit gedrosseltem Tempo fortsetzen.

In Manila war neben einer Stadtrundfahrt die Besichtigung einer Zigarrenfabrik vorgesehen. Über Hongkong sollte es nach Shanghai gehen, und am 25. April um neunzehn Uhr sollte die *Gneisenau* die japanische Hafenstadt Yokohama erreichen.

Das Programm für den Aufenthalt in Japan und seinen besetzten Gebieten stand noch nicht fest. Sicher war nur, dass Shanghai Endpunkt der Rundreise sein sollte. Es war eine Exkursion in eine Kriegszone. Anfang 1932 hatte die japanische Luftwaffe mit einem Flächenbombardement große Teile Shanghais zerstört und 18 000 Zivilsten getötet. Schon zu Beginn des Jahrhunderts hatte Japan Korea annektiert und die Mandschurei unter ihren Einfluss gebracht. Ziel der Japaner war es, weite Teile Chinas zu erobern.

1936 unterschrieben das Kaiserreich Japan und das Deutsche Reich den »Antikomintern-Pakt«, der gegen die Kommunistische Internationale unter der Führung Moskaus gerichtet war. Seither galten Deutschland und Japan als Verbündete. Im Juli 1937 eröffneten die Japaner mit der Schlacht um Shanghai den Zweiten Chinesisch-Japanischen Krieg. Ihr Gegner waren der Nationalchinese Chiang Kaishek und der Kommunistenführer Mao Zedong. Im Dezember eroberte die japanische Armee Nanjing und tötete in einem dreiwöchigen Massaker 300 000 chinesische Zivilisten. Unter hohen Verlusten auf beiden Seiten rückten die Japaner weiter vor und errichteten ein Terrorregime in den eroberten Gebieten. Ein touristischer Ausflug war die Reise der Schriftleiter also nicht.

Auf die Schiffsreise konnte jeder Passagier Freigepäck bis zu 1,5 Kubikmeter mitnehmen, in amerikanischen Zügen waren 67 Kilogramm erlaubt. Für Amerika war ein Durchreisevisum erforderlich, für die britisch-indischen Kolonien wurde dies empfohlen. Da die Reise auch durch die Mandschurei und Nordchina führen würde, sollten sich die Teilnehmer im Robert-Koch-Institut gegen Pocken, Typhus und Cholera impfen lassen. Außerdem sollten sie genügend Visitenkarten mitnehmen, weil es in China und Japan Sitte sei, die bei jeder Begegnung auszutauschen.

Für die Kleiderordnung gab es folgende Ratschläge: »Für die Reise über Indien wird außer einem Smoking die Mitnahme von zwei weißen Smokings zu empfehlen sein. In Japan ist zu beachten, daß beim Betreten eines japanischen Hauses die Schuhe abgelegt werden müssen. Es empfiehlt sich, sich durch die Wahl der Fußbekleidung auf diese Sitte einzustellen.« Reichspressechef Otto Dietrich hatte auch entschieden, wie die Reisegruppe in Japan aufzutreten hatte, nämlich in Zivil. »Lediglich bei gewissen protokollarischen Anlässen soll Uniform getragen werden. Dabei können die Teilnehmer entweder die Uniform ihrer Gliederung oder die Schriftleiteruniform tragen.« Otto Mossdorf besaß eine solche Uniform nicht, er hatte zwar eine herausgehobene Stellung bei der *DAZ*, war aber kein Mitglied der NSDAP. Sohn Carl Friedrich erinnerte sich später daran, dass sein Vater sich widerwillig ein braunes Parteihemd schneidern ließ und darüber geflucht habe, dies auch tragen zu müssen.

Nicht nur anhand des 586 Seiten starken Reiseberichts, den Otto Mossdorf seiner lieben Else zum Geburtstag am 22. Oktober 1940 säuberlich getippt, in blaues Leinen gebunden und mit zahllosen Fotos, Zeitungsausschnitten und Zeichnungen illustriert schenkte, sondern auch anhand der umfangreichen Liste der Mitbringsel (»Unterwegs gekauft«) lässt sich rekonstruieren, welche Städte Otto Mossdorf mit seiner Reisegruppe besucht hat: Singapur, Kobe, Yokohama,

Tokio, Peking, Hongkong, Kowloon, den Badeort Kamakura auf der Insel Honshu, Osaka, Shanghai, Hawaii, San Francisco, Santa Fé, Chicago, Washington und New York.

Am 1. Juni legte das Passagierschiff *Kamakura Maru* in Yokohama Richtung San Francisco ab. An Bord herrschte buntes Treiben, an Deck wurden Spiele veranstaltet, es gab Konzerte, Tanz- und Filmabende. Otto Mossdorf war von dem ständigen Unterhaltungsprogramm wenig begeistert: »Die große Monsterveranstaltung ist aber das Kostümfest ... Sehr weitgehend wird mit aufblasbaren Luftballons gearbeitet, die dann durch das Lokal sausen ... Für Herren, die sich zu keinem Kostüm entschließen konnten, werden ulkige Kopfbedeckungen verschiedener Muster bereitgehalten ...«

Auf Hawaii war ein Landgang nicht möglich, weil das für Passagiere nichtamerikanischer Schiffe verboten war. In San Francisco angekommen, erlebte Otto Mossdorf im Hotel einen großen Schreck. Seine Schuhe, die er abends zum Putzen auf den Gang gestellt hatte, waren am Morgen verschwunden. Zu allem Überfluss schlug auch noch die Zimmertür hinter ihm zu. Auf weißen Socken irrte er durch die Gänge, ein Liftboy öffnete ihm schließlich per Universalschlüssel das Zimmer, besorgte auch die Schuhe aus dem Fundbüro wieder und klärte ihn darüber auf, dass es in Amerika an jeder Straßenecke Schuhputzer gebe. Diese Erfahrungen konnten seine Stimmung nicht verderben, für die Lieben daheim besprach er an einem neumodischen Automaten eine kleine Schallplatte und stimmte das Motto der Reisegruppe an: »Unrasiert und fern der Heimat – fern der Heimat unrasiert!«

Auf ihrer weiteren Reise durch die USA besuchten die Chefredakteure den Yellowstone-Park, Salt Lake City und den großen Salzsee, über Chicago ging es nach Detroit, wo die Ford-Werke besichtigt wurden, dann weiter zu den Niagarafällen.

Am 1. Juli kam die Gruppe in New York an, für den Aufenthalt dort war eine Woche eingeplant. In der amerikanischen Metropole lief gerade die Weltausstellung. 1500 Aussteller aus 33 Ländern präsentierten ihre Neuheiten und Zukunftsvisionen. Deutschland nahm nicht teil mit der Begründung, die Ausstellung sei vor allem von Juden organisiert worden. Otto Mossdorf und seine Kollegen konnten die erste elektrische Waschmaschine, ein Faxgerät und den Roboter *Elektro* von Westinghouse bewundern.

Am 8. Juli bestiegen sie den Luxusdampfer *MS Europa* des Norddeutschen Lloyd, der für die schnellste Atlantik-Überquerung das »Blaue Band« erobert hatte. Am 14. Juli legte der Ozeanriese in Bremerhaven wieder an. Es waren noch sechs Wochen, bis Adolf Hitler der Wehrmacht den Überfall auf Polen befahl und der Zweite Weltkrieg begann. Am 26. Juli notierte Else Mossdorf in ihrem Tagebuch: »Luftschutzübung«.

Kapitel 13

»HELDENTOD« UND GRANATSPLITTER

Über die dramatischen Tage im Sommer 1939 hat Else Mossdorf in ihrem Tagebuch notiert: »1. August Brief von Richard mit seiner Versetzung zum A. R. 116 Oppeln.« 15. August: »Richard kommt aus München von der Kriegsschule, bringt Lt. Siewert mit, am 16. fahren beide nach Oppeln zum Regiment.« 30. August: »Generalmobilmachung in Polen.« 1. September: »Beginn des Polenfeldzugs.«

Sohn Richard war von Anfang an dabei. Am 17. August war er in der oberschlesischen Garnisonsstadt Oppeln (heute Opole) angekommen. Zunächst musste er eine Fahrschule absolvieren, »da ja der Führerschein erst einmal Hauptsache ist«. Eine Woche später fuhr Richard Mossdorf als Munitions-Staffelführer zu einer Übung, jetzt schon am Steuer eines Pkw. Am 27. August bekam er die Nachricht, dass er zum Leutnant befördert worden war. »Ich fuhr gleich in die Stadt zurück und holte Schampus.« Offenbar in dieser Feierlaune schrieb er nach Hause: »Hoffentlich können wir den Polen bald zeigen, in welch unsinnigen Vorstellungen sie leben. Der deutsch-russische Pakt ist schlechthin ein Meisterstück.«

Unmittelbar vor dem Überfall auf Polen hatte Adolf Hitler mit dem sowjetischen Diktator Josef Stalin überraschend einen Nichtangriffspakt geschlossen. Am 24. August unterschrieben Reichsaußenminister Joachim von Ribbentrop und sein sowjetischer Kollege Wjatscheslaw Molotow den Pakt in Moskau. In einem geheimen Zusatzprotokoll war vereinbart worden, dass Deutschland und die Sowjetunion Polen besetzen und unter sich aufteilen würden.

Am 31. August gegen zwanzig Uhr bekam die Batterie von Richard Mossdorf den Befehl zum Abmarsch aus Oppeln. Am frühen Morgen des 1. September war er beim Angriff auf Polen dabei. Am Vormittag hielt Hitler seine berüchtigte Lügenrede vor dem Reichstag, die im Rundfunk übertragen wurde: »Polen hat nun heute Nacht zum ersten Mal auf unserem eigenen Territorium auch mit bereits regulären Soldaten geschossen. Seit 5 Uhr 45 wird jetzt zurückgeschossen! Und von jetzt ab wird Bombe mit Bombe vergolten!«

Sechs Tage später schrieb Richard Mossdorf nach Hause:

Unser Einmarsch glich zuerst denen nach Österreich und in das Sudentenland. Blumen, Esswaren … Dann trafen wir auf den ersten Widerstand, der dann jedes Mal nach kurzer Zeit gebrochen war. Wir haben die Polen bisher immer nur vor uns hergetrieben.

Am 13. September war Richard schon in Krakau. Der Vormarsch ging weiter. Bald war die Demarkationslinie erreicht, die als neue Grenze zwischen dem Deutschen Reich und der Sowjetunion verabredet war.

Dort war ich am ersten Tage Bahnhofskommandant … Mehrere Gleise waren durch unsere Fliegerbomben zerstört. Am zweiten Tag begannen wir schon mit den Aufräumungsarbeiten auf dem Bahnhof wie in der Stadt. Es wurden dazu sämtliche herumlungernden Juden und übrige Zivilisten angestellt.

Richard Mossdorf, 1939

Wenig später sollten die Juden erst Internierte und kurz darauf Opfer eines industriell organisierten Massenmords werden.

Am 23. September schrieb Richard an seine Eltern:

Am selben Tage erschienen die Russen an der Demarkationslinie. Vor einem halben Jahr hätte ich bestimmt nicht gedacht, dass ich einem russischen Leutnant und Unteroffizier die Hand geben würde. Am nächsten Tag begann dann der Rückzug hinter den San, die neue Demarkationslinie. Die Bevölkerung, Ukrainer und Deutsche, die uns jubelnd empfangen hatten, zog zum Teil mit uns.

Am 27. September kapitulierte Warschau, am 6. Oktober streckten die letzten polnischen Truppen die Waffen, und Adolf Hitler feierte seinen Sieg im »Blitzkrieg«.

Else Mossdorf schrieb am 2. Oktober in ihr Tagebuch: »Telefongespräch mit Richard, der heil und glücklich wieder zurück ist. Carl Friedrich und ich fahren sogleich nach Oppeln.« Eine Woche darauf bekam Richard ein paar Tage Urlaub. Ende Oktober wurde er nach Brieg (heute Brzeg) bei Oppeln zu einem Pionierkursus kommandiert. »Wir kriechen hier mit dem Bauche auf der Erde herum und sehen bei dem feuchten Wetter wie die Kanalarbeiter aus … Was weiter wird, weiß noch keiner. Bis jetzt ist noch alles ruhig.«

Am 29. November notierte Else Mossdorf: »Richard mit seinem Regiment zum Westwall.« Richard hatte gerade seinen 21. Geburtstag gefeiert. Drei Tage nach Weihnachten war er wieder auf Urlaub in Berlin. In der »83« wurde Silvester gefeiert, auch in Zeiten des Krieges wurde auf ein glückliches neues Jahr angestoßen. In den Tagen danach kamen Kameraden von Richard, Freunde und Verwandte zu Besuch.

Natürlich drehten sich die Gespräche hauptsächlich um

den Krieg. Richards Cousin Ernst von Krause war gleich am 1. September 1939 in Polen gefallen. Und einen Tag später hatten polnische Truppen vor ihrem Rückzug aus dem »Korridor« Gut Birkeneck wie auch das Nachbargut Hoheneck in Brand gesteckt, den Gutsbesitzer Curt Höltzel gefangen genommen und wenig später getötet. In der Todesanzeige seiner Frau hieß es: »In der Nacht vom 4./5.9.39 fiel auf dem Marsch in die Gefangenschaft durch polnische Mörderhand mein geliebter Mann ... In selbstgewählter treuer Pflichterfüllung hielt er auf ererbter Scholle aus bis zum bitteren Ende. Er starb für sein Deutschtum, wie er dafür gelebt hatte.« Cousine Mechthild erinnerte sich später: »Wir wohnten dann in der Brennereiwohnung. Schlimm dieser Hass gegen uns Deutsche. Nur gut zu wissen, dass es das polnische Militär war ... Unsere Polen hätten das doch nicht tun können. Damals ahnten wir auch noch nicht, was dann die SA mit den Polen gemacht hat.«

Die Erfolge der Wehrmacht waren bei den Gesprächen in der »83« selbstverständlich ebenfalls ein Thema. Der »Blitzkrieg« gegen Polen, der U-Bootkrieg mit immer neuen Abschussmeldungen. Am 14. Oktober hatte Kapitänleutnant Günther Prien mit seinem U-Boot *U47* im britischen Kriegshafen Scapa Flow das Schlachtschiff *Royal Oak* versenkt und danach wieder die offene See erreicht, eine Demütigung der britischen Flotte. An der Westfront tat sich dagegen wenig. Zwar hatten Frankreich und England dem Deutschen Reich nach dem Überfall auf Polen am 3. September den Krieg erklärt, aber keine Großoffensive gestartet. Adolf Hitler wollte auf jeden Fall einen Zweifrontenkrieg vermeiden und hatte angeordnet: »Die deutsche Westgrenze ist an keiner Stelle ohne meine ausdrückliche Genehmigung zu überschreiten.«

Jetzt wurden aber im großen Stil Truppen Richtung Frankreich, Holland und Belgien verlegt. Am 7. Januar schrieb

Else Mossdorf: »Mittag in der Stadt, anschließend Richard zur Bahn gebracht, Potsdamer Bahnhof, fährt an die Westfront.« Zunächst absolvierte er einen weiteren Offizierskurs im Sauerland, anschließend war er in Wiedenest im Oberbergischen Land stationiert, eine eher gemütliche Etappe. Richard schien ungeduldig zu werden:

Auch die rührende Fürsorge unserer Quartierswirte kann uns nicht darüber hinweghelfen, dass wir noch immer warten müssen und nicht dazu beitragen können, dass es endlich vorwärts geht. Wenn auch regelmäßig Dienst getan wird, könnten wir manchmal denken, wir wären zur Erholung hier.

Mit der Ortszeile »Im Westen« schrieb er Anfang März ähnliche Zeilen: »Wir liegen immer noch in der Etappe und dürfen nichts tun.«

Am 8. Mai 1940 gab Adolf Hitler den Befehl zum Angriff auf Frankreich, Luxemburg, Belgien und die Niederlande. Dass die Benelux-Staaten neutral waren, interessierte ihn und seinen Generalstab nicht. Richard Mossdorf schrieb am 10. Mai nach Hause:

Endlich ist es soweit, und wir werden dabei sein! Ihr werdet kaum glauben, wie froh wir sind, dass die Wartezeit vorbei ist. Wir sind jetzt schon unterwegs. Es ging alles furchtbar schnell … Jetzt denken wir nur eins: Vorwärts! Noch ist nicht abzusehen, wie sich der Gegner verhalten wird.

Und zwei Tage später:

Wir sind heute schon den dritten Tag in Belgien. Bisher ohne Gefechte … Der ruhige Vormarsch wird bald zu Ende sein. Wir sind alle guter Zuversicht und warten auf den Augenblick, uns auch den Franzosen gegenüber bewähren zu können.

Und ohne Datum:

An den Übergang über die Maas werden wir noch oft zurückdenken. Wir Artilleristen hatten die ersten fühlbaren Verluste. Aber das wird alles dadurch aufgewogen, dass wir die Franzosen zum Laufen gebracht haben … Schlafen steht nicht auf dem Dienstplan. Wir leben nur von erbeuteter Chocolade, Rotwein und Zigaretten.

Mit Datum 21. Mai schrieb Richard:

Wir haben jetzt Tage hinter uns, die keiner von uns vergessen wird. Zunächst immer wieder Vormarsch, den Franzosen hinterher. Kämpfe mit franz. Panzereinheiten und jetzt Abfangen der aus Belgien zurückmarschierenden Truppenteile. Die Batterie hatte große Erfolge dabei … Wir sind froh, dass es endlich weitergeht. Desto eher erreichen wir unser Ziel. Im Großen gesehen muss es ein herrlicher Erfolg werden. Ich muss jetzt Schluss machen. Wir haben den Marschbefehl bekommen. Euch allen herzliche Grüße Euer Richard.

Bevor dieser Brief die Eltern erreichte, war schon am 24. Mai ein Brief von Hauptmann Brunner, Kommandeur der I. Abteilung des Regiments 116 in der »83« eingetroffen:

Zu meinem großen Bedauern muss ich mitteilen, dass Ihr Sohn am 23. Mai 40 getreu seinem Eide sein Leben für uns gegeben hat. Aus offener Feuerstellung bekämpfte er mit einem Geschütz engl. Kampfwagen. Durch Abwehrfeuer fiel er, noch gleichzeitig ein Unteroffizier u. ein Gefreiter. Den Schmerz, der Sie und Ihre Familie trifft, ahnen wir. Wir versichern Ihnen unser tiefes Mitgefühl. Als Soldat aber wissen wir, dass Opfer für Volk, Reich und Führer notwendig sind. Ihr Sohn bleibt Vorbild für uns.

Auch Batterie-Chef Heinrich Kohlhardt und Regimentskommandeur Matting kondolierten den Eltern und teilten mit, dass ihr Sohn gemeinsam mit Unteroffizier Assmann im Park des Herrensitzes Château de la Haie nahe Arras beerdigt worden sei. Mitte Juni erhielten die Eltern noch ein Eisernes Kreuz II. Klasse, für dessen »Verleihung Ihr Sohn vor seinem Tod bereits vorgeschlagen war«. Am bittersten lasen sich die Zeilen, die Richard seiner Erfurter Großmutter nach einem Kurzbesuch im April in Berlin am 4. Mai von der Front geschrieben hatte. Der Brief endete: »Zu Hause fand ich alles wohlauf, nur Vati hätte bald einen Urlaub nötig. Hier im Westen stand alles in voller Blüte, als ich zurückkam. Die schönste Zeit ist aber fast schon vorüber.« Das las die Familie nun so, als habe Richard seinen Tod geahnt.

Otto und Carl Friedrich Mossdorf wussten noch nicht, dass Richard gefallen war, als sie am 29. Mai in Potsdam an einem Trauerzug für Prinz Wilhelm von Preußen teilnahmen, der ebenfalls in Frankreich gefallen war. 50 000 Menschen standen Spalier von der Friedenskirche im Park von Sanssouci zum Grab am Antikentempel. Nach dieser Demonstration verkündete Adolf Hitler seinen »Prinzenerlass«, der Angehörigen ehemaliger Herrscherhäuser den Fronteinsatz verbot.

In Elses Tagebuch vom Monat Mai ist die schreckliche Nachricht ganz nüchtern dokumentiert:

19. Zum musikalischen Abend bei Gesandten von Bonk / 23. Richard an der Loretto-Höhe gefallen /24. Bei japanischem Admiral Yendo zum Tee uns schräg gegenüber. /31. Nachricht von unseres Richards Heldentod / 1. Juni Viele Blumen für unseren Richard und die nächsten Tage viel Beileidspost, ungarischer und japanischer Botschafter etc.

Kaiserin Hermine schickte am 10. Juni ebenfalls einen Beileidsbrief:

Zu dem Heldentode Ihre Sohnes, welcher in der gleichen Waffe diente wie Sie, spreche ich Ihnen Allen aufrichtigste Teilnahme aus. Drei Tage vor unserem jungen Wilhelm hat auch er sein Leben fuers Vaterland gegeben. Im gleichen Schmerz verbunden, mit herzlichen Gruessen – nach schwerer Zeit durch den Einmarsch der deutschen Truppen hier wieder alles wohl und in Ordnung Hermine.

Im Dezember 1939 hatte sie sich in einem Brief an Otto Mossdorf noch als fanatische Anhängerin Adolf Hitlers gezeigt und die Großtaten des »Führers« bejubelt:

Den Kaiser im Gegensatz zur deutschen Regierung bringen zu wollen, ist eine Infamie. Man sollte Ihn hoeren, wie Er ueber all das Grosse, was der Fuehrer geschaffen hat, spricht und wie er alles anerkennt … Immer war es sein Wunsch Versailles zu zerschlagen – der Fuehrer hat schon viel davon erreicht, moege ihm auch das Letzte gelingen.

Carl Friedrich schilderte sein Gefühl beim Tod seines Bruders sehr viel später seinen Kindern: »Ich stand im Herrenzimmer, als die Nachricht uns erreichte. Ich hatte das Gefühl, mir sackten die Beine weg. Mutti tröstete sich damit, dass Richard den Heldentod gestorben war.« Wie nah der Tod ihres Sohnes Else tatsächlich ging, lässt sich in den Briefen von Tochter Anne-Regine nachlesen. Am 19. Mai 1941, kurz vor dem ersten Todestag von Richard, schrieb sie von ihrem Rot-Kreuz-Einsatz in Frankreich nach Hause: »Was diese Woche für uns bedeutet, das wissen wir alle. Ich werde in aller Euer Namen Richards Grab schön schmücken, wie es nur in meinen Kräften steht. Mutti, Du vor allem sei nicht so verzweifelt.« Angesichts der verwundeten und sterbenden Soldaten in den Krankenhäusern und Lazaretten »denke ich manchmal, es kann ja nicht sein … man wird nicht damit fertig«.

Als Älteste der Geschwister war Anne-Regine ohnehin jemand, der die Verbundenheit der Familie sehr schätzte und alles für ein harmonisches Zusammenleben tat. Als Rosemarie, die jüngste Schwester, im April 1941 in Berlin konfirmiert wurde, schrieb Anne-Regine ihr aus Frankreich einen langen Brief. Die Konfirmation sei ja ein Zeichen, dass man »selbst ein großes Stück vorwärts gekommen« sei, um dann fortzufahren:

Eins bleibt aber ja, und das ist das Schönste, was man empfindet, dass man immer das Kind im Elternhause bleiben wird, und da kann man so erwachsen und alt sein, wie man will. Solange man die Eltern hat, für die man das Kind bleibt, solange bleibt einem das Schönste erhalten«. Und dann richtet sie an die Schwester »noch einen großen Wunsch und eine große Bitte«. Auch wenn durch den Tod von Richard »unser glücklicher Geschwisterkreis« eine große Lücke bekommen habe, »so wollen wir anderen 3 mit ihm zusammen, mit dem Andenken an ihn, fest zusammenhalten, komme, was da kommen mag«.

Anne-Regine Mossdorf hatte am Martin-Luther-Krankenhaus in Berlin-Wilmersdorf eine Ausbildung als DRK-Schwesternhelferin begonnen. Und sie hatte sich verliebt. Am 26. Januar 1940 schrieb Mutter Else in ihr Tagebuch: »Regines Verlobung mit Wolfgang Wendland«. Ein junger Mann ohne Fehl und Tadel, gut aussehend, erfolgreich im Beruf, jetzt natürlich eingezogen zur Wehrmacht, Offizierslaufbahn. Ein höchst passabler Schwiegersohn also. Am 24. März wurde die Verlobung offiziell gefeiert. Nach dem Frühstück ging man gemeinsam in die Kaiser-Wilhelm-Gedächtniskirche in Charlottenburg, anschließend gemeinsames Mittagessen. Wendlands Eltern kamen um siebzehn Uhr zum Kaffee in die »83«. Es wurde ein harmonischer Nachmittag, man unterhielt sich angeregt, Fotos wurden gemacht, man passte gesellschaftlich zusammen.

Als die Schwiegereltern in spe gegangen waren, nahm Otto Mossdorf den jungen Mann zur Seite und meinte: »Dass Sie gesund sind, ersehe ich daraus, dass Sie zum Militär einberufen sind.« Der Bräutigam war völlig verdattert und bestätigte die Feststellung des künftigen Schwiegervaters. Es sollte der Anfang eines tiefen Zerwürfnisses werden.

Die beiden Verlobten schrieben sich zärtliche Briefe und planten die Hochzeit. Auch Mutter Else hatte Wolfgang in ihr Herz geschlossen und sprach schon bald von ihm als »unserem sehr geliebten Jungen«. Umso größer war die Sorge, als er an der Front verletzt und in ein Lazarett eingeliefert wurde.

Aber plötzlich gab es Gerüchte, mit dem Schwiegersohn könne doch nicht alles in Ordnung sein. Zwei Wochen nach dem Tod ihres Bruders Richard kam bei Anne-Regine eine neue Hiobsbotschaft an – ein Brief von Wolfgangs Vater, in dem er ihr mitteilte, sein Sohn sei nicht ganz gesund, er leide an gelegentlichen Schwindelanfällen. Dass Wolfgang dies vor ihr verheimlicht hatte, war für Anne-Regine ein herber Schlag, sie empfand es als Vertrauensbruch.

In einem Brief schrieb Wolfgangs Mutter an Anne-Regine:

Ich bitte Dich sehr, überleg alles richtig und komm noch einmal mit Wolfgang zu uns, wenn Ihr in Berlin nicht mehr zu einer ruhigen Aussprache kommt. Ich denke, dass Du bis zu Wolfgangs Entlassung noch etwas ruhiger werden kannst.

Wolfgangs Vater schrieb an seine zukünftige Schwiegertochter, Wolfgang habe schon seit Jahren an Krampfanfällen gelitten, die aber »sehr viel seltener« geworden seien.

Ich habe nun die Selbstverständlichkeit angenommen, dass Wolfgang Dich hierüber aufklärt, bevor er sich mit Dir verlobte. Dass er das nicht getan hat, ist von ihm sehr unrecht. Seine Erklärung kann ich nur darin finden, dass infolge der plötzlichen Einziehung in den Wehrdienst und der Unmöglichkeit einer ungestörten Aussprache dies unterblieben ist … Wie Du Dich nun mit diesen Tatsachen abfindest, muss Deiner eigenen Entscheidung überlassen bleiben. Das Beste wäre, wenn Wolfgang mit Dir zusammenkäme, um alles in Ruhe zu besprechen.

Anne-Regine wartete ein solches Gespräch nicht mehr ab, sie schrieb an Wolfgang und löste das Verlöbnis. Der war inzwischen aus dem Lazarett entlassen worden. Er antwortete umgehend und beschrieb nun detailliert seine Krankengeschichte und dass er überzeugt war, völlig geheilt zu sein.

Niemals habe ich Dir alle diese Tatsachen verschweigen wollen. Denn ich wusste, dass es keinen Menschen auf der

Welt gab, der mich so wie Du mit jeder Faser Deines Herzens geliebt hat. Es war kein Mangel an Vertrauen zu Dir.

Die Frage von Vater Otto Mossdorf nach seiner Gesundheit habe ihn völlig durcheinandergebracht.

Das einzige Mal, dass ich in meinem Leben Angst gehabt habe, die Angst, Dich verlieren zu können, hat mir in diesen Minuten jedes bisschen anständiges Gefühl und jede Besinnung geraubt. Die Strafe dafür hat nicht auf sich warten lassen.

Um über die schwere Zeit hinwegzukommen und sich zu erholen, fuhren Else und Otto Mossdorf mit Anne-Regine, Carl Friedrich und Rosemarie am Abend des 6. Juli per Schlafwagen nach Wien und dann weiter für drei Wochen nach Bernstein im Burgenland. Danach nahm Anne-Regine ihren Dienst im Martin-Luther-Krankenhaus wieder auf. Mitte November war die Ausbildung beendet. Am 31. Januar 1941 notierte Else in ihrem Tagebuch: »Gini vom Roten Kreuz angefordert.«

Am 13. Februar fuhr die »D. R. K. Helferin A. R. Mossdorf Feldpostnummer 05365« zum Kriegseinsatz nach Frankreich. Sie war 27 Jahre alt, als ihre Eltern und Rosemarie sie zum Schlesischen Bahnhof brachten. Erstes Ziel war Paris. Die Wehrmacht hatte Frankreich innerhalb weniger Monate erobert. Am 22. Juni 1940 ließ Hitler die französische Delegation den Waffenstillstandsvertrag in Compiègne unterschreiben, und zwar in dem Eisenbahnwaggon, in dem die Deutschen 1918 die Bedingungen der Alliierten entgegengenommen hatten. Deutsche Truppen besetzten nun Frankreich nördlich einer von Genf nach Tours gezogenen Linie sowie die Atlantikküste.

Der erste Einsatzort von Anne-Regine war das nordfranzösische Mantes-la-Jolie. Um sich besser zurecht zu finden, beschloss sie sogleich, Französisch zu lernen. »Ich werde vielleicht auch Stunden nehmen, was man hier kann und darf«. Wenig später schrieb sie ihrer Mutter: »Mit meinem Französisch ist es geradezu drollig. Wenn ich mir schließlich mit Hilfe des Wörterbuchs einige Sätze zurechtgelegt habe, im richtigen Augenblick ist alles verschwunden, besonders wenn ein französischer Wortschwall von der anderen Seite vorangegangen ist. Ich habe aber in den paar Tagen schon allerlei gelernt.« Von den Franzosen fühlte sie sich als DRK-Schwester akzeptiert: »In Uniform wird man hier sehr geachtet … der Bevölkerung gegenüber gilt das Rote Kreuz doch viel.« Sie nimmt ihren Dienst sehr ernst, genießt aber auch Abwechslung und Vergnügen, die ihr geboten werden.

Schon nach zwei Wochen wurde sie von drei Offizieren zum Opernbesuch nach Paris eingeladen. *Thais* von Jules Massenet stand auf dem Spielplan, sie berauschte sich an der Musik, bewunderte die Bühnenbilder, vom Text verstand sie nur »non« und »je t'aime« und war doch restlos begeistert. »Dann in ein echt französisches Kabarett mit Abendessen, Hummer, Krabben usw. gutem Wein. Fleischmarken wurden für die Vorstellung abgegeben! Jedenfalls auch hier eine prima Stimmung und interessant, das Leben zu beobachten.«

Fast jeden Abend wurde gefeiert, und Anne-Regine war häufig der Mittelpunkt.

Dann raste ich zu meiner Verabredung, der arme Mann hatte schon eine halbe Stunde auf der Straße gestanden. Aber trotzdem wurde ich mit einem fabelhaften Essen belohnt, Austern u. s. w. Ja, ja, das ist mein Leben. Ich werde hier schrecklich verwöhnt und errege schon etwas Neid. Sie behaupten hier alle, in mir steckte ein kleines Aas. Ob das stimmt? Nein, ich wehre mich auch gehörig und bin um keine Antwort verlegen. Da gibt es wohl Wortgefechte mit großem Lachen dazu. Jedenfalls sind wir hier froh und lustig. Niemand kann wissen, was kommt und wie lange unsere Jungens noch unbeschwert lustig sein können.« Schon bald registrierte sie, dass die älteren Schwestern sie schräg ansahen. »Ich kann doch nichts dafür, dass die Männer mich leiden mögen, manchmal ärgere ich mich schon bald darüber, denn ich errege immer Eifersucht, ohne es zu wollen.

Ende März wurde sie nach Albert zwischen Amiens und Arras im Departement Somme versetzt, wo sie ein neues Krankenhaus miteröffnete. Auch hier eroberte sie mit ihrer offenen, fröhlichen Art alle Herzen. »Zuerst haben sie von mir gesagt, ich sei wohl sehr zurückhaltend und stolz und ich weiß nicht, was noch alles. Jetzt bin ich ihr Sonnenschein.« Hier übernahm sie als Hauptaufgabe die Buchhaltung und »den ganzen Bürokram« in der Klinik. Im täglichen Einerlei gab es immer wieder Probleme, und da vermisste sie ihre Mutter: »Es ist bestimmt sehr schön hier in Frankreich, und doch fehlt mir der Mensch, dem man alles erzählen kann.« Es sei »verflixt schwer«, so jemanden zu finden.

Im Sommer kam ein ganz besonders fröhlicher Brief aus Frankreich in der »83« an:

Außerdem habe ich privat so einiges auf dem Herzen. Schuld daran ist der hiesige Assistenzarzt. Wir mögen uns gern, sind aber seit einiger Zeit in politischer Hinsicht aneinandergeraten. Na, kommt Zeit, kommt Rat.

Mutter Else wollte natürlich sofort mehr über den jungen Mann wissen.

Anne-Regine (zweite von rechts) beim Roten Kreuz in Frankreich, 1941

Du fragst, wer er eigentlich ist. Arzt von Beruf, Chirurg, 28 Jahre, blond, 7 cm größer als ich, stammt aus Hamburg, Vater Arzt. So ein bisschen Beschreibung, im übrigen unheimlich frech. Weiter einstweilen nichts. Es ist Krieg und keiner weiß, was kommt. Allzu lange bleiben sie auch nicht mehr hier, dann wird es sich herausstellen, wie weit es mit der Liebe her war.

Für eine Woche wurde Anne-Regine zu einem Kursus nach Malmaison geschickt. Ihr Freund Horst hatte sich gewünscht, sie möge schnell zurückkommen, weil er ja versetzt werde. Als sie nach Albert zurückkam, erwartete sie eine böse Überraschung: Auf dem Flur begegnete sie ihrer Kollegin Hilde Andreas, die ihr fröhlich verkündete, sie habe sich mit Dr. Horst Cordua verlobt. Anne-Regine war wie vom Donner gerührt.

Drei Monate hatte er Zeit, sich mit Hilde zu befassen« – was er nicht getan hatte – »und plötzlich, als ich fort war, und der Abschied da war, und die Chance zu entschwinden drohte, sich mit einer Generalstochter zu verloben, da wurde das Geschäft schnell gemacht. General als Schwiegervater ist viel vorteilhafter, wenn man Militärarzt ist.

Sie fragte sich, an was man eigentlich noch glauben solle. »Man ist so schrecklich allein hier. Wenn einem dann so etwas passiert, ist man dann doch unglücklich und vermisst seine Mutti.«

Eine Woche später musste sie plötzlich mit ganz anderen Problemen fertig werden. Britische Bomber hatten die Stadt angegriffen.

Eine große Fabrik hier bei uns wurde zerstört, und wir Schwestern gehörten zum Sanitätspersonal beim Aufräumen. Es war das Ganze so schrecklich, nicht zu beschreiben. Ich hatte da gerade einen Posten, wo die Verschütteten und Toten waren. Es war unbeschreiblich. Wir haben aber tapfer mitgeholfen.
Ich weiß, man ist dann so schrecklich ruhig, wenn man arbeitet wie eine Maschine, wenn man auch schreckliche Anblicke dabei erleben muss. Und dann oft nur noch ein Tuch über solch einen Mensch decken muss. Ja, nun erleben wir den Krieg hier richtig. Die Zerstörungen waren verheerend. Der Tommy hat ganze Arbeit geleistet.

Die Retter arbeiteten mehr als zwölf Stunden ohne Pause, und noch immer wurden drei Menschen vermisst. »Die Todeszahl war gestern auf 16 Personen gestiegen, 70 Verletzte. Das sagt schon, was los ist. Mehr darf ich im Brief nicht sagen.«

Nach diesem Grauen beantragte Anne-Regine Urlaub. Die Mossdorfs planten für Anfang August Ferien in Hofgastein, und da wollte sie mitfahren. Ihrer Mutter schrieb sie, außerdem müsste sie in Berlin Dinge mit der Angestelltenversicherung regeln, ihre Zivilsachen packen, »und einen Abend werde ich mit Wolfgang zusammen sein. Darüber dürft Ihr Euch weiter keine Gedanken machen. Dass wir uns schreiben, wisst Ihr durch die manchmal umdirigierten Briefe und Pakete. Und dass mir seine Briefe hier draußen viel gegeben haben, das ist nicht aus der Welt zu schaffen. Ich habe ja nun hier vielerlei Vergleiche ziehen können.«

Doch bevor sie in die Ferien fahren konnte, wurde sie nach Dieppe, einen mondänen Badeort an der Alabasterküste am Ärmelkanal verlegt. Ein Hotel direkt am Strand war das neue Quartier, das Anne-Regine sehr gefiel.

Wir liegen, sobald es die Zeit erlaubt, am Strande, lassen uns braun brennen und baden. Ich bin jetzt glücklich hier. Nur ist mein einziger Wunsch jetzt, dass ich in vier Wochen Urlaub bekomme.

Dass die Idylle schnell zu Ende sein konnte, zeigte sich, als britische Kriegsschiffe vor der Stadt auftauchten. »Die englischen Schiffe haben bei starkem Nebel bis 5 km vor der Küste fahren können, und die Schiffsgeschütze haben uns einige Brocken um die Ohren sausen lassen.« Zum Glück gab es weder Tote noch Verletzte. Es dauerte noch bis zum 22. August, ehe Anne-Regine ihren Urlaub antreten konnte.

Mitte September 1941 war sie wieder in Frankreich. Die Luftangriffe der Royal Air Force wurden zahlreicher. Und aus ihrem vorigen Standort kamen beunruhigende Nachrichten. Sie erfuhr, »dass die Infanterie Division, die in Albert lag, nach dem Osten verladen wurde und dort den Regimentskommandeur, einen Oberstleutnant, dessen Adjutanten und den Bataillonskommandeur, einen Hauptmann, verloren hatten. Die Herren kamen oft ins Soldatenheim, und man wusste nicht, dass man ihnen vor Wochen die Abschiedshand für immer gab. Unsere Kameraden hier haben auch schon so viele Angehörige verloren. Der Osten kostet doch eine Menge Menschen«. Und einen Monat später: »Von hier sind Offiziere herausgezogen worden für die Ostfront wegen der hohen Offiziersverluste. Wann wird das alles ein Ende haben?«

Am 12. März 1942 kam aus der Hafenstadt Rouen im Departement Seine-Maritime ein Brief mit einer überraschenden Botschaft. Anne-Regine war schon wieder schwer erkältet und litt unter kaltem regnerischen Wetter.

Nun sitze ich wieder im lieben Rouen. Ich kam in den größten Trubel hinein. Alle, die ich kannte, und es waren nicht wenige, freuten sich mit mir über meine bevorstehende Heirat. Näheres erzähle ich zu Hause. Meine Nachfolgerin ist auch schon da. Also komme ich am 1. 4. fort von hier.

Ihre Arbeit als DRK-Schwester in Frankreich war beendet.

In langen Briefwechseln hatten sich Anne-Regine und ihr Ex-Verlobter Wolfgang Wendland wieder angenähert. Alle Probleme waren besprochen worden, das Vertrauen war zurückgewonnen und die Liebe gewachsen. Jetzt wollten sie heiraten. Am 6. April war Anne-Regine wieder in Berlin. Gerade rechtzeitig, denn zwei Tage später feierte Otto Mossdorf seinen 60. Geburtstag, zu seinen Ehren gab es eine große Gratulationscour in der Redaktion der *Deutschen Allgemeinen Zeitung*, die ihren Schriftleiter feierte.

Wolfgang Wendland war an der Front, bei einem kurzen Urlaub konnten sie sich sehen. Die Hochzeit sollte am 20. Juni gefeiert werden. Im Mai reiste Anne-Regine noch zu einem zweiwöchigen Urlaub nach Portugal und besuchte unter anderem Lissabon und San Sebastián. Anfang Juni begannen die Hochzeitsvorbereitungen. Am 19. Juni wurde im Familienkreis Polterabend gefeiert. Die standesamtliche Trauung fand tags darauf um neun Uhr statt, Trauzeugen waren Bruder Carl Friedrich, der aus Ostpreußen angereist war, und Wolfgangs Bruder, Oberleutnant zur See. Und um 12.30 Uhr läuteten die Glocken der Kaiser-Wilhelm-Gedächtniskirche. Das junge Paar fuhr in einer schimmelbespannten Kutsche vor. Unter den zahlreichen Gästen und Freunden war auch Otto Mossdorfs Kollege von der *DAZ*, Karl Silex, in der Uniform eines Kapitänleutnants der Kriegsmarine, er führte Großmutter Rosa Krause in die Kirche.

Die Festtafel war für 22 Personen in der »83« gedeckt. Brautvater Otto begrüßte die Gäste. Pfarrer Gustav Heidenreich beglückwünschte das junge Paar. Otto Mossdorf hielt eine Rede auf die Familie des Bräutigams, und Senatspräsident Wendland pries die Mossdorfs. Carl Friedrich verlas die zahlreichen Glückwunsch-Telegramme. Zu Kaffee und Kuchen kamen weitere Gratulanten, und nach einem kalten Buffet am Abend brach das Brautpaar um 23 Uhr zur Hochzeitsreise ins Elsass auf. Vierzehn Tage lang konnten sie ihre Flitterwochen genießen und die Kriegsgreuel verdrängen.

Doch das Glück sollte nur von kurzer Dauer sein. Mitte August 1942 plagte Anne-Regine eine Mandelentzündung, sie wurde operiert. Eintrag in Elses Tagebuch vom 3. September: »Gini kommt aus dem Krankenhaus zu uns, muss gleich zu Bett, da erhöhte Temperatur. Wird immer schlimmer. Endlich Zimmer im Martin-Luther-Krankenhaus.« In der Klinik, in der sie ihre Ausbildung gemacht hatte, wurde sie nun Dauerpatientin. »Gini sehr schlecht, 1 ½ Liter Eiter abgezogen, nun fast jeden Tag im Krankenhaus.« Das rettende Antibiotikum Penicillin war zwar schon entdeckt, kam aber erst nach dem Zweiten Weltkrieg in die Apotheken und Krankenhäuser.

Die Notizen in Elses Tagebuch wurden immer dramatischer: »Gini geht es sehr schlecht« – »Gini zum zweiten Mal punktiert wieder 1 Liter« – »Ginis 28. Geburtstag im Krankenhaus« – »Gini erneut von Prof. Nordmann operiert«. Am 30. November endlich eine gute Nachricht: »Bei Gini wesentliche Besserung.« Um so schrecklicher eine Woche später: »Schwerer Rückfall bei Gini. Entsetzlich!« – »Bei Gini neue Punktion mit Kanüle« – »Gini seit Operation ohne Bewusstsein – hoffnungslos«. 21. Dezember: »Um 16.50 Uhr ist unsere geliebte Gini von ihren entsetzlichen Qualen erlöst«. Carl Friedrich notierte: »Mein armes Äffchen ist tot! Unsere Gini, 17.00 Uhr, es ist furchtbar.« Am 24. Dezember schrieb Else: »Mittags 2 Uhr Beisetzung von unserer armen Gini.

Große Beteiligung. Gott sei Dank, dass Carl Friedrich noch da ist – hat 8 Tage Nachurlaub.«

Nun hatten Else und Otto Mossdorf schon zwei Kinder verloren. Und auch die Schrecken der Nazi-Herrschaft waren noch längst nicht vorbei. Otto Mossdorf war im Juli 1941 als Heeresberichterstatter zur Wehrmacht eingezogen worden, und Carl Friedrich musste als junger Offizier bald an die Front. Ein Albtraum für die Mutter.

Der Gymnasiast Carl Friedrich führte wie seine Mutter und sein Vater fleißig Tagebuch, notierte Ausflüge, sportliche Aktivitäten, gute und weniger gute Erfahrungen in der Schule, Besuche und Ausflüge, Wetterbeobachtungen und Bemerkungen wie »lange geschlafen!« Ende August 1939 tauchten zum ersten Mal Notizen wie »Kriegsgefahr!« – »Verschärfte Lage!!!« – »Lebensmittelkürzung! Kriegsgefahr!« auf. Am 31. August schrieb er: »Weiter verschärfte Lage, Ablehnung der Vorschläge seitens Polen, Kriegsgefahr!«

Der Eintrag am 1. September: »Danzig zurück zum Reich! Schule nicht. Wegen Kriegsbeginn mit Polen. Fenster verdunkelt und Läden entrümpelt. Mittag, zum Bereitschaftsdienst in die Schule. Kaffee zu Hause. 18 Uhr ich mit fünf anderen 1. Wache, nichts besonderes, Probealarm, 24 Uhr Ablösung, Bett.« Fortan waren seine Notizen eine Mischung aus Privatem und Kriegsberichten. »England erklärt sich als Feind des deutschen Reiches« – »Große Erfolge der deutschen Truppen! Englische Flugzeuge über Cuxhaven und Wilhelmshaven.« – »Krakau gefallen, desgleichen Bromberg« – »Brest-Litowsk genommen, desgleichen Kutno, Parlamentär aus Warschau, polnische Regierung auf rumänisches Staatsgebiet übergegangen. Die Russen marschieren in Polen ein.« – »Deutsche und russische Truppen treffen in Brest-Litowsk aufeinander und begrüßen sich.«

Am 30. September dann ein sehr persönlicher Eintrag: »Schule, Ferien, scheiß Zeugnis, Reise nach Ostpreußen und auf Rennen gehen verboten.« Das väterliche Donnerwetter war aber schnell verraucht, denn zwei Tage später packten Mutter Else und Carl Friedrich die Koffer, holten »Reisebezugsscheine« ab und fuhren am späten Nachmittag mit dem Zug nach Oppeln.

In den Wochen danach hatte Carl Friedrich einen Unfall in der Schule, er stürzte und verletzte sich dabei am rechten Knie. Er klagte über ständig stärker werdende Schmerzen. Vater Otto Mossdorf vermittelte einen Termin beim Spezialisten. »Schule, während der letzten Stunde wurde ich von Vati angerufen: sofort zu Prof. Gebhardt ins SS-Lazarett. Untersucht worden, Operation in Hohenlychen u. fünf Wochen Ruhe.« Carl Friedrich hatte einen Meniskusschaden. Die Heilanstalten Hohenlychen im Brandenburgischen hatten unter Karl Gebhardt internationales Ansehen bei der Behandlung von Sportverletzungen und bei der Wiederherstellung von Unfallopfern erworben.

Der Chirurg und Kniespezialist Gebhardt war Freund und Leibarzt von Heinrich Himmler und seit 1935 selbst Mitglied der SS. Wegen tödlicher medizinischer Experimente an KZ-Häftlingen, die er seit 1942 unternahm, wurde er nach dem Krieg in den Nürnberger Prozessen wegen Verbrechen gegen die Menschlichkeit verurteilt und hingerichtet.

Am 8. November 1939 wurde Carl Friedrich in Hohenlychen operiert. Drei Wochen nach der Operation »Chefvisite von Prof. Gebhardt, mein Bein für gut befunden«. Zu seinem 18. Geburtstag reisten seine Mutter und Schwester Rosemarie an. Am 9. Dezember konnte er endlich seine Koffer packen und nach Hause fahren. Kurz darauf notierte er: »Mit Rad gefahren, Latten für Verdunklung einkaufen, Mittag, an der Verdunklung gearbeitet.«

Für Carl Friedrich war es selbstverständlich, dass auch er wie sein Vater und sein Bruder Richard Offizier werden und sich so schnell wie möglich zur Wehrmacht melden wollte. Am 8. Januar 1940 traf er im Büro seines Vaters den ehemaligen General der Infanterie Georg Wetzell. Ein Freund und Kollege von Otto Mossdorf, er war Chefredakteur der Zeitschrift *Militär-Wochenblatt* und wurde nun »Militärpate« von Carl Friedrich. Der schrieb für die Eingabe beim Heer seinen Lebenslauf und tippte seine Erklärung für die Wehrmachtsmeldung. Am 1. Februar gab er im Wehrmachtskommando IX in der Ruhrstraße 12 a seine Bewerbung als Offiziersanwärter ab, »alles mit dem Rad bei 18 Grad Kälte«. Der Schulunterricht war sehr reduziert: »Jeden Tag nur eine Stunde Schule wegen Kohlenmangels«.

Ab Mai häuften sich die Siegesmeldung von der Westfront in seinem Tagebuch, am 31. Mai dann die Nachricht, dass sein Bruder Richard am 23. Mai bei Arras gefallen war. Diese traurige Nachricht hielt ihn aber nicht davon ab, seine Offiziers-Pläne weiter zu verfolgen. Am 28. August meldete er sich zur »Eignungsuntersuchung für Offiziersanwärter bei der Wehrmacht«, gemeinsam mit sechzehn anderen jungen Männern ging er in die Kaserne Prinz-Friedrich-Karl-Straße. In der Nacht gab es eine Stunde lang Luftalarm. Den folgenden Tag beschrieb er so: »¾ 7 geweckt, gewaschen, Kaffee in der Kantine. Drei Aufsätze geschrieben, Schmalfilm gesehen und Maschine beschrieben, Fragebogen beantworten … Vorstellung beim Oberst mit mehreren Fragen, Mittag mit den Offizieren. In Drillichzeug Übungen auf dem Schwebebalken, mit Seilen und Brettern und Meldung sagen. Denkaufgaben mit 32 verschiedenen Körpern.« Um halb sechs durfte er zum Abendessen nach Hause. Geschlafen wurde wieder in der Kaserne. Am Morgen wurde er fotografiert und musste dann vor dem Oberst, zwei Offizieren und einem Psychologen eine Bastelaufgabe lösen. Danach: »Als Führer meiner drei Kameraden Unterricht halten über Tannenberg und Bild beschreiben … Ausfragen durch einen Oberstleutnant und den Psychologen – interessant.« Am Mittag war die Prüfung bestanden.

Von nun an beherrschte die Notiz »Luftalarm« sein Tagebuch, immer wieder musste er auch zu Brandwachen in der Schule antreten. Es war fast grotesk, dass Carl Friedrich Modellflugzeuge bastelte, Jagdflugzeuge vom Typ Me 109. Am 11. September gab es mittags wieder Fliegeralarm. »Ost-West-Achse, Reichstag, Akademie der Künste, Krankenhaus beschädigt.« Am 20. Oktober wie ein Fanfarenstoß: »MEINE EINBERUFUNG IST DA!!!!!!!!« Am nächsten Tag wurde Carl Friedrich mit fünf Klassenkameraden zur Armee verabschiedet: »Schule, das letzte Mal, erst noch etwas Geschichte vom Chef, kurze Abschiedsrede vom Chef vor der Klasse, Händedruck und das Abitur.«

Am 25. Oktober sollte sich Carl Friedrich ganz in Familientradition beim Artillerie-Regiment 21 melden, das in Jinetz/Jince im besetzten Tschechien stationiert war. Die Kaserne lag südlich des kleinen Ortes auf dem großen Truppenübungsgelände Kammwald/Brdy. In Berlin herrschte von 0.30 bis 5.30 Uhr Bombenalarm, die Mossdorfs verbrachten die Nacht im Luftschutzkeller. Um kurz nach neun Uhr bestieg Carl Friedrich den Zug nach Prag. »Fensterplatz vorwärts, Wetter immer schlechter. Bummelfahrt Bodenbach, Lobositz, Prag Hauptbahnhof.« Dort machte er im Wartesaal Station, da er den Anschlusszug verpasst hatte. »19.25 Abfahrt nach Jinetz, dort mit Landsern nach den Kasernen. In der 1. Batterie Art. Reg. 21 untergekommen, in Stube 27 a einquartiert.«

Nun begann der Rekruten-Alltag mit Theorie und Praxis, Exerzieren, Waffenkunde, Spindkontrolle, Vereidigung auf Adolf Hitler, Geschützdienst. Die Erziehungsmethoden beim Heer lernte er auch schnell kennen: »Appell aufgefallen, Gewehr putzen, Geschütz richten, Fahrzeug reinigen.« Oder an einem Sonnabend Ende November: »Stalldienst, Grußabnahme beim Fußdienst, Ausgeherlaubnis. Geschütz exerzieren und richten. Schlecht gerichtet, kein Ausgang.« Selbst am 24. Dezember traf es ihn: »Heiligabend, Belehrung, Anschiss vom Oberleutnant. Fußdienst, gescheucht, Grußabnahme, Befehlsausgabe. Weihnachtsfest der Batterie, bunter Teller, Ansprache von Generalfeldmarschall v. Brauchitsch gehört.« – Der war Oberbefehlshaber des Heeres und hatte bei seiner Ernennung 1938 erklärt: »In der Reinheit und Echtheit nationalsozialistischer Weltanschauung darf sich das Offizierskorps von niemandem übertreffen lassen.« – »Auf Stube noch gefeiert, Unteroffiziere noch bei uns, sehr nett.«

Anfang 1941 wurde Carl Friedrichs Batterie nach Elbing (heute Elbląg) verlegt, eine Kreisstadt in Masuren nahe der Ostsee und nahe der Grenze zur Sowjetunion. Wieder Gefechtsübungen, Exerzieren mit Geschützen und Reiten. Auch die neuen Tornisterfunkgeräte wurden erprobt. Am 1. Mai wurde er zum Gefreiten befördert. Es gab Alarmübungen und Manöver mit Panzerangriffen. Ende Mai war Schießen mit der Maschinenpistole angesetzt, »alles Treffer bei mir«. Am 12. Juni bezog seine Einheit in Willmannsdorf (heute Mêcinka), sechs Kilometer vor Tilsit (heute Sowjetsk), Quartier. Am nächsten Tag wurden in der Batterie Deutsch-Russische Wörterbücher verteilt. Ehe die Männer am Abend weitermarschierten, gab es in einem Gasthaus Butterbrote und Cognac. An Tilsit vorbei, über die Memel hinweg ging es immer weiter gen Osten zur russischen Grenze. Am 20. Juni sortierte Carl Friedrich bei der Abteilung Landkarten von Litauen, Estland und Lettland, »prima Karten 1:1 000 000«.

Es waren die letzten Vorbereitungen für das »Unternehmen Barbarossa«, wie Adolf Hitlers Codewort für den Überfall auf die Sowjetunion lautete. Sein ideologisches Ziel war es, den »jüdischen Bolschewismus« zu vernichten und »Lebensraum« im Osten zu erobern. Spezielle Einsatzgruppen waren dafür ausgebildet worden, hinter der Front die jüdische Bevölkerung zu ermorden. Außerdem war geplant, Millionen Russen mit gezielten Hungeraktionen zu töten. Schlimmstes Beispiel für diese Kriegsverbrechen war die zweieinhalbjährige Belagerung von Leningrad, bei der 1,1 Millionen Menschen an Unterernährung starben. Am 22. September 1941 begann der deutsche Angriff auf den völlig überraschten Verbündeten. Drei Millionen Soldaten marschierten auf breiter Front von der Ostsee bis zu den Karpaten.

Carl Friedrich Mossdorf notierte in seinem Tagebuch: »Marsch in den Wald von Timstern, gewartet. 3.05 tritt die deutsche Ostfront zum Angriff gegen die Russen an. Gewartet, Marsch über die Grenze um 3.35, zunächst kein Widerstand. 15 Kilometer marschiert, sehr staubig und viel Durst, an einem Wald Mittagspause … Marsch um den Wald in Feuerstellung, Batterie eingewiesen … tolle Knallerei, gute Artillerie-Vorbereitung, Infanterie zum Sturm, die Jura wird überschritten … bei der Infanterie vom 3. Bataillon der Kommandeur und ein Kompaniechef gefallen.«

Bei Morina, nahe der westrussischen Großstadt Pskow, wurde Carl Friedrich Mossdorfs Einheit in heftige Kämpfe verwickelt – »vier Mann verloren … starker Beschuss«. Am 26. Juli wird auch er getroffen: »Starkes Feuer in und auf dem Dorf. Ich mit Fahrrad los, Einschläge, ein Splitter trifft mich am Hals. Weiter durch den Park zu Beobachtungsstelle. Der Major hat sich meine Verwundung angesehen, von ihm einen Schnaps, viel Schwein gehabt … Fünf Reitpferde sind tot und ein Wagen kaputt. Es ist nicht schön, aber nicht zu ändern. Es scheint die Sonne und ich habe meine Wäsche an der ›Stalin-Linie‹ aufgehängt.« Zu Fuß, per Krad und Lkw kam er bis nach Porchow, wo er einen Verwundetenzug erreichte, der ihn bis nach Königsberg brachte. Von dort ging es per D-Zug bis Berlin.

Er war wieder ganz hergestellt, als er Mitte September zum Lehrgang für Offiziersanwärter nach Jüterbog fuhr, wo er bis Mitte Februar 1942 blieb. Wie schon sein Vater und auch Bruder Richard lernte er hier die Kriegsführung mit Artillerie. Vermessungsunterricht, Schießen, Kartenlesen und Geländeorientierung, Feuerleitübungen, Taktik und Munitionskunde standen genauso auf dem Lehrplan wie Anlegen von Befehls- und Schießplänen und Beamtenversicherung. Besonders begeisterte er sich für den Kriegsschauplatz Nordafrika, er zeichnete Landkarten von Afrika und nahm an Afrika-Planspielen teil. Nach bestandenem Lehrgang wurde er am 1. Februar zum Leutnant befördert. Weitere Lehrgänge folgten, doch Carl Friedrich drängte darauf, wieder zum Fronteinsatz zu kommen. Eines Abends traf er an der Tür des Kasinos mit seinem Vorgesetzten zusammen. Dem vertraute er sich an. Alle seine Freunde seien jetzt an der Front. Besonders nach dem Tod seines Bruders fühle er sich nutzlos in der Etappe. Der Offizier gab ihm den Hinweis, sich für das Afrika-Korps zu bewerben, das unter Generalleutnant Erwin Rommel gegen die Briten kämpfte. Eintrag 21. September 1942: »Versetzt laut Gesuch zum Afrika-Korps – Hurra!«

Die Reise nach Süditalien begann am 10. November, morgens kurz nach fünf Uhr wurde in der »83« gemeinsam gefrühstückt, danach brachten Vater, Mutter und Schwester Rosemarie Carl Friedrich mit dem Taxi zum Anhalter Bahnhof. Am nächsten Mittag war er in Neapel. Eine Zeltstadt

Carl Friedrich auf der *Foggia* in Neapel, 1943

wurde aufgebaut, die für die nächsten Monate das Zuhause der neuen Afrika-Truppe sein sollte. Es fehlte an Schiffen und Nachschub. Carl Friedrich machte Ausflüge zum Vesuv, besuchte das Schwefelbad von Kaiser Nero, die Ausgrabungen in Pompeji, besuchte Opern und Konzerte mit berühmten Künstlern und kaufte ein. Es waren trotz aller Übungen und Appelle lähmende Wochen.

Endlich am 25. Februar 1943 legte der Truppentransporter *Foggia* in Richtung Tunesien ab. »Es geht los, endlich!« Doch kaum hatte das Schiff Capri passiert, kam die große Enttäuschung: »Wir fahren zurück, die *Foggia* läuft zu langsam.« Wieder warten, Carl Friedrich nutzte die Zeit zu einem Besuch Palermos – mit dem Flugzeug.

Erst vier Wochen später, am 19. März 1943 verließ die *Fog-*

gia begleitet von einem Zerstörer wieder den Hafen von Neapel. An Capri, Ustica und Sizilien vorbei ging es zur Insel Pantelleria. Von dort aus nahm das Schiff Kurs auf die tunesische Hafenstadt Sousse am Golf von Hammamet und legte dort am Morgen des 22. März an. Die Kaianlagen waren durch Bomben schwer beschädigt. Die Geschütze wurden sofort abgeladen, die Mannschaften meldeten sich beim Nachschubstab 619. Einen Tag später wurde die *Foggia* in Sousse von Fliegerbomben schwer getroffen.

Drei Tage später bezog die Truppe bei Djedeida, dreißig Kilometer westlich von Tunis am Fuße des Djebel Abiod, ihre Stellung. Gut getarnt durch brusthohes Gestrüpp schien alles bestens vorbereitet, als britische Artillerie ein Trommelfeuer begann. Kurz nach Mitternacht wollte Carl Friedrich Mossdorf telefonieren. »Aber 0.15 schmeißt mich eine Granate um, Bein kaputt, ich zugedrückt und gerufen. Plötzlich schießt Blut aus dem Bein, mit Oberkörper draufgelegt. Wachtmeister Urban Bein mit Draht abgebunden. Sonst keine Verluste.« Sein erster Gedanke war: »Ich darf nicht auch noch sterben wie Richard und Gini.« Nach drei Stunden stellten die Briten das Feuer ein, der Verwundete wurde mit dem »Sanka« zum nächsten Hauptverbandsplatz transportiert. Carl Friedrich Mossdorf war klar, dass sein Einsatz für »Führer und Vaterland« beendet war. Als er nach Operation und Narkose im Beckengips wieder aufwachte, fragte er den Arzt nach dem Geschoss, das die Verletzung verursacht hätte. Der sagte nur: »Fassen Sie mal an Ihren Hals.« Man hatte ihm mit einer Mullbinde den Granatsplitter um den Hals gehängt.

Mit einer Ju 52 wurde der Schwerverletzte am 30. März von Tunis nach Neapel geflogen, mit einem Streckverband versorgt und vier Wochen später per Zug nach München gebracht. Dort erlebte er Militärmedizin der anderen Art, die

Carl Friedrich (links) im Rollstuhl im Lazarett Hohenlychen, 1943

Verbände wurden abgerissen, die Verwundeten mit einem Wasserstrahl abgespritzt und anschließend neu verbunden. »Behandlung durch die Ärzte säuisch.« Mit Hilfe eines Kameraden konnte er seine Mutter alarmieren, die schon am nächsten Tag vor Ort war. Sie sorgte mit der Energie einer Mutter dafür, dass ihr Sohn über Berlin direkt in die Klinik Hohenlychen transportiert wurde. Else war die ganze Zeit an seiner Seite. »Bein ganz versaut, da fester Verband seit Tagen über Wunde, sorgte für Abnehmen des Verbandes.«

In Hohenlychen war Prof. Karl Gebhardt inzwischen ausschließlich für die Behandlung von SS-Angehörigen zuständig. Ein Glück für Carl Friedrich Mossdorf, denn Gebhardt hatte sich nach seinen Erfahrungen mit Eiter, Sepsis und hohem Fieber im Gespräch mit seinen Wehrmachts-Kollegen für eine Amputation ausgesprochen. Der verantwortliche Arzt, Prof. Woiteck, wollte noch eine Nacht abwarten. Und in dieser Nacht stabilisierte sich der Zustand von Carl Friedrich. Trotz des schweren Schussbruchs behielt er sein Bein.

Im September 1943 übernahm die SS die Klinik Hohenlychen komplett. Wenig später inspizierte der »SS-Reichsführer« Heinrich Himmler das Krankenhaus. Er ging von Bett zu Bett und blieb auch bei Carl Friedrich stehen. Himmler fragte ihn, ob er denn auch Hitlers *Mein Kampf* gelesen habe. Der verneinte das arglos, worauf Himmler sich von seinen Begleitern ein Exemplar geben ließ, es signierte und ihm auf das Bett warf. Die Bettnachbarn hielten die Luft an. Soviel gefährliche Naivität hatten sie nicht erwartet.

Mehrmals pro Woche besuchten ihn seine Eltern. Manchmal blieben sie über Nacht dort. Den Briten war Carl Friedrich Mossdorf übrigens wegen der Verwundung nie gram. Seinen Kindern sagte er viele Jahre später: »Nein, nie. Ich habe doch danach so ein reiches und erfülltes Leben gehabt.«

Bis Ende August 1944 lag Carl Friedrich Mossdorf im Lazarett in Hohenlychen. Als er entlassen wurde, war sein rechtes Bein sieben Zentimeter kürzer als das linke, das rechte Knie war steif. In der orthopädischen Schuhmacherei wurden Spezialstiefel in Auftrag gegeben, die dies ausgleichen sollten. Zwei große Operationen und dreizehn Bluttransfusionen hatte er überstanden. Nun verließ er die Klinik auf Krücken.

Am 31. August reiste er nach Groß Born-Linde (heute Borne Sulinowo) in Pommern, wo er bis Februar 1945 als Inspektionsadjutant im Lehrstab der Artillerieschule für Fahnenjunker und als Ordonnanzoffizier beim Regimentsstab Dienst tat. Auf dem dortigen Truppenübungsplatz war in den dreißiger Jahren die Militärsiedlung Westfalenhof entstanden.

Hier war auch das Afrika-Korps von Erwin Rommel aufgestellt worden.

Der tägliche Dienst im Westfalenhof war eher eintönig. Tagebucheinträge wie »wenig zu tun«, »nichts Besonderes«, »Schrank aufgeräumt« häuften sich. Zu seiner Freude bekam er immerhin ein Fahrrad. »Es geht prima. Ich trete nur mit dem einen Bein und komme auch vorwärts. Es wird mir viel Lauferei ersparen.« Doch eine schmerzliche Erfahrung machte er hier. Im Mai 1942 vor seinem Einsatz in Nordafrika hatte er seiner Mutter geschrieben:

> *Heute nach dem Abendbrot ist ›An-angeln‹, ja Du wirst staunen! Irgendwie muss man sich doch die Zeit vertreiben. Gestern Nachmittag machte ich allein einen schönen Querfeldeinritt von 2 Stunden. So ein Pferd unter dem Bauch, es ist doch etwas Herrliches. Zudem habe ich jetzt in der Stadt einen kleinen ›Anschluss‹ gefunden durch den schon nach Norwegen abgereisten Leutnant Koch, und der Anschluss ist wirklich sehr nett und keine Dorfschöne, sondern aus unseren Verhältnissen, wenn ich das so ausdrücken darf. War gestern mit ihr auf einem sehr schönen, lustigen Abend von der Polizei.*

Vera Pflaumbaum wurde seine erste große Liebe. Sie war die Tochter eines bekannten Pferdezüchters im ostpreußischen Fohlental. Wann immer er damals am Standort Scharfenwiese (heute Ostrolenka) dienstfrei hatte, traf er sich mit ihr zu gemeinsamen Ausflügen zu Pferd. Später schrieben sie sich ständig Briefe.

Es traf ihn völlig unvorbereitet, als sie ihm den Laufpass gab. Am 15. September 1944 schrieb er nun nach Berlin:

Gestern bekam ich einen Brief, der mich im Augenblick schwer umwarf. Inhalt: Vera hat sich, wie sie jetzt zu Hause war, verlobt und teilte mir dieses nun mit einigen Erklärungen mit, die mir die Sache leicht machen und die mir zeigen, dass es ganz gut so ist.

Bei seinem nächsten Besuch in Berlin ließ sich Carl Friedrich von seiner Mutter trösten. Er hatte nun zwar keine Freundin mehr, konnte aber drei Auszeichnungen präsentieren, das Eiserne Kreuz II., das Verwundetenabzeichen in Silber und das »Ärmelband Afrika«. Dabei empörte er sich darüber, dass ihm das Ärmelband nicht von seinem Kommandeur überreicht, sondern einfach auf den Schreibtisch gelegt worden war. »Ob es Antipathie oder Neid der Besitzlosen ist, weiß ich nicht. Aber nicht ärgern, nur wundern.«

Otto Mossdorf war beeindruckt, mit welcher Gelassenheit der Sohn sein Schicksal und die Taktlosigkeit seines Vorgesetzten ertrug, ein echter Offizierssohn eben, einer wie er selbst. Als Adolf Hitler 1939 Polen überfiel, war Otto 57 Jahre alt, er wurde nicht mehr zur Wehrmacht eingezogen. Aber 1941 war er dann zur Stelle, als das Oberkommando der Wehrmacht (OKW) ihn rief – als »Höherer Heeresberichter«. Er sollte im Fronteinsatz Reportagen schreiben und Reden vor Offizieren als eine Art Truppenbetreuung halten. Honorare wurden dafür nicht gezahlt, aber Reisekosten und Spesen übernahm das OKW. Seinen Einsatz als Redner beschrieb er selbst so: »Das Thema bei den Vorträgen war stets die Lage an den Kampffronten im pazifischen Krieg, wo das japanische Kaiserreich wie Deutschland in Europa einen schweren Kampf auf Leben und Tod durchstand.«

Otto Mossdorf wurde der Heeresgruppe Nord beim Feldzug gegen die Sowjetunion zugeteilt. Stets hatte er seinen

Otto als Heeresberichterstatter, 1941

Diaprojektor im Reisegepäck, um zu seinen Vorträgen auch die Fotos zeigen zu können, die er 1939 auf seiner Reise durch Asien gemacht hatte. Bei seiner ersten Vortragstournee im Juli 1941 flog er mit einem *Fieseler Storch* zu einem Einsatz an die Ostfront. Der Pilot übersah den geplanten Landeplatz und flog so weit, dass er beinahe hinter den russischen Linien gelandet wäre. Otto Mossdorf hatte Mühe, seinen Einsatzort per Anhalter zu erreichen. In seiner *DAZ* berichtete er darüber unter der Überschrift »Mit dem *Storch* nach vorn«.

Mit den Propaganda-Kompanien wollte er gar nichts zu tun haben. Über einzelne Kampfhandlungen wollte er nicht schreiben.

> *Das ist deren Arbeitsgebiet, in das ich nicht hineinpfuschen kann. Ich bin für die große Berichterstattung da, aber nicht für diese Dinge, die in das Arbeitsgebiet der Propagandaleute fallen, die sowieso nicht gut auf uns Höhere Heeresberichterstatter zu sprechen sind.*

Ende Juli 1941 schrieb er aus Russland nach Hause: »Nach dem Frühstück machte ich mich mit einem deutsch-lettischen Major des Stabes zu Fuß nach dem Blutkeller der Tscheka auf. Ich will hier nicht schildern, was man dort zu sehen bekam. Ich habe es in einem Bericht getan. Unterwegs haben wir uns mit verelendeten Bewohnern unterhalten. Auch das ist in dem Bericht verarbeitet, der hoffentlich freigegeben wird, wie er ist, denn man muss in Deutschland wissen, was uns die Bolschewiken zugedacht hatten. Fürchterlich!« Otto Mossdorf wurde für seine Artikel gelobt: »Oberstleutnant Soldan und ich sind eben die eigentlichen Stützen dieser Berichterstattung.«

Von seinem *DAZ*-Chefredakteur hingegen wurde er kritisiert: »Ein langer Brief von Silex, der alle möglichen Wünsche hat. Meckerei! Der hat nicht kapiert, dass ich in meiner Stellung nicht freier Journalist wie in Japan bin, sondern in erster Linie Soldat mit zwei Zensurstellen: Hier der Chef, in Berlin die Zensurstelle. Ich schreibe ihm nachher.«

In den Jahren 1943 bis 1944 reiste Otto Mossdorf nach Dänemark, Frankreich, Russland und Italien. Bei einer Zugfahrt von Bozen, bei der er gemütlich im Abteil geschlafen hatte, ließ er beim Aussteigen im Gepäcknetz »Koppel nebst Revolver« liegen. »Schweinerei. Entschuldigung gibt es eigentlich nicht. Doch!« Kurz vor Meran wurde er in letzter Minute von einem Mitreisenden geweckt. »Ich war so schlaftrunken, dass ich meine Mütze aufsetzte, die drei Gepäckstücke und den Umhang ergriff und aus dem Wagen stürzte.« Wenig später verschaffte ihm ein befreundeter Offizier einen neuen Revolver und Patronen.

Bei seinen Reisen quer durch Europa hielt Otto Mossdorf Vorträge über Japan und den fernen Osten. Voller Stolz meldete er im Oktober 1943 aus dem jütländischen Varde: »Wir kamen rechtzeitig ins Lager, sodass ich meinen Mannschaftsvortrag rechtzeitig beginnen konnte. Wieder 800 Mann. Großer Erfolg! Starker Applaus.« Tage später traf er in Kopenhagen an Bord eines Minenlegers seinen ehemaligen Chefredakteur Silex wieder, der jetzt Kapitän des Kriegsschiffes war. »Sehr freudige Überraschung … Ich bekam gute Marinekost, sparte also die Kosten für ein Mittagessen.«

Im Januar 1944 war Otto Mossdorf in Paris und sprach vor 180 Offizieren. »Einige sah ich eifrig Notizen machen.« Im Februar reiste er durch Italien, im Mai durch Russland. In einem Kasino nahe des Dnepr sprach er vor Offizieren. »Mein Vortrag gefiel, auch die Bilder.« Nächste Station war das Städtchen Daschkowka, wo er auf einem Fliegerhorst

Quartier machte. Ein Generalstabsoffizier begrüßte ihn und kredenzte Rotwein, Zigarren und Zigaretten. »Morgen Vortrag 10 Uhr im Kinosaal. Man hörte fernen Kanonendonner, was sehr gemütlich klang!« Mitte Mai 1944 beendete er diese Einsätze und kehrte nach Berlin zurück.

Zu seinem Lieblingsthema Japan und Fernost war schon 1943 das Buch *Japan – von Deutschen gesehen* erschienen, zu dem er das Kapitel »Von der japanischen Wehrmacht – Japanische Helden« geschrieben hatte. Darin pries er den besonderen Opferwillen der Japaner. »Man wird die Haltung der japanischen Offiziere und Soldaten erst recht verstehen, wenn man sich über folgendes im Klaren ist. Der Japaner liebt seine Heimat über alles, vielleicht mit einer Inbrunst, wie man es sonst selten in der Welt wiederfindet. Diese Heimatliebe bedeutet gleichzeitig Patriotismus, der sich in einer unwandelbaren Verehrung des Tenno zeigt. Für ihn zu sterben, wird immer als höchste Erfüllung eines Soldatenlebens erscheinen … Wir Deutsche, die wir im Kampfgeist mit den Japanern so verwandt sind, haben dafür ein besonderes Gefühl.« Damit lag Otto Mossdorf exakt auf der Linie von Propaganda-Minister Joseph Goebbels, der noch am 11. März 1945 bei einer Rede in Görlitz vom »Endsieg« sprach und davon, dass die deutschen Soldaten nun in einen »Kampf hineingehen wie in einen Gottesdienst«. 1941 und 1943 hatte Otto Mossdorf außerdem in seinen Büchern *Der Krieg in Fernost* und *Groß-Ostasien* die Auseinandersetzungen im Fernen Osten beschrieben.

Als Carl Friedrich Mossdorf Anfang 1945 auf Urlaub zu seinen Eltern nach Berlin kam, herrschte Aufregung in der »83«. Eine Granate war in die Wohnung eingeschlagen, aber nicht explodiert. Der Blindgänger lag im Herrenzimmer.

Carl Friedrich erklärte seinen Eltern: »Solange das Ding in der Wohnung liegt, bleibe ich nicht hier!« Er öffnete die Balkontür, zog seine dicken Lederhandschuhe an, trug das fünfzig Zentimeter lange und etwa zehn Kilo schwere Geschoß nach draußen und warf es in den Vorgarten. Nachbar Schober im Parterre reagierte verständlicherweise wütend, aber zum Glück explodierte der Blindgänger auch bei dieser Aktion nicht. Mossdorf junior band nun ein Seil um den Sprengkörper, verlängerte es mit weiteren Stricken, legte sie auf der anderen Straßenseite um einen Baum und zog die gefährliche Fracht aus sicherer Entfernung aus dem Vorgarten, über Fußweg und Straße auf ein gegenüberliegendes Trümmergrundstück. Die Nachbarn verfolgten die waghalsige Unternehmung mit Entsetzen und konnten nun aufatmen.

Ende Januar 1945 stand die Rote Armee unter Marschall Schukow nur noch achtzig Kilometer vor Berlin. Das für die Rüstung wichtige oberschlesische Industrierevier war nahezu unzerstört von den Russen erobert worden, am 27. Januar wurde das Vernichtungslager Auschwitz befreit, 5800 kranke und entkräftete Häftlinge hatten die KZ-Wächter zurückgelassen, etwa 1,5 Millionen Menschen waren hier vergast worden oder an Hunger, Krankheiten und medizinischen Versuchen gestorben. Am 16. April begann die Schlacht um Berlin, das inzwischen wegen der andauernden Luftangriffe von Briten und Amerikanern einem Trümmerfeld glich.

Wie durch ein Wunder war die »83« kaum betroffen. Nur Ende Januar 1944 hatte eine Phosphorbombe den Dachstuhl in Brand gesetzt und die Kinderzimmer der Mossdorfschen Wohnung zerstört. Die Feuerwehr konnte die Flammen rechtzeitig löschen. Am 3. Februar 1945 notierte Else: »Schwerer

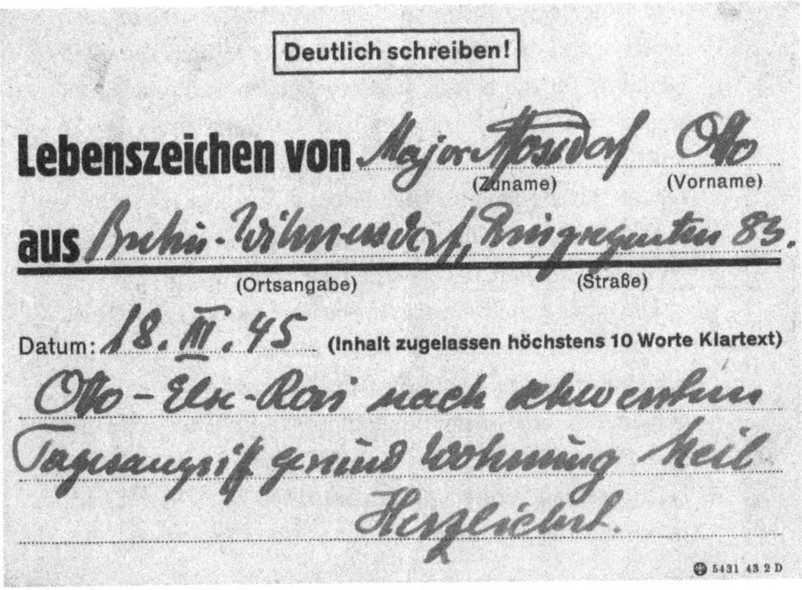
Deutlich schreiben!

Lebenszeichen von Major Mossdorf Otto
(Zuname) (Vorname)

aus Berlin-Wilmersdorf, Prinzregentenstr. 83.
(Ortsangabe) (Straße)

Datum: 18. III. 45 (Inhalt zugelassen höchstens 10 Worte Klartext)

Otto-Elk-Rosi nach schwerstem Tagesangriff gesund Wohnung heil Herzlichst.

5431 43 2 D

Eine Kurzmittelung von Otto Mossdorf
an Carl Friedrich in Neuruppin, 1945

Angriff 1/2 11 Uhr auf Berlin. Ottos Verlag brennt aus, warten voller Angst auf Otto. Kommt endlich. Omis Haus und Wohnung nun vollständig zerstört. Trotz aller Aufregung abends Skat mit Carl Friedrich.« Ab jetzt wohnte Rosa Krause bei den Mossdorfs.

Am 22. April bekam Carl Friedrich Mossdorf den Befehl aus Neuruppin, nach Berlin zu fahren, um die Reichshauptstadt zu verteidigen. In zwei Bussen wurde er gemeinsam mit 78 anderen Offizieren über Nauen und Spandau in die Stadt gefahren. Gemeinsam mit seinem ebenfalls verletzten Kameraden Joseph »Jupp« Schlimm aus Troisdorf, auch Leutnant der Artillerie, humpelte er auf Krücken durch die Straßen und meldete sich beim stellvertretenden Generalkommando III am Hohenzollerndamm. Dort hatte man keine Verwendung für die beiden Schwerverletzten und schickte sie weiter zum Reservelazarett in der Cecilien-Schule am Nikolsburger Platz, weil Carl Friedrich ja in der nahen Prinzregentenstraße wohne. Hier bekamen beide schriftlich bescheinigt, dass sie dienstuntauglich seien, und dazu den guten Rat, umgehend bei den Eltern unterzuschlüpfen.

Die waren genauso beglückt wie Rosemarie, als Carl Friedrich mit Freund Jupp in der »83« auftauchte. Sofort wurden die Uniformen in einem großen Pappkarton verstaut und gemeinsam mit Erinnerungsstücken von Vater Otto aus dem Ersten Weltkrieg auf einem Trümmergrundstück in der Nachbarschaft vergraben. Carl Friedrich zog seinen Konfirmationsanzug an, und Jupp bekam seinen Sportanzug.

Der Vormarsch der Roten Armee in Berlin war nicht mehr zu stoppen. In verlustreichen Straßenkämpfen räumten die letzten Verteidiger eine Kreuzung nach der anderen. Adolf Hitler ließ noch immer Durchhalteparolen verbreiten. Wer sich von der Truppe absetzte, wurde standrechtlich erschossen. Am 30. April saßen die Bewohner der »83« wegen schwerer Bombenangriffe zum wiederholten Mal im Luftschutzkeller ihres Hauses. Als es draußen wieder ruhig war, öffnete Otto Mossdorf gegen viertel nach zwölf vorsichtig die Kellertür, die auf die Prinzregentenstraße führte. Nach einem kurzen Blick schloss er sie und sagte: »Meine Herren, vor unserer Tür steht ein T-34!«

Kurz darauf wurde die Kellertür geöffnet, russische Soldaten mit Maschinenpistolen bedrohten die verschreckten Bewohner und durchstöberten Kellerschränke, Koffer, Kisten und Taschen. Ein Russe hielt plötzlich ein Fotoalbum der Mossdorfs in den Händen. Da trat Jupp Schlimm, der Priester werden wollte, auf den Soldaten zu, sah ihn an und sagte: »Das gehört der Familie hier, das ist ganz privat.« Damit griff er nach dem Album. Carl Friedrich fuhr seinen Freund an: »Bist du verrückt, lass sie den Kram doch mitnehmen!« Die Familie hielt den Atem an. Doch der Soldat ließ das Buch los und wendete sich ab.

Ein anderer entdeckte die neuen Reitstiefel von Carl Friedrich und probierte sie gleich aus. Wegen der hohen orthopädischen Einlage kam er damit nicht zurecht und warf sie fluchend in die Ecke. Ein Dritter ging mit vorgehaltener Kalaschnikow auf die neunzehnjährige Rosemarie zu und forderte sie unmissverständlich auf mitzukommen. Als sie sich weigerte, schrie Carl Friedrich seine Schwester an: »Rosi, geh mit, sonst erschießen sie uns alle!« Jedem im Keller war klar, was nun geschehen würde. Else vermerkte in ihrem Tagebuch allein: »12.15 Einmarsch der Russen.« Und Otto Mossdorf schrieb am 30. April nur: »Rosi!!!«

In den Tagen danach schwärzte Rosemarie ihr Gesicht mit Ruß, ihre Haare versteckte sie unter einem Kopftuch, um möglichst unattraktiv auszusehen. Am 11. Mai schrieb Mutter Else: »Carl Friedrich begleitet Rosi zum Gertraudenkrankenhaus. Gott sei Dank negativer Befund.« Rosemarie war nicht schwanger. Ab sofort war das Erlebte ein Tabu in der Familie. Die Eltern erfüllten Rosemarie in den folgenden Jahren jeden Wunsch.

Als Jüngste in der Familie hatte sie das Mädchengymnasium Augustaschule besucht. Als die Bombenangriffe immer heftiger wurden, war sie als Achtzehnjährige mit dem Hilfsprogramm Kinderlandverschickung in die Nähe von Cottbus evakuiert worden. Die Augustaschule wurde zum Lager für Zwangsarbeiter und ihre Familien umgebaut, die nach herrschender Ideologie keinen besonderen Schutz brauchten.

Anfang Februar 1944 machte Rosemarie in Cottbus ihr Abitur und wurde am 6. März zum Reichsarbeitsdienst nach Karge/Unruhstadt in Posen (heute Kargowa) eingezogen. Anfangs litt sie unter großem Heimweh. Den Kommandoton ihrer Vorgesetzten fand sie schrecklich. Briefe nach Hause beendete sie mit »Eure, sich nach Euch sehnende, Rosi«. Doch dann lebte sie sich ein, sie durfte auf der Ziehharmonika einer Führerin spielen, und als sie wegen Knieproblemen auf Meniskusschäden oder Rheuma hin untersucht wurde und die Ärztin bemerkte, man brauche keine Kranke beim Arbeitsdienst, setzte sie alles daran zu bleiben. Sie konnte beim Führungspersonal Eindruck damit schinden, dass ihr Vater bei der *DAZ* arbeitete. Sie bat ihren Vater, sie zu besuchen, aber bitte auf jeden Fall in Uniform. Das Regime beim Arbeitsdienst war streng. »Heute war ›Ordnungsappell‹, Sachen, die unordentlich herumlagen, wurden einkassiert und gegen Geld für das ›Winterhilfswerk‹ zurückgegeben.«

Wegen Fieberanfällen kam Rosemarie ins Lazarett in Schwiebus (heute Świebodzin), es bestand Verdacht auf Diphterie. Kaum entlassen wurde sie nach einer Woche mit dem Sanitätswagen wieder in die Klinik gebracht. Sie litt unter Übelkeit, Fieber und Schüttelfrost, überall am Körper hatte sie rote Pusteln. Diagnose: Scharlach. Sie wurde auf die Isolierstation verlegt, bekam kalte Halsumschläge und langweilte sich. »Es ist alles zum Kotzen.« Sie hoffte, nach der Genesung mit Mutter Else Ferien machen zu können. Doch daraus wurde nichts, sie musste zurück nach Karge, war allerdings bis auf weiteres vom Dienst befreit.

Ende Januar 1945 waren die sowjetischen Truppen soweit vorgerückt, dass Karge geräumt werden musste. Am 1. Februar schrieb Rosemarie aus Neuruppin: »Wir sind heute um 12 Uhr hier endlich gelandet. 80 sind schon da. Wir haben als Flüchtlinge auch schon etwas zu essen bekommen. Wir sitzen hier im Warteraum. Sehr viele sind nach Hause gefahren, sie haben es am Besten gemacht. Morgen fangen wir an zu arbeiten.« Sie mussten Strohsäcke für andere Flüchtlinge stopfen.

Schließlich erreichte sie ihre Entlassung nach Hause, um beim DRK in Berlin an der Lette-Schule eine Ausbildung als Medizinisch-technische Assistentin beginnen zu können. Ab 1947 studierte sie Veterinärmedizin. Zum Familienunterhalt musste sie nach den schrecklichen Erlebnissen im Luftschutzkeller bei Kriegsende nicht beitragen.

Am 8. Mai 1945 kapitulierte die deutsche Wehrmacht im Hauptquartier der Alliierten in Reims und im Hauptquartier der sowjetischen 5. Armee in Berlin-Karlshorst bedingungslos. Adolf Hitler, der bis zum Schluss jede Verhandlung ablehnte, hatte am 30. April im »Führer-Bunker« Selbstmord begangen. Die Siegermächte übernahmen die politische und militärische Gewalt. Deutschland wurde in vier Besatzungszonen geteilt, Berlin wurde Vier-Sektoren-Stadt.

Kapitel 14

»MO« – EIN MANN DER ERSTEN STUNDE

Berlin war ein Trümmerhaufen. Knapp 50 000 Häuser waren zerstört oder für immer unbewohnbar, das war ein Drittel aller Wohnungen. 1939 hatte die Hauptstadt 4,3 Millionen Einwohner, jetzt lebten nur noch 2,8 Millionen Menschen hier. Britische und amerikanische Bomber flogen 363 Luftangriffe. 30 000 bis 50 000 Menschen verloren ihr Leben, die genauen Zahlen weiß man bis heute nicht. Allein am 3. Februar 1945 gingen bei einem US-Großangriff in nur 45 Minuten 2000 Tonnen Sprengbomben und 250 Tonnen Brandbomben auf die Stadt nieder. Vor einem schrecklichen Feuersturm wie etwa in Hamburg blieb Berlin wegen seiner breiten Straßen verschont.

Nach der Kapitulation war die Stromversorgung zusammengebrochen, Wasser gab es nur noch an einigen Stellen. Die Hälfte der Pumpwerke für die Abwässer war zerstört, ebenso zahlreiche Kraftwerke. Kohle war Mangelware, es wurde Holz gesammelt, und in Parks wurden Bäume gefällt. Statt der vorher 33.000 Krankenhausbetten gab es jetzt nur noch 8500. Die Lebensmittel wurden immer knapper. Man ging auf Hamsterfahrten zu den Bauern im Umland. Der Schwarzmarkt blühte, ein Pfund Butter kostete je nach Tagespreis 250 bis 400 Reichsmark, ein Brot war für zwanzig bis hundert RM zu haben. Beliebtes Zahlungsmittel waren amerikanische Zigaretten der Marken Camel, Chesterfield und

Lucky Strike, der Wert der Zigaretten-Währung schwankte zwischen 10 und 20 Reichsmark pro Stück.

Das Haus Prinzregentenstraße 83 war wie durch ein Wunder von den Bomben weitgehend verschont geblieben. Einige Tage nachdem die Rote Armee das Viertel erobert hatte, zog die Hausgemeinschaft aus dem Luftschutzkeller wieder in ihre Wohnungen. 28 Menschen hatten in den Kellern ausgeharrt. Carl Friedrich Mossdorf, der sich entschieden hatte, Medizin zu studieren, schob diesen Plan vorerst zur Seite, denn es gab keine Stelle, wo er sich hätte einschreiben können. Er entwickelte stattdessen ein erhebliches Talent, Essen für die Familie herbeizuschaffen. Otto notierte: »Hort verkauft Fleisch, 200 g pro Person. Carl Friedrich erstmals an der Spitze der Schlange.« – »Carl Friedrich holte Fleisch, Brot und Butterschmalz.« – »Carl Friedrich holt Brot. Mit Rosi dichtet er mit Dachpappe das Dach.« – »Carl Friedrich bringt 5 gute Rindfleischstücke.« Und Else schrieb am 15. Mai pikiert in ihr Tagebuch: »Lebensmittelkarten werden ausgegeben, wir Karte 3, ›übrige Bevölkerung‹!!«

Wasser besorgte die Familie in Eimern, die mit dem Kinderwagen transportiert wurden. Alle wurden eingeteilt, die Straßen von Schutt und Trümmern zu befreien. Da die meisten Männer in Kriegsgefangenschaft waren, übernahmen die Trümmerfrauen diese harte Arbeit. Auch Otto, Else und Rosemarie Mossdorf mussten antreten. Tagebuch von Else am 23. Mai: »Vor 5 Jahren fiel unser Richard in Frankreich – wofür?« Einträge in Ottos Tagebuch: »10. Mai Himmelfahrt, von Festtag keine Spur. Rosi muss drei Stunden schippen.« »14. Mai, Kaffee und mit Else zum Schippen.« »24. Mai Else und Rosi schippen.« »25. Mai Rosi schippt für mich mit. Ich zur Pressekammer.« Insgesamt mussten in Berlin mehr als siebzig Millionen Kubikmeter Schutt und Bruchsteine weggeschafft werden. Bombentrichter und Schützengräben

Die Prinzregentenstraße 1945. Im Haus Nr. 83 (rechts vom Pfeiler) ist nur der Dachstuhl ausgebrannt.

wurden damit gefüllt. Und überall in der Stadt entstanden Trümmerberge, die später begrünt und zu Parks umgestaltet wurden. Der Teufelsberg im Grunewald ist mit 115 Metern die höchste Erhebung Berlins.

Sobald die Universität den Betrieb wieder aufgenommen hatte, bewarb sich Carl Friedrich Mossdorf für ein Medizinstudium. Er hatte alle Unterlagen eingereicht, aber die Überprüfung dauerte. So betätigte er sich weiter als Schwarzhändler und unternahm Hamsterfahrten, sein einziger Vorteil als Kriegsinvalide, er musste nicht schippen, dafür aber alle Strecken mit nur einem Bein radeln, sein rechtes war steif und das Pedal entsprechend abmontiert. Nicht immer gingen diese Ausflüge gut aus. Mitte September hatte Carl Friedrich bei einem Bauern im brandenburgischen Glasow nach langem Verhandeln einen halben Zentner Kartoffeln und einen Sack Mohrrüben erstanden. »Noch einen Teller Suppe bekommen, sehr nett. Rückfahrt, vor Lichterfelde von den Russen geplündert: Meine Afrika-Uhr geklaut! Mit heiler Haut sonst noch davongekommen.«

Für Else Mossdorf war der 11. Juni ein schwarzer Tag, da knackten russische Soldaten den Tresor der Deutschen Bank am Bayerischen Platz und räumten ihn aus: »Unser Silberkoffer fort!!« Zwei Wochen später wieder helle Aufregung, zwei russische Soldaten holten Otto Mossdorf nachmittags zur Vernehmung ab: »Gott sei Dank um 1/2 3 Uhr nachts zurück. Wollten wegen Japan-Reise etwas wissen.«

Am 5. Juli gab es wieder Strom: »Erster Abend mit elektrisch Licht seit der Katastrophe«. In der Ruine des SS-Führungshauptamtes Kaiserallee 188, Ecke Güntzelstraße brachte Carl Friedrich mehrfach Brauchbares zu Tage, vor allem Lebensmittel und Heizmaterial. Mal Konserven mit Obst und Gemüse, mal einen Sack Kartoffeln, die sorgfältig entkeimt werden mussten. Aber auch, wie Else schrieb, »noch halb verkohlte und verfaulte Kartoffeln. Trotzdem nach Hause geholt und aussortiert«. Am 8. Juli notierte Carl Friedrich mit offensichtlichem Stolz: »Mit Tante Vera Holz geklaut.«

Vater Otto hatte mit seinen Beschaffungsaktionen weniger Glück. Immer wieder pflückte er im Stadtpark Sauerampfer, aus dem Else sofort eine Suppe kochte. Mitte Mai standen zwei Polizisten vor der Tür und holten ihn zur Vernehmung ab. Sein Sohn kam am selben Tag mit Kohlrabi und Schoten nach Hause. Erwischt wurde Carl Friedrich nie. Otto Mossdorf magerte sichtlich ab. Regelmäßig kontrollierte er sein Gewicht. Im November wog er nur noch

65 Kilo. Sein Gesundheitszustand war so schlecht, dass er Anfang Dezember in die Charité eingeliefert wurde, wo man ihn in drei Wochen wieder hochpäppelte.

Kurz vor Weihnachten herrschte wieder große Trauer in der »83«. An Carl Friedrichs 24. Geburtstag stürzte Großmutter Rosa Krause in ihrem Zimmer. Seither lag sie im Bett. Da die Wohnung eiskalt war, wurde sie schließlich in der Küche auf einen Liegestuhl gesetzt, es war der einzig geheizte Raum. Noch kurz zuvor hatte Else mit ihrer Mutter gesprochen: »Omi wird zum Verkauf von Schmuck angeregt, will aber nicht: ›Wovon soll ich denn später leben?‹« Else notierte am 12. Dezember: »Omi geht es immer schlechter. Kinder auch nachts bei Omi. Dr. Maeder stellt Auflösung bei Omi fest.« Am 14. Dezember starb Rosa Krause im Alter von 86 Jahren an den Folgen eines Schlaganfalls. Eine Woche musste sie in der Wohnung aufgebahrt werden, was der Arzt bei den eisigen Temperaturen verantworten konnte.

Da der Bestatter kein Material hatte, bewährte sich Carl Friedrich wieder als Organisator, für den Sarg besorgte er Bretter, eine Schiebetür aus der oberen Wohnung wurde dafür ebenfalls gebraucht, auch die nötigen Nägel beschaffte er. Am 21. Dezember wurde der Sarg zum Krematorium gefahren. Die Urne wurde später im Familiengrab auf dem Neuen Jerusalemer Friedhof am Halleschen Tor beigesetzt.

Trotz allem wurde in der »83« Weihnachten gefeiert. Otto Mossdorf in seinem Tagebuch: »Rosi hackt Holz, Carl Friedrich bereitet den Abend vor. Abendessen: Pellkartoffeln mit Hering und Honigkuchen. Dann nach letzten Vorbereitungen der Kinder im Weihnachtszimmer, zu dem Carl Friedrich sein kleines Zimmer stimmungsvoll verwandelt hatte. Tisch geräumt. Schöner Baum vorm Fenster. Mit kleinen und großen Kerzen, bunten Kugeln und Ketten. Die süßen

Teller, die fast abgegessen wurden. Auch die Musik hatte Carl Friedrich zusammengestellt.«

Kurz vor Weihnachten hatte Carl Friedrich ein besonderes Schwarzmarktgeschäft zustande gebracht, er tauschte seine elektrische Eisenbahn gegen eine fabrikneue Schreibmaschine Marke Erika. Sie sollte ihn in den kommenden Jahrzehnten begleiten. Vater Otto schrieb seine Erinnerungen weiter mit seinem alten Modell, insbesondere tippte er in allen Einzelheiten seine Erlebnisse bei Kaiser Wilhelm II. in Doorn. Denn trotz unendlicher Bemühungen fand sich für ihn keine neue Stellung als Journalist.

Neun Monate nach seiner Bewerbung an der Universität bekam Carl Friedrich die endgültige Absage, kein Medizinstudium für ehemalige Offiziere. Rosemarie hingegen wurde zum Studium der Tiermedizin zugelassen. Carl Friedrich ließ sich nicht entmutigen. Im Frühjahr 1946 beschaffte er sich dank seiner Schwarzmarktkontakte einen Flüchtlingspass, um in den drei westlichen Besatzungszonen Studienmöglichkeiten zu sondieren oder Arbeit zu finden. Die Fahrt ging über Hannover, Göttingen, Kassel, Frankfurt, Freiburg im Breisgau, Bonn, Troisdorf, Wuppertal, Werl, Soest und Hamburg zurück nach Berlin. Die Rundreise war ein Schlag ins Wasser, auch an der Universität Freiburg gab es für ehemalige Wehrmachtsoffiziere keine Chance.

Traurige Nachrichten kamen auch aus Erfurt. Am 10. Mai 1946 starb Amalie Mossdorf im Alter von 89 Jahren. Sie hatte in den eineinhalb Jahren zuvor immer verzweifelter und verbitterter an ihren Sohn Otto geschrieben. Sie hatte kein Geld mehr, für ihre Aktien wurden keine Dividenden mehr gezahlt, es gab kaum etwas zu essen. Um überleben zu können, musste sie Mobiliar verkaufen. In ihrer Wohnung wurden Flüchtlinge einquartiert. Erich, ihr Erstgeborener, war arbeitslos, dabei anmaßend und fordernd seiner Mutter gegenüber, worüber sie sich bei Otto beklagte. Sie war von Krankheiten geplagt und ohne Lebensmut. »Ich habe meinen Arzt vergeblich gebeten, mir eine Pille zu verordnen, die mich für immer einschlafen lässt.« Am 2. November 1945 formulierte sie noch drastischer: »Noch einige Monate werde ich existieren können, dann bleibt nur noch die Wahl, ob Strick oder Pulsader zu einem Ende mit Schrecken.«

Drei Tage nach dem Tod der Großmutter vermerkte Carl Friedrich in seinem Tagebuch: »Vati kommt aus Erfurt zurück mit Bundeslade, Schmuck und Büchern von Omi und Erbsen, Salat und Tomatenpflanzen von Benary«, Ottos Jugendfreund mit dem Pflanzenzuchtbetrieb. Eine Woche später fuhr er selbst nach Erfurt und holte bei seinem Onkel Erich ein riesiges Ölgemälde von Peter Paul Müller ab, das er eingewickelt in einen Kelim-Teppich nach Berlin transportierte.

Der einzige wirkliche Lichtblick für Carl Friedrich: Ein lockendes Angebot der Hamburger Baufirma Dr.-Ing. Rathjens. Fräulein Dr. Renate Jaques, die engste Freundin seiner toten Schwester Anne-Regine, hatte ihm den Kontakt vermittelt. Da die Berliner Universität auch auf seine Beschwerde hin ihre Ablehnung bestätigt hatte, beschloss er als Bauarbeiter bei Rathjens zu arbeiten. Am 22. Juli 1946 fing er an, zuerst als Torfstecher, anschließend übernahm er die Aufsicht im firmeneigenen Sägewerk in Hamburg-Rahlstedt.

Auch beim Hamburger Wohnungsamt zog er das große Los: Man wies ihm ein Zimmer in der feinen Parkallee Nr. 64 an, zweite Etage bei Frau Clara Gechter. Bald hatte er auch einen kleinen Bekanntenkreis. Er traf den Bruder eines ehemaligen Regimentskameraden seines Vaters aus Hagenau.

Major a. D. Hanns Hundt wohnte mit Frau und Tochter Barbara in der Isestraße 53. Er unterhielt einen kleinen Vertrieb für Zeitungen und Zeitschriften. Die Hundts wurden so etwas wie Carl Friedrichs zweite Familie, man spielte gemeinsam Skat und Bridge, ging ins Kino und feierte, Carl Friedrich erledigte Büroarbeiten und verdiente zusätzlich Geld mit dem Austragen von Zeitungen.

Am 31. August 1946, einem Samstag, traf er am Gänsemarkt Ilse Wroblewski, eine ehemalige Schwesternhelferin, die ihn in Hohenlychen monatelang gepflegt hatte. Großes Hallo, man unterhielt sich angeregt und traf sich in den kommenden Monaten immer wieder. »Frl. Wroblewski bringt mir einen Blumenkohl«, »Frl. Wroblewski kommt noch, zusammen Abendbrot, sehr nett«, »16.30 kommt Ilse Wroblewski zu mir, unterhalten und etwas getanzt, Pläne zum Kunstgewerbeladen!« Ilse Wroblewski war es auch, die Carl Friedrich Mossdorf auf die Idee brachte, sich als Journalist zu versuchen. »Warum machen Sie nicht das, was Ihr Vater gemacht hat?« Sie kannte Hugo Sieker, den Feuilletonchef der Tageszeitung *Hamburger Freie Presse*, zu dem sie später auch den Kontakt herstellte.

Im September arbeitete Carl Friedrich auf einer Baustelle in Billstedt, dort mussten Gleise für die Bauloren verlegt werden. Wenig später versank die Baustelle im Dauerregen. Anfang Oktober schickte ihn der Firmenchef deshalb nach Twistringen bei Bremen, wo wieder Torf gestochen wurde. Bei den Heimfahrten am Wochenende nach Hamburg saß er schon mal auf den Puffern der Waggons, weil die Züge hoffnungslos überfüllt waren. Nächster Arbeitsplatz war eine Steinbrecheranlage in Tiefstack im Hamburger Hafen.

Zu seinem großen Schrecken brach am 3. November die Narbe seiner Beinverletzung auf, es hatte sich erneut eine Fistel gebildet. Er war arbeitsunfähig. Sein Arzt verbot ihm jede weitere Tätigkeit auf dem Bau. Noch war er nicht gekündigt, aber er wusste, dass er arbeitslos werden würde. Die Aussichten, ohne Geld durch den bitterkalten Winter zu kommen – 1946/1947 wurden in Hamburg Temperaturen von 28 Grad minus gemessen, der Verkehr brach zusammen, die Hamburger stürmten Kohlezüge und sägten Parkbäume ab –, waren trostlos. Nach Berlin schrieb er: »In Mantel und Decke gehüllt will ich nun die Tasten rühren. Da ein Aufenthalt in meinem Zimmer bei der jetzt herrschenden Temperatur wenig erfreulich ist, gehe ich gleich in die Falle.« Doch wie so oft hatte Carl Friedrich auch in dieser Lage Glück. Durch Barbara Hundt lernte er am 14. Dezember deren Freundin Liselotte Witt kennen, in die er sich sofort verliebte. Lilo war die Tochter des Kaufmanns Ludwig Witt, Teilhaber der Glasgespinstfabrik Oscar Gossler KG. Der Vater war 1934 gestorben. Nachdem die Familie in der Klosterallee 28 ausgebombt worden war, zogen Liselotte, Bruder Dirk und Mutter Ella zu deren Schwester Erna in die Hochallee 106.

Die patente Hanseatin Lilo tröstete Carl Friedrich über den Verlust des Arbeitsplatzes hinweg und bestärkte ihn in der Idee von Ilse Wroblewski, Journalist zu werden. Was sollte das mit dem Medizinstudium oder dem Bau? Kurz vor Weihnachten traf er sich mit Hugo Sieker. Der fragte: »Sind Sie mit Otto Mossdorf verwandt?« Er hatte zwar keinen Volontärsplatz für den Sohn des geschätzten Kollegen frei, verwies ihn aber an Günther Sawatzki, seinen Kollegen bei der *Welt.* Die war am 2. April 1946 zum ersten Mal erschienen, ein liberales Blatt unter Lizenz der britischen Militärregierung. Offizieller Titel: *Die Welt / Überparteiliche Zeitung für die britische Zone.* Chefredakteur war der Widerstandskämpfer und Sozialdemokrat Rudolf Küstermeier. Eintrag am 19. Dezember: »Herrn Sawatzki gesprochen, scheint Lust zu haben, mich einzustellen. Sehr nett unterhalten, Entscheidung zwischen Weihnachten und Neujahr, prima!«

Seinem Vater schrieb er zu der neuen Berufsperspektive: »Dass ich dabei viel Deinem Namen zu verdanken habe, ist mir vollauf bewusst … Ein Vorbild, dem nachzueifern eine schöne, aber sehr schwere Aufgabe sein wird.« Den Eltern war klar, dass sich Carl Friedrich nun endgültig nach Hamburg orientieren würde. »Für Dich war es der Beginn eines neuen Lebensabschnitts. Deine Entfernung aus dem elterlichen Haus musste dabei in Kauf genommen werden. Wie sehr wir Dich dabei vermissen werden, weißt Du selbst«, antwortete Otto seinem Sohn später.

Silvester feierte er mit Lilo und Barbara bei Freunden in Rahlstedt. »Rundgesang Otto-Reutter-Lieder, Spiele, getanzt … Lilo und ich Unsinn gemacht … Schluss 6 Uhr, zum Autobus, gewartet und gesungen, Fahrt bis Hoheluft, zu mir, geheizt, Tee, Brötchen. Erst Lilo, dann Barbara, dann Kurt nach Hause gebracht … Lilo ruft an. Vielleicht morgen in die Oper. Prima!«

Von nun an gab es fast keinen Tag, an dem sie sich nicht trafen. Häufig waren sie zu Gast bei Familie Hundt. Man ging auch zu viert ins Curio-Haus und verfolgte die Prozesse gegen SS-Leute aus dem KZ Ravensbrück. Carl Friedrich, der sich inzwischen offiziell als Volontär beworben hatte, verfasste Probeartikel für *Die Welt*. Er schrieb über Spanien, über China und die Entwicklung der Volkswirtschaft. Die Texte gingen ihm flott von der Hand, besonders weil Lilo die Artikel tippte. »Zu Lilo, drei Manuskripte diktiert.« Bei seiner Freundin nahm er auch Stunden in Stenographie.

Mitte Februar 1947 verlobten sich die beiden heimlich: »Lilo und ich allein. Die große Frage an sie gestellt, eine meiner schönsten Stunden. Licht geht an, gepokert bis 11 Uhr. Ich mache das bisher größte Spiel mit allem Geld im Einsatz.« Ein seltener Fall von Glück in der Liebe und Glück im Spiel. Die Eltern wollte man aber noch nicht einweihen. »Mit Lilo zu mir. Wir sind uns einig und sehr glücklich, aber noch warten.« Zukunftspläne machten sie im Stillen. Leider gab es immer noch keine Zusage von der *Welt*-Redaktion.

Also plante Carl Friedrich Mossdorf, über Ostern mit seinem Flüchtlingspass nach Berlin zu fahren, um die Eltern und Schwester Rosemarie wiederzusehen und Vaters Geburtstag zu feiern. Lilo war sofort entschlossen, ihn zu begleiten, um seine Eltern kennenzulernen. Das Vorhaben war riskant. Denn inzwischen hatten sich die Beziehungen der Siegermächte verschlechtert. Unter dem Druck der Sowjets hatten sich in Ostdeutschland die KPD und die SPD zur Sozialistischen Einheitspartei Deutschlands (SED) zusammengeschlossen. Die gemeinsame Verwaltung Berlins durch die vier Siegermächte gelang immer schlechter. Amerikaner und Briten hatten ihre Besatzungszonen wirtschaftlich zur »Bizone« vereinigt. Im März 1947 war die Moskauer Konferenz über die Zukunft Deutschlands gescheitert, die Interessen der Sowjetunion und der drei westlichen Verbündeten gingen weit auseinander. Ein Gang über die »grüne Grenze« wurde immer riskanter.

Liselotte Witt hat die abenteuerliche Reise genau dokumentiert: »Mittwoch, den 2. April 47 um 5 Uhr. Aufmachung à la Wandersmann, Rucksack, Stock, Verpflegung etc. Ab Altona toller Betrieb, Zug nicht nur in den Abteilen, sondern auch Trittbretter und Dächer überfüllt. CF fuhr im Klo (Vierkantschlüssel), ich weiter hinten.«

In Lüneburg war Endstation, mehrere Stunden Aufenthalt, Zeit für ein Mittagessen im Hotel *Stadt Hamburg*. Um 14 Uhr fuhr ein Zug Richtung Dannenberg. »Im Zug trafen wir schon unsere zukünftigen Grenzführer und Genossen: Ein biederer alter Marinelandser nebst Frau und zwei ganz nette Frauen.« In Dannenberg umsteigen nach Lüchow. »Von Lüchow mit der letzten und kleinsten Bimmelbahn schon im Dunkeln nach Schmarsau, der End- und Grenzstation. Wir waren ein netter Verein und sehr vergnügt. Mond, Lieder.«

Gegen zehn Uhr abends ging es in Schmarsau los. »Wir tranken noch ein Bier und starteten dann gemütlich. Es war eine herrliche Mondwanderung, klarer, samtblauer Himmel, fast Vollmond, Birken, Wiese, Stille, ein wenig Spannung und – viel Glück. Ohne Zwischenfall, wenn auch nicht ohne kritische und spannende Augenblicke passierten wir die Grenze. Trockenen Fußes, was bei den riesigen Überschwemmungen beachtenswert ist, und erreichten bald das Dorf Kaulitz, wo unser Führer am Ziel war.«

Die Verlobten zogen zur Bahnstation Linde-Kaulitz weiter, wo sie auf Bänken im Wartesaal zu schlafen versuchten. Da es so schrecklich kalt war, trauten sie sich dann doch zum Stationsvorsteher hinein. »Der saß in seinem Zimmer bei Petroleumlampe, Telefonen, Hebeln, Fernschreibern, einen schlafenden Ami an seinem warmen Ofen.« Frisch gestärkt bestiegen sie um sechs Uhr die erste Bahn nach Wittenberge. »CF hat auf dem Trittbrett zwischen den Wagen Frühstück gemacht, ich schlief drinnen an einer Klotür dauernd ein und schrak hoch, wenn mir die Knie einknickten. In Wittenberge erreichten wir gegen 9 Uhr den Berliner D-Zug, den wir – wie üblich – mit Carl Friedrichs Ausweis siegreich eroberten. Glück auf der ganzen Linie!«

Mittags um ein Uhr waren sie endlich am Bahnhof Zoo in Westberlin und schickten Telegramme über die glückliche Ankunft an Lilos Mutter und Familie Hundt. »Dann zur Prinzregentenstraße 83. Es wurde mir doch ein wenig herzklopfend zumute. Und wie schön ist dann alles geworden.

Übermorgen sind die Tage schon vorüber. Wir haben viel zu tun mit Packen, Kramen, Lauferei zu Ämtern. Ostern war sehr schön. Ich bekam ein wunderhübsches Silberschälchen von Carl Friedrichs Mutti.«

Am 8. April 1947 feierte Otto Mossdorf seinen 65. Geburtstag, es wurde ein turbulenter Tag, viele Verwandte, Bekannte, Kollegen und Freunde versammelten sich wie jedes Jahr zum Gratulieren in der »83«. Für Liselotte war es eine Art Feuertaufe: »Auch immer ein paar komische Minuten, die mir aber gut liegen, und die ich auch wohl siegreich gemeistert zu haben mir einbilde. ›Ist es etwas Ernsthaftes?‹ ist eine Frage, die auch Witt'sche Tanten sicher ähnlich stellen werden. Carl Friedrich hat sehr, sehr liebe Eltern, und Rosi ist auch ein netter Kerl.«

Da Carl Friedrich an diesem Abend einen Freund besuchte, hatte Liselotte Zeit, für sich eine Bilanz zu ziehen: »Eben haben CF und ich unsere Verlobungsringe gekauft. Ist das alles Wahrheit oder Traum? Ich habe den Punkt erreicht, um den sich jetzt mein ganzes Leben nur noch dreht. Alles ist so märchen- und zauberhaft, ich kann es nicht in Worte fassen. Ich möchte wissen, ob ich ein solches Glück verdiene, habe manchmal Angst, es könnte zu groß sein. Aber wir werden uns immer lieben und so auch alles gemeinsam ertragen. Das ganze Leben liegt vor uns, und es wird und muss ja einmal langsam bergauf gehen.«

Als sie am 14. April wieder in Hamburg waren, notierte Lilo Witt: »Gute Rückfahrt. Es war die bisher glücklichste Reise meines Lebens, alles steigerte sich von Tag zu Tag in mehr Harmonie und Freude.« Am folgenden Montag begann sie beim Feuerlöscher-Produzenten »Minimax« im Büro an der Johnsallee. »Ich habe jetzt viel zu tun, so läuft die Zeit. Ich bin glücklich.«

Noch immer hatte Carl Friedrich Mossdorf keine Nachricht von der *Welt*-Redaktion. Inzwischen hatte er einen Volontärskurs absolviert und dabei die schriftliche und mündliche Prüfung bestanden. Unverhofft kam am 16. Mai spätabends der sehnlich erwartete Telefonanruf. »Herr Küstermeier sagte ›Ja‹, ich solle den Fragebogen ausfüllen! Hurra! Geschafft! Arbeitsbeginn am 15. Juni.« Nach Berlin telegrafierte er: »Bei der *Welt* bin ich glücklich am Ziel.« Für Lilo und Carl Friedrich gab es also etwas zu feiern, und jetzt sollte die Verlobung auch offiziell besiegelt werden, und zwar am 11. Juni, dem Geburtstag von Lilos Vater Ludwig Witt. Am Pfingstsonntag begab sich Carl Friedrich mit einem Fliederstrauß zu seiner zukünftigen Schwiegermutter. »Um Lilos Hand gebeten. Alles sehr schön.«

Zur Verlobung reiste auch Otto Mossdorf aus Berlin an, er hatte eine Sondergenehmigung für die Fahrt zu einer fünftägigen Journalisten-Tagung in Hamburg bekommen, die Carl Friedrich mit vorbereitet hatte. Auch Lilo war von »Minimax« für die Organisation halbtags ausgeliehen worden und half tatkräftig mit.

Am Verlobungstag holte Carl Friedrich seine Liselotte zu Hause in der Hochallee ab. Vater Otto kam in die Parkallee und übergab dem Brautpaar die Ringe. Anschließend ging man zu Lilos Mutter Ella Witt. Alle gemeinsam besuchten das Grab von Lilos Vater Ludwig auf dem Ohlsdorfer Friedhof, um anschließend im Restaurant Randel in Wellingsbüttel Mittag zu essen. Um neunzehn Uhr hatte die Familie Hundt zum Abendbrot eingeladen. Otto, Hanns Hundt und Carl Friedrich hielten Reden. »Alles sehr schön und bester Stimmung.«

Vier Tage später begann Carl Friedrich Mossdorf bei der *Welt*. Wie sein Vater Otto arbeitete er zunächst im Ressort Außenpolitik. Zu seinen Volontärs-Kollegen zählte unter anderen auch Claus Jacobi, der später Chefredakteur vom *Spiegel*, von der *Welt am Sonntag*, *Welt* und der *Bild*-Zeitung wurde. Carl Friedrich arbeitete von Montag bis Freitag, alle acht Wochen hatte er Sonntagsdienst. »Sehr viel Spaß bei der Arbeit. Im August werde ich zum stellvertr. Sportschriftleiter erkoren, in der Urlaubszeit von Herrn Meidinger. Sehr schöne Zeit, selbständig und die ersten Artikel.« Obwohl er ja noch in der Volontärsausbildung war, hatte der einst selbst so sportliche Carl Friedrich sein journalistisches Thema gefunden und sich auch im Redaktionsalltag durchzusetzen gewusst. Seine Artikel kennzeichnete er fortan mit dem Kürzel »mo«. Das wurde in der Redaktion sein Spitzname, und auch Lilo nannte ihn seitdem immer »Mo«.

Nach Berlin schrieb er:

Montag mache ich zum letzten Mal den Sport, am Dienstag kommt der alte Sportschriftleiter wieder. Damit ist eine sehr schöne Zeit vorüber, in der ich innerhalb einer Sparte ganz schalten und walten konnte, wie es mir nach dem Sinn stand. Und dieses glaube ich mit einigem Erfolg getan zu haben.

Lob bekam er vom Chef vom Dienst, der meinte, »dass ich mich mit dem Sport ganz gut durchgesetzt habe und doch immerhin jedes Mal einen Zweispalter erreicht hätte«. Der eigentliche Sportchef bekam nun wieder nur eine Spalte Platz für die Sportberichte.

1947 war auch für Rosemarie Mossdorf ein Jahr der Entscheidungen. Sie war jetzt 22 Jahre alt und lebte als einziges Kind noch bei den Eltern in der »83«. Sie machte ihre Ausbildung an der Lette-Schule. Eigentlich hätte sie danach als Medizinisch-technische Assistentin Geld verdienen können. Die Eltern verlangten das nicht, sondern stellten ihr vielmehr ein Studium in Aussicht. Vom Ausgang des Examens an der Lette-Schule hing also eine Menge ab. An vielen Tagen lernte sie bis spät in die Nacht hinein Anatomie, Biologie, Histologie, Anorganische Chemie, Physiologie, Bakteriologie und Röntgenkunde.

Aber damit das im strengen Winter 1946/47 überhaupt einigermaßen möglich war, musste erst einmal Heizmaterial herbeigeschafft werden. Denn im Balkonzimmer etwa zeigte das Thermometer minus drei Grad. Die Einträge »Holz gesägt«, »Mittag Holz geholt und gleich gespalten«, »Holz gehackt«, »oben in der Wohnung Bretter heruntergeholt. Mit Mutti zersägt, dolle Arbeit, aber wenigstens wieder etwas zu brennen« zogen sich wie ein roter Faden durch ihre Aufzeichnungen. Im November, als sich der nächste Winter ankündigte, fuhr sie bis zum Stadtrand nach Mahlsdorf im sowjetischen Sektor. »Zum ersten Mal Holz aus Mahlsdorf geholt. Ziemliche Schinderei. Holzsäcke an der Haltestelle 77 am Atrium-Kino hinter Zeitungshäuschen versteckt und schnell Wagen geholt.« Einen Tag später: »Wieder nach Mahlsdorf, 2. Fuhre geholt.«

Im Januar 1947 lag soviel Schnee in Berlin, dass sich Rosemarie mit einer Freundin zum Skilaufen im Grunewald verabredete. Der »Teufelsberg« war inzwischen eine beliebte Piste geworden. Es waren nicht gerade die Alpen, aber trotzdem nicht ungefährlich. »Bei 1. Bergfahrt gleich ordentlich hingeschmiert auf rechtes Knie. Merkte dann aber nichts davon. Oft Berge heruntergefahren. Um 4 Uhr am Roseneck Gabi Hoffmann getroffen. Kann nach Abschnallen gar nicht richtig laufen. Trotzdem herrlich … Knie tut noch über eine Woche sehr, sehr weh.«

Die Abschlussprüfung an der Lette-Schule vom 27. bis 29. März dokumentierte Rosemarie präzise. »Klinisch ging gut. Dann Chemie, nicht besonders, ziemlich gestottert … Histologie, prima ging das.« Der zweite Tag: »Röntgen war sehr leicht, gut. Bakteriologie, ich hatte sehr große Angst wegen der vergangenen Male, ging aber auch gut, ebenso Viruskrankheiten und Anatomie.« Dritter Tag: »Gegen 11 Uhr kam ich mit Photo dran, als letztes Fach, ging sehr gut.«

Danach begann das große Zittern, es dauerte Stunden, ehe die Konferenz der Prüfer zu Ende war und die Ergebnisse verkündet wurden. »Um ½ 4 war es dann soweit. Erst wurden zwei hereingerufen, die im Gesamten durchgefallen waren. Dann 12, die in 1 oder 2 Fächern nicht bestanden hatten. Jedes Mal die Angst, dass man dabei ist. Dann wurden wir Durchgekommenen hereingerufen. 3 mit sehr gut, 23 mit 2, vier mit 3, darunter ich. Frau Albrecht und Frl. Paris hielten mir eine Standpauke, ich hätte es viel besser machen können.« Rosemarie fand die Kritik berechtigt, freute sich aber trotzdem über die Examensgeschenke ihrer Eltern. Von Else bekam sie sechs Römer-Gläser, von Otto eine japanische Decke. Krönender Abschluss des Tages: »Abends Skat gespielt. Endlich mal kein Lernen. Ich bin doch sehr glücklich.«

Die nächste Aufregung in der Familie war der endgültige Umzug innerhalb des Hauses Prinzregentenstraße 83. Bis dahin hatten die Mossdorfs ja in der vierten Etage gewohnt. Doch die war durch die Phosphorbomben in Mitleidenschaft gezogen worden, an mehreren Stellen tropfte bei Regen Wasser durch die Decke. Es war deshalb ein Glück, dass schon 1945 eine Wohnung eine Etage tiefer frei wurde. Die kleinen Möbel wurden Stück für Stück nach unten getragen. Alle Möbel wurden genauso gestellt wie schon 1912; so war die neue ein Spiegelbild der alten Wohnung. »Nun geht es immer noch so weiter mit dem Räumen. Wenn bloß erst die Wohnung oben leer ist.« Am 3. Mai 1947 kamen die Möbelpacker. »Umzug. Möbel aus der oberen Wohnung in die untere durch Möbelträger bringen lassen. Ordentliche Leute … Nachmittags Bridge bei Fr. Niehoff.«

Ihr Studium hatte Rosemarie schon Mitte April 1947 begonnen. Die offizielle Zulassung wurde am 12. Mai per Post zugestellt, »von britischer Zensur geöffnet«. Die Prinzregentenstraße lag im britischen Sektor. Rosemarie hatte die Matrikelnummer 5187/47. Um das Studium der Tochter und weiterhin ein vergleichsweise angenehmes Leben finanzieren zu können, trennten sich Otto und Else Mossdorf von ein paar Erbstücken. »Omis selbstgestickte Bettdecke (phantastisch gearbeitet)« brachte 5000 Reichsmark, und »Omis Teppich« sogar 18 000 Reichsmark. »Mutti und ich haben uns gefreut wie kleine Kinder.« Es ging also wieder aufwärts. Zur Sicherheit meldete sich Else Mossdorf im Juli »bei der Schwester von Fr. v. Drigalski zum Zukunftslesen« an. Das Orakel muss positiv gewesen sein. Denn am Sonntag, 10. August 1947, gab es in der »83« ein wahres Festmenü: »Mittag echte Brühe mit Mark und geröstetem Weißbrot. Kalbsfilet mit neuen Kartoffeln und grünen Bohnen. Hinterher jeder eine Pflaume.« Und am selben Tag kam noch eine schöne Meldung aus Hamburg: »In der Zeitung *Die Welt* erster Sportartikel von Carl Friedrich.«

In den Semesterferien 1947 fuhr Rosemarie nach Hamburg zu ihrem Bruder. Beim Bezirksamt musste sie dafür vorher einen »Interzonenpass« abholen. Die Reise stand anfangs unter keinem guten Stern. Carl Friedrich notierte: »Rosi brachte leider Rotlauf mit und lag eine Woche bei mir.« Eine bakterielle Infektion der Haut, die meist von Fieber und Schüttelfrost begleitet wird. Als die Krankheit überstanden war, unternahmen Rosemarie, Carl Friedrich und Lilo Ausflüge zur Ostsee, besuchten Verwandte, wurden reich bewirtet und bekamen einen Zentner Äpfel geschenkt. Mitte Oktober war Rosemarie wieder in Berlin. Einen Monat später reiste sie mit ihrer Hockey-Mannschaft wieder nach Hamburg, ersatzgeschwächt verloren die Berliner gegen Harvestehude 0:3, was die Stimmung bei der anschließenden Feier mit Tanz aber nicht trübte.

Zum Jahresschluss schrieb Rosemarie in ihr Tagebuch, das sie mit dem bitteren Satz »Man ist nie so sehr am Ende, dass man seine Ehre verkauft« im Januar begonnen hatte: »Hoffentlich wird das Neue Jahr nicht schlechter und wir können alle da bleiben, wo wir sind.« Und Carl Friedrich fragte sich: »Was wird das Jahr 1948 bringen?« Die Antwort gab sein Hausarzt, der ihn am 2. Januar ins Krankenhaus einwies. »Morgen bis 16 Uhr im Alsterdorfer Krankenhaus einziehen!« Er musste erneut am Bein operiert werden. Erster Eindruck von der Klinik: »sauber, ruhig, ordentlich, Bett im Saal mit 11 Betten, aber Bett am Fenster … Wiegen, Baden, Blutdruck messen«. Zwei Tage später: »Abfahrt in den OP, Dr. Schirrbach operiert, Evipan-Spritze, kurz nach 11 ohne Schmerzen aufgewacht. Bald eine Zigarette probiert, schmeckt ebenso wie das volle Mittagessen.« So komplikationslos wie die Operation verlief die Heilung allerdings nicht. »Visite: Wunde nicht schön«, »Verbandsvisite ergab noch ein 3 cm tiefes Loch«. Einziger Trost im grauen Klinikalltag war Lilo: »L. besucht mich, sie ist sooo lieb«, »mein Lütten besucht mich, begleite sie noch auf den Flur«.

Am 31. Januar wurde er endlich entlassen. »L. da, auf Auto gewartet, kommt um 11.50, zur *Welt*, Personalabteilung … dann gleich zu Bett. L. holt ein und holt zwei Päckchen aus Berlin von der Post: Silber und Wäsche, Handtücher usw. und echten Bohnenkaffee … bei Radio lieb zusammen.« Sie waren sich beide einig, dass nun geheiratet werden sollte.

5. Februar: »Mit L. zum Standesamt: Aufgebot! Trauung am 20.3., 9 Uhr. Beim Wohnungsamt mit einem Herrn Grabowski verhandelt, nichts Endgültiges – nur Hoffnungen.« Den Tag der Trauung hatte Carl Friedrich mit Bedacht ausgewählt, es war der Hochzeitstag seiner Eltern.

Als Volontär bei der *Welt* verdiente er zwar nur 175 Reichsmark, hatte aber klare Vorstellungen, wie gefeiert werden sollte: »Als Pferdenarr hatte ich schon als Schüler in alle Welt hinausposaunt, dass ich bei meiner Hochzeit vierspännig zur Kirche fahren wollte. Aus diesem Jugendtraum konnte 1948 natürlich nichts werden. Welches Fuhrunternehmen besaß schon die entsprechende Kutsche mit Geschirr und einen Kutscher für einen Vierspänner?«

Aber es gelang ihm beim Fuhr- und Lastwagenbetrieb H. Sparr in der Poolstraße 4 zwei Zweispänner aufzutreiben, ein Schimmel-Gespann und ein Gespann mit Braunen. »Das erregte wohl in Harvestehude einiges Aufsehen.« Von der Parkallee fuhren die beiden Kutschen zur Isestraße zu Hundts, wo Else und Otto zustiegen, dann zur Hochallee, wo Braut und Schwiegermutter wohnten, und endlich zur Kirche St. Johannis am Turmweg. Zwei Mädchen streuten Blumen. Pfarrer Walter Dittmann empfing sie am Eingang. »Unter Orgelspiel zum Altar. Etwa 50 Gäste. Predigt sehr gut. Choral ›Ich bete an die Macht der Liebe‹, Trauung, Bach-Fuge, Lilos ›Ja‹ wurde von den Gästen nicht gehört, unerhört.«

Die Kutschfahrt der kleinen Hochzeitsgesellschaft zum Jungfernstieg wurde ebenfalls bestaunt, Passanten am Straßenrand winkten. Ziel war *Schümanns Austernkeller.* Dank der gesammelten und aufgesparten Lebensmittelmarken wurde ein ziemlich üppiges Hochzeits-Menü serviert: Gemüsesalat mit Ei und Toast, Ochsenschwanzsuppe, gebackene Seezunge, Roastbeef mit Kohlrabi und Erbsen, als Dessert Kartoffelpuffer mit Apfelmus. »Auch drei Schach-

Hochzeit von Carl Friedrich Mossdorf und Liselotte Witt
am 20. März 1948 in Hamburg

teln Zigaretten (die einzelne Zigarette stand noch mit 5 RM im Kurs) lagen auf dem blumengeschmückten Tisch in Omas *Stübchen* bereit. Es gab sogar Sekt.«

Für die Fahrt zum Standesamt am Morgen und jetzt für die Rückfahrt hatte Chefredakteur Küstermeier seinen Dienstwagen zur Verfügung gestellt, einen großen alten Adler. »Mo« sollte standesgemäß chauffiert werden. Die Redaktion der *Welt* schenkte dem Brautpaar außerdem einen riesigen Blumenstrauß, ein gebundenes Buch mit den Glückwünschen der Kollegen und einen Umschlag mit 400 Reichsmark, der Verlag stockte die Summe um weitere 200 Reichsmark auf. In der Hochallee wurde mit Freunden und Verwandten weitergefeiert. Bei Kaffee und Kuchen wurden Reden auf das junge Paar gehalten und Glückwunschtelegramme verlesen. Ella Witt hatte Kartoffelsalat und Schnitten vorbereitet, die am Abend zu Bier gereicht wurden. Lilo und Carl Friedrich verbrachten die Hochzeitsnacht im Hotel *Alsterhof.* »Zimmer 509, sehr ordentlich. Bald geschlafen 23 Uhr.«

Am nächsten Tag bestiegen sie den Zug nach München zur Hochzeitsreise. Carl Friedrich hatte Fahrkarten 3. Klasse gelöst. Mit freundlichen Worten und dem Hinweis auf die Flitterwochen konnte er den Schaffner erweichen: »Umsteigen genehmigt. Prima 2. Klasse Fensterplätze.« In München wurden sie von Freunden erwartet. Man besuchte das Café des Deutschen Theaters, »gegessen und getrunken, tolles Schieberlokal und Hot-Kapelle«, und später das traditionsreiche Feinschmeckerlokal *Humpelmayr.* Carl Friedrich besuchte seinen Kollegen Joseph Ackermann, den Korrespondenten der *Welt* in der bayerischen Metropole, der ihn freundlich empfing.

Lilo und Carl Friedrich fuhren nach Herrsching zu »Tante Ditha«, einer Schulfreundin von Mutter Else, nach Berchtesgaden (»von einem Höhenweg Blick auf den Obersalzberg mit den Trümmern«), weiter nach Garmisch (»Bergfahrt mit der Wankbahn, schönstes Winterwetter, Neuschnee und Sonne … durch Garmisch gelaufen, viele Amerikaner mit ihren Frauen und Riesen-Wagen«), am Tegernsee wanderten sie durch Schnee zur Grindelalpe. Am 14. April waren sie wieder in Hamburg. »Wir beide sehr glücklich, Ende einer unbeschreiblich schönen Hochzeitsreise.«

Es war wirklich ein großes, opulentes Fest und eine für die Nachkriegsjahre ungewöhnliche Reise gewesen. Denn im Frühjahr 1948 standen die Menschen vor den Lebensmittelläden Schlange. Im Januar demonstrierten in Hamburg die

Hafenarbeiter gegen die schlechte Versorgung und für höhere Löhne. Noch immer wurden von Zügen Kohlen geklaut, weite Teile der Stadt lagen in Trümmern. Die britische Militärregierung befahl im Februar die Demontage der Werft Blohm & Voss als Reparationszahlung für Kriegsschäden in England. Mehr als 110 000 Heimatvertriebene hatte Hamburg aufgenommen. Anfang April begann die sowjetische Militärverwaltung, Straßen, Eisenbahnstrecken und Kanäle zwischen Berlin und den Westzonen streng zu kontrollieren und die Transporte der Westalliierten zu behindern. Die wehrten sich mit Durchfahrsperren für russische Soldaten. Das Vorspiel zur großen Berlin-Blockade hatte begonnen.

Der Wendepunkt in der Nachkriegsgeschichte war der 20. Juni 1948, der Tag der Währungsreform. An diesem Sonntag wurde die abgewirtschaftete Reichsmark durch die von Ludwig Erhard konzipierte Deutsche Mark ersetzt. In den drei Westzonen und den drei Westsektoren von Berlin bekam jeder Bürger ein »Kopfgeld« von 40 DM im Tausch gegen 40 RM. Bank- und Sparguthaben wurden im Verhältnis 10:1 abgewertet. Die Währungsreform wirkte wie ein Wunder. Die Schaufenster waren über Nacht wieder gefüllt. Das *Hamburger Echo* kommentierte: »In den Schaufenstern der Läden tauchen plötzlich Waren auf, die seit Jahren nur auf dem schwarzen Markt gehandelt wurden. Schwarze Waren von gestern sind über Nacht weiß geworden.« Mit der Währungsreform konnte das System der Bezugsscheine ad acta gelegt werden. Das Aufbruchssignal für die westdeutsche Marktwirtschaft war gegeben worden.

In der sowjetischen Zone wurde drei Tage später die Ostmark eingeführt. Die Teilung Deutschlands wurde so ein Stück mehr zementiert. Am nächsten Tag blockierten die Sowjets alle Land- und Wasserwege nach Westberlin, Gütertransporte waren nicht mehr möglich. Auch die Stromlieferungen aus Ostberlin wurden gekappt. Nur zwei Tagen später begannen Amerikaner und Briten, die Stadt mit einer Luftbrücke zu versorgen. Bis zu 12 900 Tonnen pro Tag flogen die alliierten »Rosinenbomber« nach Westberlin. Fast ein Jahr lang lief die logistische Großaktion, bis die sowjetische Besatzung am 12. Mai 1949 die Zugangswege wieder öffnete.

Wann immer Carl Friedrich Mossdorf bei der *Welt* freinehmen konnte, recherchierte und schrieb er Geschichten über Pferde. Im März 1948 reiste er für eine Reportage über den letzten Landstallmeister von Trakehnen nach Hunnesrück in Niedersachsen, zweimal musste er umsteigen, von Eilensen fuhr er dann mit dem Pferdewagen zum Gestüt Hunnesrück zu Dr. Ernst Ehlert. Der hatte das Preußische Hauptgestüt Trakehnen in Ostpreußen von 1931 bis 1944 geleitet. Nach der Flucht hatte er 1947 die Trakehner-Zucht in Hunnesrück wieder aufgenommen. Mit Dr. Ehlert besichtigte Carl Friedrich die 35 Stuten und drei Trakehner-Hengste. »Wunderbare Tiere. Ihn ausgefragt über Trakehnen. Abendbrot. Sehr schön und nett.« Am nächsten Tag »zu den Stuten auf die Koppel. Kurz geritten!!!«

Mit diesem Bericht hatte er großen Erfolg. Bei der *Welt* bekam er 50 RM Extra-Honorar. »Zwei Zeitungen wollen Trakehnen abdrucken! Mehrere Zeitschriften.« Beim traditionsreichen Hamburger Renn-Club war Carl Friedrich bald als Pferdeexperte bekannt. Die Rennen in Hamburg-Horn versäumte er nie. Er schrieb aber auch über die Kutschpferde und Kaltblüter der Firma Sparr in der Poolstraße. Im Mai war er mit Fotograf Kallmorgen unterwegs.

Wir beide nach Eutin, herrlich 2 Std. im Volkswagen über die Autobahn. Dort bei Reit- und Fahrschule eine Reportage mit vielen Aufnahmen. Reitunterricht in der offenen

Bahn, selbst geritten und gesprungen. Gleich die Reportage geschrieben. Herrlicher Tag mit schöner Autofahrt.

Die Zeitschrift *Sport-Courier* druckte eine Serie von Carl Friedrich Mossdorf über die Schicksale der Trakehner-Gestüte Georgenburg bei Insterburg (heute Tschernjachowsk) und das Preußische Land- und Vollblutgestüt Graditz bei Torgau. Jetzt machte er eine unerfreuliche Erfahrung, Kollegen anderer Zeitungen, Illustrierten und sogar Fachzeitschriften plünderten seine Artikel, »ohne die Quelle zu nennen oder gar Nachdruck-Honorar zu zahlen«. Manche schrieben ganze Absätze wortwörtlich ab. Als er sich bei den Plagiatoren beschwerte, bekam er grobe Briefe zurück.

Auch in kleinen Feuilletons waren Pferde sein Thema: »Artikel übers Derby geschrieben, eine lustige Plauderei.« Der Sportchef der *Welt* war angetan. »Meidinger will die Plauderei haben.« Carl Friedrich Mossdorf war inzwischen schon über Hamburg hinaus bekannt. »Herr Becker bietet mir die Stelle eines Korrespondenten für die *Hannoverschen Neuesten Nachrichten* an. Telephon mit Hannover, probeweise zunächst zugesagt, schön.«

Am 1. Juli 1948 jubelte er in seinem Tagebuch: »Deutsche dürfen nach Berlin fliegen!« Er besorgte sich sofort einen Interzonen-Pass, reservierte sich einen Platz, holte beim Verkehrsamt einen Berechtigungsschein und beim HAPAG-Haus am Ballindamm das Flugticket ab. Von dort fuhr vier Tage später auch der Bus zum Flughafen Fuhlsbüttel ab. »16.20 Start mit einer *Viking* der British European Airways nach Berlin. 600 Meter hoch, Erdsicht, rückwärts sitzend, herrlicher Flug. 65 Minuten. Vom Flugplatz Gatow mit Autobus zum Kurfürstendamm.« In der *Welt*-Redaktion in Tempelhof schrieb er sogleich die Reportage darüber. Seine Eltern waren begeistert über den Besuch. Es wurde gut gegessen, natürlich Bridge gespielt und über die heikle Lage im blockierten Berlin und über den Segen der Luftbrücke gesprochen. Am 9. Juli flog er wieder nach Hamburg. »14.20 Start, Fensterplatz, vorwärts neben Motor. Sehr schöner Flug, 45 Minuten … sehr lieb hat mich Lilo empfangen. Das war die erste Trennung in unserer Ehe!«

Er schrieb über »Aralia«, die Wunderstute vom Gestüt Schlenderhan, die drei Tage zuvor in Horn gewonnen hatte. Auch im Rundfunk war er inzwischen als Pferdekenner gefragt und sprach über »Pferdesport und Pferdezucht«. Wenige Tage darauf: »Mit Auto und Kallmorgen nach Horn: Morgenarbeit von ›Birkhahn‹, wundervoll, herrliches Pferd … Geld beim Rundfunk abgeholt.« Die Geschichte dieses Pferdes war wirklich spannend. Im Herbst 1946 hatte der Antiquitätenhändler Karl-Heinz Wieland aus Leipzig, ein wahrer Vollblut-Fanatiker, »Birkhahn« für 260 000 Mark ersteigert, ohne ihn vorher gesehen zu haben. 1947 brillierte das Pferd bei Rennen in Leipzig und Dresden und war nun Favorit beim Derby in Hamburg. Beinahe wäre es kurz vor dem Rennen wegen einer Klage aus Frankreich beschlagnahmt worden, die Sache stellte sich aber als Intrige heraus.

Carl Friedrichs »Birkhahn«-Porträt wurde gedruckt, und »Birkhahn« siegte mit Jockey Erich Boehlke in einem furiosen Endspurt. »Herrliches Rennen. Mein Tipp hat gewonnen.« Am Abend feierte der Hamburger Renn-Club im Hotel *Esplanade* einen Ball bis nachts halb vier. Lilo schrieb nach Berlin: »Um 21 Uhr begann das Essen, natürlich wieder nur geladene Gäste, Bürgermeister Brauer, Hamburgs Zivilgouverneur Vaughan Berry, ein Prinz v. Preußen, Graf Spreti und wie sie alle heißen. – Gesamtunkosten DM 100,–. Aber mal muss man auch das mitmachen, und wir haben viele neue wertvolle Leute kennengelernt.« Bei Carl Friedrich klang das so: »Junge, Junge, das war ein Feiern! Wie in alten Zeiten. Gutes Publikum, gute standesgemäße Garderobe, prima Essen und viel zu rauchen und zu trinken.«

Bald kam ein Angebot, das sein weiteres Berufsleben bestimmen sollte. Am 10. August 1948: »Bei Herrn Schulze-Tokio von der neuen Hamb. Zeitung *Hamburger Abendblatt*, sehr nett, ob Mitarbeit möglich ungewiss.« Wilhelm Schulze war der erste Chefredakteur des Blattes. Schulze-Tokio wurde er genannt, weil er im Krieg für das Deutsche Nachrichtenbüro in Tokio gearbeitet hatte. Die angebotene feste freie Mitarbeit lehnte Carl Friedrich ab, er wollte »festes Redaktionsmitglied und 2. Mann im Sport« werden. Schulze-Tokio war einverstanden und sagte dem Jungredakteur 350 Mark Gehalt zu, nach sechs Monaten sogar 500 Mark, ein sehr gutes Salär damals. Carl Friedrich tippte seine Kündigung bei der *Welt*. Danach »ich zu Herrn Axel Springer nach Othmarschen: Teestunde der neuen Redaktion, sehr netter Kreis.« Carl Friedrich schrieb in seinen Erinnerungen später: »Auch noch drei Jahre nach Kriegsende verriet die äußere Schale bei manchen *Abendblatt*-Kandidaten noch Spuren vergangener Tätigkeiten. Auf eindeutig als ehemalige Marine-Dress auszumachende Jacketts waren Goldknöpfe mit dem Anker gegen schwarze ›Zivil-Knöpfe‹ ausgewechselt worden. Und kaum zu verdeckende Knopfstellen auf den Schultern ließen die ehemalige Halterung von Schulterstücken vermuten. Ich selbst trug eine zivilisierte Heeres-Feldbluse jetzt mit Horn-Knöpfen.«

Carl Friedrich Mossdorf war sein Leben lang stolz darauf, ein »Mann der ersten Stunde« gewesen zu sein. Schließlich gehörte er zur Gründungsmannschaft der modernsten deutschen Tageszeitung. Das Ziel von Verleger Axel Springer war ein ganz neuer Zeitungstyp, ein regionales Massenblatt. Er wollte eine »Zeitung mit Herz«, eine, »die den Menschen in den Mittelpunkt stellt«. Schon auf Seite 1 sollten die lokalen Themen stehen. Das Motto im Kopf des neuen Blattes war der Satz von Gorch Fock: »Mit der Heimat im Herzen die Welt umfassen.« Für Springer war dieser oft bespöttelte Satz wirklich echtes Leben und eminent politisch. Von seinen Redakteuren verlangte er, sie sollten die Leser »schonend« behandeln. »Fragt Euch, was dem Leser wohltut, was er braucht, um seinen Alltag zu verstehen.« Über Jahre hinweg galt der von Feuilletonchef Walter Hensemann erfundene Werbespruch: »Seid nett zueinander!« Springer entwarf ein völlig neuartiges Layout und machte die letzte Seite zur zweiten Titelseite.

Peter Tamm, der als Schifffahrtsredakteur beim *Hamburger Abendblatt* anfing und später Vorstandsvorsitzender der Axel Springer AG wurde: »Morgens um 7 Uhr saß Axel Springer in der Redaktionskonferenz, hatte Zettel mit Themen in der Tasche. Die Zeitung verstand er als Helfer der Leser. Er wollte Tante Erna und Onkel Otto bei ihren Problemen unterstützen. Er hat uns inspiriert. Er hatte mehr Gespür in den Fingerkuppen, als andere Leute im Gehirn.« Springer selbst hat sich später mit Wehmut an die Gründerjahre erinnert: »Die *Abendblatt*-Zeit war die Zeit meiner eigentlichen Liebe zum Beruf.« Das Blatt stieg zur erfolgreichsten Lokalzeitung der Republik auf, 1948 wurden 100 000 Exemplare verkauft, ein Jahr später waren es doppelt so viele und 1953 lag die Auflage bei 330 000 Exemplaren.

Otto Mossdorf bekam 1948 in Berlin Besuch aus Hamburg, Fritz Sänger, erster Chefredakteur der Deutschen Presse Agentur (dpa), der ihn als Kollegen von der DAZ kannte. Über dieses Treffen berichtete Otto seinem Sohn: »Mit Sänger kam ich auch auf Eure neue Abendzeitung zu sprechen und fragte, ob die Sache denn auch gut fundiert sei. Worauf er betont zum Ausdruck brachte, dass gerade die Finanzen ausgezeichnet geregelt seien. Und von den leitenden Männern, zu denen er auch Schulze rechnet, die tüchtigsten Leute als Mitarbeiter geworben seien. Da sei also gar keine Gefahr. Im Gegenteil! Sänger meinte, wenn das Blatt erst im Gang sei, werde die *Welt* am Ende ihres Lateins sein, flach liegen, weil Ihr sie ausstechen werdet. Das ist natürlich eine sehr sympathische Auskunft. Demnach hast Du den richtigen Riecher gehabt.«

Nur dass sein Sohn nun als Sportredakteur arbeiten würde, behagte dem Vater nicht. Carl Friedrich beruhigte ihn per Brief: »Außerdem steht mir offen, für alle anderen Ressorts auch zu arbeiten. Während ich die 350 Mark lediglich für meine Hauptarbeit im Sport bekomme … Außerdem habe ich Schulze gleich gesagt, dass ich eigentlich in die Außenpolitik möchte, wovon ich auch nicht lassen will. Er hat es auch als durchaus für möglich gehalten … Damit hoffe ich, Eure Sorgen, nämlich dass ich im Sport hängen bleibe, zerstreut zu haben.«

Die ersten Redaktionsräume des *Hamburger Abendblatts* waren bescheiden, An der Alster 61, Hinterhof 5. und 6. Stock. Die Flure waren eng, die Büros für die 26 Redakteure schmal bemessen. Für die drei Sportredakteure fehlten in den ersten Tagen sogar Stühle. Neben Schere, Leimtopf und Bleistiften brachte Carl Friedrich Mossdorf auch seine Reiseschreibmaschine mit. Von der fünften Etage führte eine Wendeltreppe ins sechste Stockwerk, wo der Verleger, die Verlagsmitarbeiter und der Chefredakteur ihre Büros hatten. Bei ihm versammelte sich die Mannschaft jeden Morgen zur Redaktionskonferenz. Auch Axel Springer war meist dabei, und die Redakteure fragten sich, wer denn nun der wirkliche Chefredakteur war. »Hier ein erfahrener, aber noch schwungvoller Durch-und-Durch-Chefredakteur – dort ein dynamischer Jungverleger mit ständig neuen Ideen und Plänen, basierend auf konservativem Verleger-Erbe und Kenntnissen von der Pike auf.« Täglich zwischen 7 und 11.30 Uhr wurde das *Hamburger Abendblatt* produziert und dann bei Broschek in den Großen Bleichen gedruckt, auf derselben Rotationsmaschine, die nachts *Die Welt* druckte.

Nach einigen Probenummern erschien am 14. Oktober 1948 die erste Ausgabe des *Hamburger Abendblatts*. Anlass zu einer Feier. »Empfang in unseren Räumen. Springer und Brauer sprechen, kaltes Buffett, viele Köstlichkeiten, Sekt, Kaffee, Zigarren.« Chefredakteur Schulze wurde vom NWDR für die Sendung »Echo des Tages« interviewt.

Carl Friedrich machte mit Wilhelm Schulze seine eigenen Erfahrungen. An einem Freitag, sein Ressortleiter war auf Reisen, gestaltete er den Sportteil. Geplant war ein größerer Artikel über die Boxlegende Max Schmeling. Da eine Menge anderer Artikel ebenfalls erscheinen sollten, entschied sich Carl Friedrich, einfach das Schmeling-Foto wegzulassen. Den fertigen Seitenabzug präsentierte er mit einigem Stolz dem Chefredakteur. »Der fragte mich sofort: ›Wo ist das Schmeling-Foto?‹ Meine Antwort: ›Kein Platz.‹ Sie löste einen regelrechten Wutausbruch bei Wilhelm Schulze aus, der sich am Ende zu dem Satz steigerte: ›Das Foto kommt mit. Wer hat hier zu bestimmen?‹« Natürlich wurde das Foto gedruckt. Der Zorn des Chefs war schnell verraucht. »Wilhelm Schulze konnte vergessen.«

Im Privatleben von Carl Friedrich und Liselotte Mossdorf hatte sich Entscheidendes geändert. Ende August 1948 machten die Beiden einen kurzen Urlaub in Cuxhaven, sie gingen im Watt spazieren, und Carl Friedrich erteilte seiner »Lütten« Reitunterricht. Am 26. August vermerkte er in seinem Tagebuch: »Lilo ist übel. Deichspaziergang und ›Mensch ärgere Dich nicht‹.« Zwei Wochen später: »Lilo beim Arzt: Ja, wir bekommen ein Kind!«

Jetzt begann ein Hindernislauf beim Wohnungsamt, denn die junge Familie brauchte mehr Platz. Carl Friedrichs Zimmer in der Parkallee bei Clara Gechter reichte nicht mehr aus. Mehrere Angebote erwiesen sich bei der Besichtigung als unbewohnbar. Am 7. Januar 1949 waren sie zum 34. Mal beim Wohnungsamt. »Neuen Besichtigungsschein für Brahmsallee 60 bei v. Bargen abgeholt. Lilo Zimmer besehen, von uns aus gerne, Balkon + Nische.« Fünf Tage später: »Frau v. Bargen lehnt Einzug ab. Zwangseinweisung?« 3. Februar: »Zur Beschwerdekammer des Wohnungsamtes, Verhandlung geht zu meinen Gunsten aus.« Als die Beschwerde gegen die Beschwerde abgelehnt worden war, war auch Frau von Bargen mit den neuen Mietern einverstanden. »Maler in der Brahmsallee 60«, »Fußbodenschleifer angefangen«, »gebohnert in der Brahmsallee, Stühle aus Onkel Hanns' Büro geholt.« 24. Februar: »7.20 kommen Umzieh-Leute, in 40 Minuten alles drüben. Bilder angemacht. Fr. v. Bargen schenkt uns einen Blumentopf, großzügige Einräumung von Platz in der Küche, Speisekammer, Keller. Erschlagen und glücklich im Bett.« Einen Monat später: »Eingeladen von Frau von Bargen zur Kuchenschlacht mit ihren 2 Söhnen und deren Frauen, wirklich sehr netter Abend.«

Auch aus Berlin kamen Angebote, Möbel, Stubenwagen, eine Wickelkommode und eine Babybadewanne zu schicken. Lilo versuchte ihrer Schwiegermutter möglichst schonend beizubringen, dass man die Hilfe ablehnen musste. »Du darfst nicht traurig sein, liebe Mutti, dass wir die Sachen nicht gebrauchen können vorerst. D.h. – gebrauchen könnten wir natürlich alles, aber wie nur unterbringen? Wir haben ja alles, was ein Baby in einer 1-Zimmer-Wohnung beanspruchen kann.« Otto und Else Mossdorf in ihrer großzügigen 160-Quadratmeter-Wohnung konnten nur mit dem Kopf schütteln über soviel Unverstand der jungen Leute.

In Carl Friedrichs Tagebuch häuften sich nun Einträge wie »Lilo beim Einkaufen ohnmächtig geworden«, »Lilo beim Einholen gefallen«. Am 7. Mai 1949, einem Sonnabend, wurde er mittags aus der Redaktion nach Hause gerufen, Lilo hatte seit zwei Stunden Wehen. »Gleich ins Krankenhaus Bethanien. Oberarzt Dr. Nevermann untersucht Lilo: ›Sie bleiben hier.‹ Abschied genommen. Lilo wegen Überfüllung zunächst auf einem Ledersofa im Untersuchungszimmer.« Carl Friedrich sah auf dem HSV-Platz an der Rothenbaumchaussee, wie die Handballer von Polizei Hamburg die Mannschaft HSC Winterbeck 11:3 schlugen, als Lilo um halb fünf im Kreißsaal von einem kräftigen Jungen entbunden wurde. 4150 Gramm schwer, 54 Zentimeter lang und 38 Zentimeter Kopfumfang. Um acht Uhr war der junge Vater mit Blumen im Krankenhaus und war begeistert von seinem Sohn Richard Ludwig Otto. Eine Woche später holte er Mutter und Kind aus der Klinik ab. »Schwestern beschenkt. Zu Hause Geschenke aufgebaut … er schreit kräftig. Freuen uns aber an unserem Jungen.«

Die Taufe des kleinen Richard fand am 25. August in der »83« statt. Die gesamte Familie hatte sich zu diesem Festtag in Berlin versammelt. Pfarrer Gustav Heidenreich von der Kaiser-Wilhelm-Gedächtniskirche, der schon Anne-Regine getraut und beerdigt, alle Kinder konfirmiert und auch Rosa Krause beerdigt hatte, taufte nun auch Enkel Richard. Altar war die schwere Eichentruhe unter dem Bild der Madonna della Sedia im Berliner Zimmer. Die »83« war damit als Mittelpunkt der Familie bestätigt, eine Geste, mit der vor allem Else Mossdorf besänftigt werden sollte, die sehr enttäuscht darüber war, dass ihr Sohn Carl Friedrich mit seiner Familie nun dauerhaft in Hamburg wohnte. Der Täufling Richard nahm diese Tradition später übrigens auf. Sein zweiter Sohn wurde 1979 ebenfalls hier getauft.

Else und Otto Mossdorf mit Rosemarie und Richard auf dem Balkon in der Prinzregentenstraße 83, 1952

Auf der großen politischen Bühne entstand zur selben Zeit ein neuer Staat. Am 25. Mai 1949 wurde in Bonn das Grundgesetz verkündet, es war die Geburtsstunde der Bundesrepublik Deutschland. Am 1. September 1948 hatten der Parlamentarische Rat, 65 stimmberechtigte Abgeordnete der Landtage in den westlichen Besatzungszonen und fünf Westberliner ohne Stimmrecht, auf Weisung der Westmächte begonnen, eine vorläufige Verfassung auszuarbeiten. Zum Präsidenten des Gremiums wurde Konrad Adenauer gewählt. Am 8. Mai 1949, auf den Tag vier Jahre nach der Kapitulation Deutschlands, verabschiedeten die Abgeordneten das Grundgesetz. Am 14. August wurde der erste Bundestag gewählt, die CDU wurde mit 31 Prozent stärkste Fraktion, gefolgt von der SPD mit 29,2 Prozent. Konrad Adenauer wurde mit einer Stimme Mehrheit zum ersten Bundeskanzler gewählt.

Am 12. Mai hob die Sowjetunion alle Sperren nach Westberlin wieder auf. Vor allem ein Embargo westlicher Technologie und die Entschlossenheit der Westmächte, mit der Luftbrücke die Versorgung der Stadt zu sichern und ihre Rechte in der Viermächtestadt zu verteidigen, hatten die Führung in Moskau zum Einlenken bewogen. Mit 277569 Flügen hatten amerikanische und britische Flugzeuge in elf Monaten mehr als 2,3 Millionen Tonnen Fracht in die Stadt gebracht, vor allem Kohle und Lebensmittel.

In seiner ersten Regierungserklärung am 20. September in Bonn betonte Konrad Adenauer als zentralen Punkt seiner Politik die soziale Marktwirtschaft. Sein Wirtschaftsminister Ludwig Erhard wurde zum Symbol des wirtschaftlichen Aufstiegs Westdeutschlands. Erstes sichtbares Zeichen war die Abschaffung der Lebensmittelkarten zum 1. Januar 1950. Die Zahl der Arbeitslosen erreichte allerdings im Februar einen Höchststand von 2,018 Millionen und stieg weiter.

Otto Mossdorf war inzwischen 68 Jahre alt. Nach dem Krieg hatte er trotz aller Bemühungen keine Anstellung mehr gefunden. 1947 sollte eine neue politische Monatszeitschrift gegründet werden, bei der Otto mitarbeiten sollte. Das Projekt scheiterte. Allein seine *Zeittafel Ostasien und Pazifik* erschien 1949 beim Berliner Verlag Walter de Gruyter, wo sie heute noch lieferbar ist. Seine während des Nationalsozialimus erschienenen Bücher über Japan und Konflikte in Ostasien wurden nicht neu aufgelegt. Alle seine diplomatischen Kontaktleute waren verschwunden, es gab keine Botschaften mehr in Berlin. Sein Wissen über den Fernen Osten war nicht mehr gefragt. Jetzt beherrschte der Ost-West-Konflikt die politische Debatte. Otto Mossdorf verfolgte das Weltgeschehen nun von seinem Schreibtisch in der »83« aus.

Tochter Rosemarie studierte seit 1947 Tiermedizin an der Berliner Universität, die sich im Ostsektor Unter den Linden befand. Hier war auf Beschluss der vier Siegermächte 1946 der Lehrbetrieb wieder aufgenommen worden. Doch schon bald gewannen kommunistische Kader entscheidenden Einfluss auf die Hochschule. Oppositionelle Studenten wurden von der sowjetischen Geheimpolizei im März 1947 verhaftet und wegen Spionage und Bildung einer Untergrundbewegung zu 25 Jahren Zwangsarbeit verurteilt. Als Reaktion darauf wurde in Westberlin die Gründung einer neuen Hochschule vorbereitet. Die Berlin-Blockade beschleunigte den Prozess. Am 15. November 1948 begannen an der Freien Universität in den Gebäuden der alten »Kaiser-Wilhelm-Gesellschaft zur Förderung der Wissenschaften« (heute Max-Planck-Gesellschaft) in Dahlem die Vorlesungen. In ihrer Satzung waren Staatsferne und die Unabhängigkeit von Forschung und Lehre wesentliche Grundsätze. Ihr Wahlspruch lautete: »Veritas – Iustitia – Libertas« – Wahrheit, Gerechtigkeit, Freiheit.

Auch Rosemarie fuhr seit November nach Dahlem. In den ersten Semestern lernte sie die Grundlagen der Biologie, Chemie und Medizin, hörte Vorlesungen über Diagnostik und Therapien bei Pferden, Geflügel, Schweinen und Kleintieren wie Hunden, Katzen und Kanarienvögeln. Das Studium war wegen der sehr unterschiedlichen Fachrichtungen höchst anspruchsvoll und vor allem an der Praxis orientiert. Nach dem Staatsexamen schrieb sie ihre Doktorarbeit zum Thema *Der Einfluss ausschließlicher Haferfütterung bei Pferden und die Konzentration von Stickstoff, Kreatin-Kreatinin und Cholesterin im Blute* und wurde am 28. Juli 1954 mit dem Gesamturteil »Cum Laude« promoviert.

Rosemarie Mossdorf, 1955

Den Beruf der Tierärztin übte sie nur sieben Jahre aus. Die sprichwörtliche Hundeliebe der Berliner konnte zwar einen Kleintierveterinär ernähren, Spezialisten für Pferdemedizin hatten es in der geteilten Stadt schwerer. Rosemarie Mossdorf entschied sich deshalb, zunächst in der chemischen Industrie, anschließend im Bereich der Humanmedizin zu arbeiten als Pharmareferentin für Boehringer. 1971 wechselte sie zur Schering AG. Spezialität und Verkaufsschlager des Berliner Konzerns waren Antibabypillen, besonders die 1972 auf den Markt gekommene sogenannte »Mini-Pille«. Neunzehn Jahre war Dr. Rosemarie Mossdorf für Schering tätig.

Auf die Karriere seiner jüngsten Tochter war Otto Mossdorf mächtig stolz, hatte sie doch geschafft, was ihm durch widrige Umstände verwehrt geblieben war – die Promotion. Jetzt gab es bei den Mossdorfs nicht nur Offiziere mit hohen militärischen Orden und Ehrenzeichen, nun gab es auch eine Frau Doktor, die dazu im Beruf erfolgreich war. Als Familienpatriarch kümmerte Otto sich liebevoll um seine Kinder und Enkel. 1954 hatten Lilo und Carl Friedrich ihr zweites Kind bekommen, ihre Tochter Friederike. In Hamburg versammelte sich zur Taufe die ganze Familie zum Foto auf dem Sofa, inzwischen in einer Zweieinhalb-Zimmer-Wohnung in einem der modernen Grindelhochhäuser: Großvater Otto, Enkel Richard, »Oma Berlin« mit dem obligaten großen Hut, Mutter Lilo mit der kleinen Friederike, Tante Rosi und Vater Carl Friedrich.

1954 bescherte nicht nur privates Glück, die ganze Nation jubelte in diesem Jahr über die gewonnene Fußball-Weltmeisterschaft in der Schweiz, 3:2 im Endspiel gegen den Favoriten Ungarn. Das »Wunder von Bern« vermittelte den Deutschen zum ersten Mal nach den Schrecken der Nazi-Herrschaft und dem Grauen des Zweiten Weltkriegs wie-

Die Taufe von Friederike 1954, von links nach rechts:
Otto, Richard, Else, Lilo, Rosi und Carl Friedrich

der ein positives Gemeinschaftsgefühl. Man durfte stolz sein, ›man war wieder wer‹.

In den folgenden Jahren machten sich bei Otto Mossdorf zunehmend die Lasten des Alters bemerkbar. Im Frühjahr 1959 musste er in ein Krankenhaus eingeliefert werden. Carl Friedrich notierte am 6. Juni 1959: »Vor dem Rennen und am folgenden Sonntag besuchte ich Vati in der Rheingau-Klinik – das letzte Mal.« Otto Mossdorf starb am 30. Juni.

Für den Fall seines Todes hatte er schon im Januar 1953 in seinem Testament alles mit nahezu militärischer Strenge geregelt: »Mein letzter Wille! Es werden keine gedruckten Karten verschickt.« Das verursache nur unnötige Kosten. In der »anständigen Presse« könne eine Anzeige erscheinen. Auch den Text dafür hatte er festgelegt:

Statt Karten!
Johann Gustav Otto Mossdorf
Major a. D.
Geboren: 8. 4. 82, verstorben: .....
Beerdigung auf dem Jerusalemer Friedhof im Familiengrab am .....
Keine Besuche, keine Kranz- und Blumenspenden.
›Ich gehe durch den Todesschlaf
Zu Gott als ein Soldat und brav.‹
Goethe, Faust I.

Der Pfarrer der Familie, Gustav Heidenreich, solle eine »kurze Ansprache ohne Labaderei« halten und auf seinem Grabstein sollten das EK I und II, sowie das Ritterkreuz des Hohenzollernschen Hausordens erwähnt werden. Außerdem sollte beim Bestattungsinstitut Grieneisen der billigste schwarze Holzsarg gewählt werden. »Mir ist mein alter Militärrock anzuziehen. Die Beine sind mit meinem Militärmantel zu bedecken.«

Else Mossdorf erfüllte alle Wünsche ihres Mannes, nur eine Anordnung nicht: »Ich verbitte mir, dass man mich im Krematorium verbrennt.« Otto hatte übersehen, dass im Familiengrab nur Urnen beigesetzt werden konnten.

Epilog

»MUT, TOLERANZ UND GLAUBEN AN DIE ZUKUNFT«

Mit dem Tod von Otto hatten die Mossdorfs ihr Familienoberhaupt verloren. Doch die »83« blieb weiterhin ihr Mittelpunkt. Für Mutter Else und Tochter Rosemarie war es ihr Zuhause, ein Kokon für ihre symbiotische Beziehung. Sie pflegten weiterhin Freundschaften und reisten gern, aber im Grunde waren sie sich zu zweit genug. Rosemarie kam als Pharmareferentin zwar mit vielen Menschen zusammen, außerdem hatte sie ihre Sportfreunde. Es gab durchaus Männer, die Interesse an ihr zeigten. Aber bevor daraus eine ernsthaftere Beziehung werden konnte, trat Else auf den Plan. Überliefert ist ein geflügeltes Wort der Mutter: »Rosemarie tut so etwas nicht!« Else konzentrierte ihre ganze Fürsorge auf die Tochter, da war kein Platz für einen Partner.

Die Mutter besorgte den Haushalt und kochte abends für Rosemarie. Sie saßen zum Handarbeiten zusammen, bestickten Tischdecken und strickten bei schöner Musik – Handschuhe, Socken und Schals für die Enkel, Neffen und Nichten. Inzwischen hatten Liselotte und Carl Friedrich Mossdorf am 14. Juli 1961 ihr drittes Kind bekommen, die Tochter Babette. Um Lilo etwas zu entlasten, war Carl Friedrich mit Richard und Friederike im August zwei Wochen nach Bad Bevensen in der Nordheide gefahren. Sie ahnten nicht, dass die nächsten Monate mit großen Aufregungen verbunden sein würden.

Am Sonntag, 13. August 1961, plötzlich Hektik und Bestürzung in dem beschaulichen Kurort – in Berlin wurde die Mauer gebaut. Am Brandenburger Tor zogen Kampftruppen und Grenzsoldaten der DDR auf, Stacheldrahtverhaue wurden quer durch die Stadt entrollt, Maurer bauten in Sonderschichten den »antifaschistischen Schutzwall«, wie die Mauer in der SED-Propaganda genannt wurde. Am Checkpoint Charlie, dem Grenzübergang für die Alliierten an der Kochstraße, standen sich tagelang amerikanische und sowjetische Panzer gegenüber. Richard erinnerte sich später so an diesen Tag: »Am Abend saßen alle Pensionsgäste um ein Transistorradio herum und verfolgten die beunruhigenden Nachrichten aus Berlin. Die Stimmung war bedrückt. Die Erwachsenen waren sehr nervös und voller Sorge vor einem neuen Krieg. Niemand wusste ja, wie dieser Konflikt ausgehen würde. Mein Vater überlegte, ob wir nach Hause fahren sollten, damit die Familie wenigstens zusammen war, wenn Schlimmes passierte.«

Die beiden Weltmächte hielten sich gegenseitig in Schach, ihre Rechte in der Vier-Mächte-Stadt Berlin beachteten sie peinlich, die wurden auch von den Mauer-Aktivitäten der DDR nicht berührt. Deren Konsequenzen waren zwar besonders für die Ostberliner und Ostdeutschen einschneidend, der Grenzübertritt von Ost nach West war nur noch durch Flucht unter Lebensgefahr möglich. Allein an der Berliner Mauer wurden zwischen 1961 und 1989 98 Menschen bei Fluchtversuchen erschossen, an der innerdeutschen Grenze starben 271 Menschen. Aber der Frieden blieb während des Kalten Krieges erhalten. Passierschein-Abkommen und die neue Ostpolitik von Bundeskanzler Willy Brandt – mit dem Transitabkommen, dem Moskauer und Warschauer Vertrag, dem Grundlagenvertrag mit der DDR und dem Vier-Mächte-Abkommen – entspannten die Lage weiter.

Carl Friedrich mit seiner jüngsten Tochter Babette, 1961

Im Juli 1965, Else war inzwischen achtzig Jahre alt, stürzte sie, erlitt einen Oberschenkelhalsbruch und musste operiert werden. Sie war unsicher, ob sie diesen Eingriff überleben würde, und schrieb einen Abschiedsbrief an ihre Tochter, eine Liebeserklärung, eine Bitte um Entschuldigung, eine große Dankesbezeugung und ein Testament zugleich:

Mein geliebtes Mädel, meine süße, süße Rosi,

ich hoffe ja, dass diese Zeilen umsonst sind, und ich aus der Narkose wieder aufwache. Aber ich möchte Dir auf alle Fälle tausend und abertausend Mal Dank sagen für all Deine Liebe und Aufopferung. Oft habe ich ein schlechtes Gewissen gehabt, dass ich Dich zuviel beansprucht habe, aber es war so unendlich schön mit Dir zusammen. Also Dank, Dank und nochmals Dank. Grüße mir die Hamburger, und ich hoffe, dass Carl Friedrich Dir den Hauptteil der Sachen lässt. Du wolltest doch so gern die Wohnung behalten. Das wenige Geld (Papiere) könnt Ihr ja teilen, nach Abzug der Unkosten. Richard soll das gold-grüne Kaffeeservice erhalten, Friederike die Kette mit den Türkisen und Babette den Marquis-Brillantring. Allen anderen Schmuck behältst Du, die Du Dein bisheriges Leben für Mutti geopfert hast. Carl Friedrich und Lilo sollen sich etwas von den anderen Sachen aussuchen. So meine liebe Rosi, das sind die Wünsche Deiner Mutter.

Else Mossdorf überstand die Operation. Das Leben in der »83« ging seinen gewohnten Gang weiter. Wie ihr Bruder Carl Friedrich war auch Rosemarie eine begeisterte Reiterin gewesen, doch später entschied sie sich für Hockey und Tennis. Sie war Mitglied im »Berliner Hockey Club«, für den sie auch mit der Tennis-Mannschaft zu Turnieren reiste. Else war ihre ständige Begleiterin. Mit einem großen Kopfkissen ausgestattet, legte sie sich bei Fahrten zu auswärtigen Turnieren auf die Rückbank des Club-Busses und schlief. Aber während der Wettkämpfe saß sie hellwach am Spielfeldrand und feuerte ihre Tochter an: »Rosi, lauf! Rosi, streng Dich an!« Auch bei Zusammenkünften oder Festen im Clubhaus war Else ganz selbstverständlich mit dabei. Sie saß dann »wie Queen Mum« – so ein Freund der Familie – mit einer »Plüsch-Pleureuse« auf dem Kopf, einem ihrer mächtigen Hüte, mitten im Geschehen.

Die »83« blieb wie zu Ottos Zeiten ein gastliches Haus. Else organisierte Skat-Turniere, sie und ihre Tochter spielten beide mit Leidenschaft. Häufig wurde der große Esstisch auf volle Länge ausgezogen, und dann wurde getafelt. Immer wieder wurden »die Hamburger« bewirtet, aber auch die Cousinen mit ihren Familien, Freunde und Clubkameraden waren gern zu Gast. Gemeinsame Weihnachtsfeiern gehörten ohnehin zum Familienritual. Zwar hatte Carl Friedrich im November 1947 nach Hause geschrieben:

Mit dem Kommen zu Weihnachten wird es nichts werden, wenn meine liebe Mutti sich auch so danach sehnt … Wieder ein Weihnachten fern von zu Hause; es wird vor zwei Jahren wahrscheinlich das letzte Mal gewesen sein, dass ich in Euerm Kreis das Fest gefeiert habe. Wisst Ihr auch warum? Wenn ich im März verheiratet sein werde, dann werde ich mit meiner Frau in Zukunft Weihnachten feiern und mit Euch nur Grüße und Wünsche austauschen können …

Doch das war nicht sein letztes Wort. Zwar blieb Hamburg der Lebensmittelpunkt von ihm, von Lilo und den drei Kindern, aber der Heiligabend wurde hin und wieder in der »83« gefeiert.

Eine besondere Liebe zu Berlin hatte Richard jr. entwickelt. Schon als Kind verkündete er, er wolle später nicht an der Elbe wohnen bleiben, sondern auf jeden Fall in der alten Hauptstadt leben. Das passte gut in die Familientradition der Mossdorfs. Aber auf anderen Gebieten klappte es damit nicht so recht. Natürlich wollte Vater Carl Friedrich aus dem Erstgeborenen einen Reiter machen. Eines Tages nahm er den Siebenjährigen mit in die Flottbeker Reithalle, er sollte mit Hilfe eines Sprungbretts über ein Voltigierpferd springen. Beim ersten Versuch landete er auf dem Rücken des Pferdes. Beim zweiten Versuch landete er zwar auf der anderen Seite, aber als er sich wieder aufrappelte, hatte er Tränen in den Augen und Sägespäne im Mund – das Ende einer Reiterkarriere. Später kaufte Carl Friedrich dem Sohn zur sportlichen Ertüchtigung zwei Hanteln, die Richard dauerhaft in seinem Schrank deponierte.

Auch am Militär zeigte er keinerlei Interesse. Offizier wollte er auf keinen Fall werden. So war es für ihn auch kein Problem, dass er wegen der Wirbelsäulen-Krankheit Scheuermann bei der Musterung der Bundeswehr der Ersatzreserve II zugeteilt wurde und somit nicht als Rekrut dienen musste. Nachdem er 1970 sein Abitur gemacht hatte, zog Richard an die Spree und begann eine Ausbildung als Industriekaufmann bei Siemens. Zwar war die Konzernzentrale 1949 nach München und Erlangen verlegt worden – Berlin galt als politisch zu unsicher und zu weit von den Märkten entfernt –, aber vor allem die Produktion von Haushaltsgeräten und Glühlampen und auch ein Kabel- und Schaltwerk waren in Berlin geblieben.

1968 hatte er bei einem Sprachurlaub in Neuchâtel in der Schweiz ein junges Mädchen kennengelernt, Gabriele, seine spätere Frau, eine Berlinerin. Die ersten sechs Wochen wohnte Richard bei seiner Großmutter in der »83«. Freundin

Gabriele machte dort ihren Antrittsbesuch. Gemeinsam mit Else saß sie im Salon auf dem Sofa. Die beiden verstanden sich auf Anhieb. Das gute Verhältnis zu ihrem Enkel trübte sich allerdings kurzzeitig ein, als Else Mossdorf 1972 in Bad Harzburg mit der Familie ihren 88. Geburtstag feierte. An der Festtafel wurden alte Geschichten erzählt, aber auch über die aktuelle politische Lage gesprochen. Bei der Debatte um die Anerkennung der Oder-Neiße-Grenze kam es zum Streit. Else war strikt dagegen, diese Grenze als endgültig zu akzeptieren. Richard und auch Gabriele lobten dagegen die Politik von Willy Brandt, dem die Aussöhnung mit Polen eine Herzensangelegenheit sei. Das war zuviel für die Jubilarin. Voller Empörung rief sie mit Blick auf Richard in die Runde: »Wie kommt dieses schwarze Schaf in die Familie?« Diese Szene war längst vergessen, als Großmutter Else Mossdorf am 2. Januar 1976 im Alter von 91 Jahren starb. Nun lebte Rosemarie die nächsten 26 Jahre allein in der »83«.

In Hamburg hatte sich Carl Friedrich Mossdorf Anfang der fünfziger Jahre als Stellvertreter von *Abendblatt*-Sportchef Georg Meurer einen Namen gemacht. Während der Olympischen Spiele 1952 in Helsinki, vertrat er seinen Ressortleiter mehrere Wochen lang. Zu seiner großen Überraschung erhielt er folgende Hausmitteilung seines Verlegers:

Lieber Herr Mossdorf,

vor einer Reise nach dem Norden möchte ich mich von Ihnen noch besonders herzlich verabschieden. Ich habe in den letzten Tagen gar keine Zeit gefunden, Ihnen zu sagen, wie gut der Sportteil von Ihnen in dieser letzten Zeit gemeistert wird. Dafür danke ich Ihnen sehr.

Ihr Axel Springer

Carl Friedrich und Liselotte Mossdorf mit ihren Kindern, 1964

Das war wie ein Ritterschlag und beflügelte den jungen Sportreporter. Da er selbst nicht mehr reiten konnte, ersann er gemeinsam mit Kollegen in Berlin einen besonderen Wettbewerb, den Presse-Städtekampf im Trabrennen, der jährlich in Hamburg und in Berlin stattfand. Das erste Rennen wurde 1953 in Hamburg ausgetragen. In einem Sulky konnte auch »Mo« mit seinem steifen rechten Bein problemlos sitzen. Es war jedes Mal wie ein Familientreffen der Sportjournalisten mit Rahmenprogramm, zu dem manchmal auch Prominente eingeladen wurden. Nach den Rennen wurde gefeiert. Für das Spring-Derby in Hamburg Klein-Flottbek hatte »Mo« ebenfalls Ideen – zur damaligen Abschlussveranstaltung, dem Kostümspringen, im Juli 1959 erschien er zum Gaudium der Zuschauer und Reiter hoch zu Ross mit einer Schreibmaschine vor dem Bauch, die Kamera umgehängt und um den Hals ein großes Schild »Presse«. Auch den Presseball in Hamburg besuchten Lilo und Carl Friedrich Mossdorf regelmäßig. 1967 zog Lilo das große Los – sie gewannen einen VW-Käfer.

Neben seiner Arbeit beim *Hamburger Abendblatt* verfasste Carl Friedrich Mossdorf auch zahlreiche Artikel für Pferdesport-Fachblätter. 1959 erschien sein erstes Buch mit dem Titel *Reiterprofile – Ein Buch vom deutschen Turniersport* im Bremer Schünemann-Verlag. Mehrere Auflagen wurden gedruckt, mit 28 000 verkauften Exemplaren war es ein heimlicher Bestseller. Seinen Eltern in Berlin schickte er natürlich auch ein Exemplar mit folgender Widmung: »Ich bestreite, dass ich je ein solches Buch geschrieben hätte, wenn nicht Eure Liebe, Anleitung und Führung mein Leben ständig begleitet hätten. In Dankbarkeit Euer Sohn Carl Friedrich.« Es folgten fünf weitere Pferdefachbücher – *Josef Neckermann – Weltmeister und Olympiasieger, Turniersport von A bis S – ein Leitfaden für Zuschauer, Hindernis- und Parcoursbau* und *Kavallerieschule Hannover.*

Für den Band *25 Jahre Preis der Nationen* wurde ihm eine ganz besondere Ehre zuteil: Das Vorwort dazu schrieb Prince Philip, damals Präsident der Internationalen Reiterlichen Vereinigung FEI. Am 24. Juli 1973 um 10.10 Uhr empfing ihn der Ehemann von Queen Elizabeth im Buckingham Palace zu einer fünfzehnminütigen Audienz und signierte das Buch. Privatsekretär Major Benjamin Herman schrieb zuvor an Carl Friedrich: »Would you please come to the Privy Purse door at Buckingham Palace a few minutes before and ask for me.« Natürlich war er pünktlich zur Stelle. Mit dabei waren Ehefrau Lilo und Tochter Babette, die während des Empfangs vor dem Schloss warteten und die Wachablösung beobachteten.

Auch in der Sportpresse der DDR fiel Carl Friedrich Mossdorf auf. Im Mai 1960 druckte die *Berliner Morgenpost* aus dem Springer-Verlag einen Artikel von ihm mit dem Titel »Erinnerungen an Hoppegarten – ein Blick in die Vergangenheit«. Der Text begann: »In Düsseldorf wird heute das Schwarzgold-Rennen gelaufen, die erste klassische Prüfung für Dreijährige, die traditionell allerdings nur Stuten vorbehalten ist. Schwarzgold-Rennen – das erweckt bei einem alten Berliner Erinnerungen an Hoppegarten, an Schwarzgold und all die großen Vollblüter.« Dann schilderte er seine Erlebnisse als kleiner Junge auf der Rennbahn und schloss: »Wann wird es wieder einmal so sein, dass der Turffreund aus ganz Deutschland ohne Personalausweis und Kontrollen nach Hoppegarten kommen kann, um dort die besten deutschen Vollblüter zu sehen, auf sie zu wetten und sich an diesem schönen Sport zu erfreuen … ich meine das schöne Hoppegarten, nicht das ›volkseigene‹, sondern das des Sports, der Pferde und des Turfs.«

Fünf Tage später antwortete der *Renn-Courier* aus Ostberlin mit einem Beitrag »Guten Tag, lieber Turffreund!«, der so

Liselotte und Carl Friedrich Mossdorf gewinnen einen VW-Käfer
beim Hamburger Presseball 1967

endete: »Lesen Sie den Deutschlandplan, Kollege Mossdorf! Sorgen Sie durch Publikationen in den von Ihnen zu bearbeitenden Zeitungen dafür, dass die Spaltung Deutschlands nicht noch mehr vertieft wird durch das Aufrüsten Ihres Kriegsministers Strauß! Dann werden Sie nämlich in nicht allzuferner Zeit als Überschrift wählen können: ›Hoppegarten ruft deutsche Vollblut-Elite‹.« Dazu kam es nicht, denn fünfzehn Monate später wurde die Berliner Mauer gebaut.

Beim *Hamburger Abendblatt* war Carl Friedrich Mossdorf am 1. Juni 1961 zum Chef des Sportressorts befördert worden. Es war die Blütezeit des Blattes, die Auflage stieg und die Wochenend-Ausgabe war dick wie ein Telefonbuch, so viele Anzeigen wurden gedruckt. Die Bundesrepublik erlebte Jahre ungebremsten Wirtschaftswachstums, das weltweit als »deutsches Wirtschaftswunder« wahrgenommen wurde. 1960 exportierte die Bundesrepublik viereinhalbmal soviel wie 1950, es herrschte Vollbeschäftigung, schon 1955 wurden die ersten Gastarbeiter angeworben, obwohl jedes Jahr hunderttausende hochqualifizierte Fachleute aus der DDR in den Westen flohen. Der Bundeshaushalt war bis 1968 beinahe ausgeglichen. Im August 1955 wurde in Wolfsburg der einmillionste VW-Käfer ausgeliefert, das Auto war ein Exportschlager. Insgesamt wurden 21,5 Millionen Käfer gebaut. Experten hatten nach dem Zweiten Weltkrieg geschätzt, dass der Wiederaufbau der durch den Bombenkrieg zerstörten Städte vierzig bis fünfzig Jahre dauern würde. Tatsächlich war schon 1954 der Wohnungsbestand von 1938 erreicht, der Bauboom hielt ungebrochen an. Die zahlreichen Stellenanzeigen und die Annoncen für Wohnungen und Autos brachten den Zeitungsverlagen Millionengewinne.

Sportveranstaltungen waren populär wie nie. Pferderennen waren gesellschaftliche Ereignisse. Beim Deutschen Derby in Horn trafen sich die Hautevolee der Hansestadt

Carl Friedrich Mossdorf, genannt »Mo«, als Sportressortleiter beim *Hamburger Abendblatt*, 1965

und Prominente und Rennstallbesitzer aus ganz Deutschland. Auf den deutschen Rennbahnen und Turnierplätzen war Carl Friedrich Mossdorf in seinem Element, er kannte alle Größen des Pferdesports, und sie kannten ihn und schätzten seinen Sachverstand. So etwa Willi Schultheis, einer der damals besten Dressurreiter und -trainer, den Carl Friedrich schon aus Hoppegarten kannte. Nach dem Krieg war er als Trainer nach Düsseldorf gegangen. Schultheis war von 1954 bis 1962 der beste Dressur-Reiter Deutschlands. Verleger Axel Springer holte ihn 1955 nach Hamburg, er sollte seine Frau Rosemarie als Dressurreiterin trainieren.

1965 erkrankte Schultheis schwer und musste eineinhalb Jahre den Wettbewerben fernbleiben. Im Februar 1967 ritt er in der Dortmunder Westfalenhalle sein erstes Turnier nach der Genesung. Carl Friedrich Mossdorf schrieb aus diesem Anlass ein Porträt über den großen Sportsmann, Titel »Das Schicksal gemeistert und wieder im Sattel: Schultheis«. Der Artikel endete mit dem Satz: »Sicher wussten sehr viele Besucher in der Westfalenhalle nicht, dass sie einen Erfolg feierten, der noch mehr als im reiterischen im menschlichen Bereich lag.«

Willi Schultheis reagierte sofort und schrieb:

Dein Artikel im Hamburger Abendblatt *wurde mir von Herrn Springer persönlich überreicht. Ich wollte den Artikel in Anwesenheit von A. S. nicht gleich lesen. Er forderte mich aber dazu auf mit der Bemerkung ›Lesen Sie ruhig, Herrn Mossdorf ist es glänzend gelungen, eine ernsthafte Verbindung zwischen Sport und Spiel und menschlichen Schicksalsschlägen zu Papier zu bringen‹.*
Ich möchte mich seinem Urteil anschließen und Dir meinen herzlichen Dank aussprechen! Auch Fritz Tiedemann äußerte sich entsprechend. Dein Artikel hat eine Flut von

Sympathiebezeugungen bei mir ausgelöst. Außerdem hat Dein Artikel bei allen meinen Leidensgenossen, und das sind Zigtausende, wieder große Hoffnung an der Teilnahme eines positiven Lebensgefühls ausgelöst!

Mit herzlichen Grüßen
Dein Willi Schultheis

Trotz aller journalistischen Erfolge gab es im Frühjahr 1968 eine herbe Enttäuschung für den siebenundvierzigjährigen Carl Friedrich, er wurde als Leiter des Sportressorts abgelöst. Verbittert schrieb er in sein Tagebuch: »Mo abgeschossen.« Carl Friedrich Mossdorf war fassungslos, er konnte die Entscheidung nicht begreifen, zumal ihm keine nachvollziehbare Erklärung dafür gegeben wurde. In einem Gedächtnisprotokoll hat er die Ereignisse festgehalten:

Am 17. April 1968 bat mich Herr Josef Ollig, stellvertretender Chefredakteur HA, zu einem Mittagessen in Schümanns Austernkeller am Jungfernstieg. Bei diesem Essen eröffnet Herr Ollig mir, dass ich zum 1. Mai 1968 die Sportredaktion abgeben solle, das sei schon beschlossen. Meine Gegenfrage: Warum? – wurde ausweichend beantwortet, es müsse auch mal einen Wechsel geben können. Herr Ollig meinte auch, ich ginge jetzt zur Kur und solle erst einmal für meine Gesundheit sorgen, die vorginge.
Herr Ollig betonte, dass durch diese Ablösung weder mein Gehalt, mein Status als Ressortleiter, mein Dienstwagen noch die jährlich gezahlte Tantieme berührt würden. Auch behalte ich mein eigenes Zimmer. Ich wollte bei diesem Gespräch wissen, ob irgendwelche Verfehlungen meinerseits vorlägen, die zu meiner Ablösung geführt hätten. Herr Ollig: Keine!

Es gab zwar auch noch ein Gespräch mit Chefredakteur Martin Saller, das aber weder etwas an der Entscheidung änderte noch eine Begründung dafür lieferte. Nur den Text für die verlagsinterne *Springer-Post*, in dem der Wechsel bekannt gegeben wurde, durfte »Mo« selbst verfassen. Ansonsten wurde ihm nahegelegt, »dass ich die Sportredaktion nicht mehr betreten solle, nachdem ich meine persönlichen Sachen in Kartons verpackt hätte, die ich in meinem neuen Arbeitszimmer nach meiner Kur wiederfände«.

Nach zwanzig Jahren engagierter Arbeit für »seine« Zeitung, empfand Carl Friedrich Mossdorf das als Strafversetzung, und es dauerte lange, bis er diesen Tiefschlag überwand. Seine neue Aufgabe fand er in Werbe- und Promotions-Veranstaltungen für das *Hamburger Abendblatt*. Er organisierte bis 1971 Busreisen zu wichtigen Galopp-Rennen in Baden-Baden, München, Köln, Frankfurt am Main und Mannheim, auf denen er die Turf-Begeisterten begleitete und mit Nachrichten und Geschichten aus dem Rennsport unterhielt. Bald hatte er eine rechte Fangemeinde. Er sorgte auch dafür, dass an der wenig attraktiven Tribünenfront der Rennbahn Hamburg-Horn, wo jedes Jahr das »Deutsche Derby« stattfindet, Tafeln mit den Stallfarben aller Derby-Sieger aufgehängt wurden – »gesponsert vom HAMBURGER ABENDBLATT«. Von 1971 bis zu seiner Pensionierung leitete er die Stadtteilredaktion *Eimsbütteler Zeitung*, ein Bestandteil des Hamburger Abendblattes.

Von diversen Sport- und Journalistenverbänden wurde Carl Friedrich Mossdorf mit zahlreichen Medaillen und Ehrennadeln ausgezeichnet. Die Deutsche Reiterliche Vereinigung in Warendorf verlieh ihm 1971 das »Deutsche Reiterkreuz in Silber«, der Rektor der Tierärztlichen Hochschule in Hannover schmückte ihn 1978 mit einem Ehrenpreis für seine Berichte über »Die wunderbare Rettung des Springpferdes Jaspis«, und 2002 wurde er Ehrenmitglied des »Verbandes Deutscher Sportjournalisten«.

Auch nach seiner Pensionierung 1984 beim *Hamburger Abendblatt* – zwei Jahre zuvor hatte er vier Operationen an seinem kriegsverletzten Bein zu überstehen – schrieb er Artikel für die Pferdesport-Presse. Das Wort Pensionär hörte er nicht gern: »Wer einmal Journalist war, der ist es ein Leben lang.« 1989 veröffentlichte er sein letztes, beim Fachpublikum überaus anerkanntes Buch über die *Kavallerieschule Hannover*. Es war nicht nur ein Buch über die Ausbildung von Pferden und Reitern, sondern zugleich ein Stück deutsche Militärgeschichte.

Als großes Glück empfanden Lilo und Carl Friedrich Mossdorf den Fall der Berliner Mauer am 9. November 1989. Schon im Sommer hatte sich ein Umsturz in der DDR angedeutet. Tausende DDR-Bürger flüchteten sich in die bundesdeutschen Botschaften in Warschau und Prag und durften nach längeren Verhandlungen per Zug in die Bundesrepublik ausreisen. Die ungarische Regierung gestattete es 10 000 Flüchtlingen, die Grenze nach Österreich zu passieren. In der DDR gründeten Regimegegner die Oppositionsgruppe »Neues Forum«. Wenig später formierten sich die Bürgerbewegung »Demokratie jetzt« und die von den Kirchen unterstützte Gruppe »Demokratischer Aufbruch«. In Leipzig begannen die Friedensgebete in der Nikolai-Kirche, aus denen die Montags-Demonstrationen hervorgingen, bei denen Zehntausende für politische Reformen auf den Straßen demonstrierten.

Während die Staats- und Parteiführung der DDR mit Erich Honecker an der Spitze am 7. Oktober mit großem Gepränge den vierzigsten Jahrestag der DDR-Gründung feierte, wuchs die Oppositionsbewegung unaufhaltsam. Am

9. Oktober demonstrierten in Leipzig 70 000 Menschen, eine Woche später waren es schon 120 000, die »Wir sind das Volk« skandierten und freie Wahlen forderten. Am Abend des 9. November verkündete Günter Schabowski in einer live im DDR-Fernsehen übertragenen Pressekonferenz, der DDR-Ministerrat habe beschlossen, dass DDR-Bürger ohne besondere Erlaubnis ins westliche Ausland reisen könnten – die Berliner Mauer war damit gefallen und das Ende der DDR eingeläutet.

Als neugieriger Journalist setzte sich Carl Friedrich in sein Auto, um die neue Reisefreiheit zu beobachten, und fuhr zur einst so hermetisch bewachten Grenze. »10. 11. 89 Ich nach Gudow. Nichts los.« Zwei Tage später wiederholte er die Fahrt mit seiner Frau. »Mit Lilo nach Gudow, 2 DDR-Besucher durch Hamburg geführt, wieder nach Gudow.« Ein Briefkontakt zu dem Ehepaar aus Mecklenburg-Vorpommern hielt viele Jahre. Im Dezember waren Lilo und Carl Friedrich in Berlin, besuchten Rosemarie in der »83« und betätigten sich mit ihr, mit Richard und dessen Söhnen als »Mauer-Spechte« am alten, auf Westberliner Seite buntbemalten Grenzwall.

Zu Carl Friedrichs siebzigstem Geburtstag am 7. Dezember 1991 schrieb ihm Peter Tamm, der ehemalige Kollege und spätere Vorstandsvorsitzende der Axel Springer AG:

> *Im Laufe unserer gemeinsamen Zeit in der Redaktion beim* Hamburger Abendblatt *haben Sie immer gezeigt, dass Sie nicht nur ein großartiger Kollege, sondern auch immer Freund waren. Sie waren zur Stelle, wenn man Hilfe brauchte, nicht nur berufliche. Und wie oft haben Sie auch mir geholfen! Sie gehörten zu denen, die den Erfolg des* Hamburger Abendblattes *garantierten. Ein Mann mit Standfestigkeit, Mut, Toleranz und Glauben an die Zu-*

kunft. Es war das Glück Axel Springers, sich auf Leute wie Carl Friedrich Mossdorf stützen zu können.

Und zwanzig Jahre später gratulierte ihm Rosemarie Springer, die dritte Frau des Verlegers und erfolgreiche Dressurreiterin, fünfmal Deutsche Meisterin und Olympia-Teilnehmerin, so zu seinem neunzigsten Geburtstag:

Einige wenige Ihrer Kollegen hatten einen so engen Kontakt zu Axel Springer wie Sie. Und ich möchte Ihnen heute dafür danken, dass Sie treu, immer offen und ehrlich, deutlich Ihre Meinung vertretend an seiner Seite standen und in schwierigen Zeiten zu ihm hielten. Auch in mir werden Erinnerungen wach aus meinem Sportlerleben. Waren Sie es doch, der immer als Erster nach einer absolvierten Prüfung, die ich nach hartem Kampf bestand – gegen Olympioniken –, mir gratulierte oder mich in die Arme nahm, um der Gratulation noch mehr Ausdruck zu verleihen.

Im Oktober 2000 feierte Rosemarie Mossdorf im traditionsreichen Berliner Tennisclub Rot-Weiß ihren 75. Geburtstag. Noch einmal hatten sich die gesamte Familie, alte Freunde, Sportkameraden und ehemalige Kollegen versammelt, um die Jubilarin hochleben zu lassen. Wie in guten alten Tagen war Rosi noch einmal großzügige Gastgeberin, man genoss die herrliche Tafel und das noble Ambiente des Clubrestaurants am Hundekehlensee. Eineinhalb Jahre später, am 14. Mai 2002, starb Rosemarie Mossdorf im Krankenhaus nach mehreren Stürzen und einer Hüftoperation. Trotz ihrer Gebrechen hatte sie auf keinen Fall aus der »83« heraus in ein Altersheim umziehen wollen. Lieber starb sie.

Liselotte und Carl Friedrich Mossdorf feierten im März 2008 ihre Diamantene Hochzeit. Ihre Kinder überraschten sie mit einem blumengeschmückten Auto und fuhren sie zu einem extra für sie organisierten Festgottesdienst in der St. Johanniskirche in Harvestehude, wo sie sich sechzig Jahre zuvor das Ja-Wort gegeben hatten. Einen Monat später starb Liselotte unerwartet an einem Hirnschlag. Ein gnädiger Tod für sie – eine Tragödie für Carl Friedrich. Seine beiden Töchter, die mit ihren Familien in Hamburg leben, kümmerten sich in den folgenden Jahre um ihn, sie besuchten ihn fast täglich, sie sprachen über die Vergangenheit und schmiedeten Pläne mit ihm. So gaben sie ihm neuen Lebenswillen. Für Friederike und Babette eine unerwartete Gelegenheit, ihrem Vater in seinem hohen Alter noch einmal sehr nahe zu kommen.

Die Familie feierte immer wieder große Feste, denn inzwischen hatte Carl Friedrich acht Enkelkinder und zwei Urenkel. So wurde auch sein 90. Geburtstag mit Familie, Freunden und Kollegen groß inszeniert. Was niemand ahnte: Der Vorstand des Verbandes Deutscher Sportjournalisten hatte sich eine besondere Überraschung ausgedacht – sie verliehen ihrem Urgestein, dem »Gentleman Mo« die »Ehrennadel in Gold mit Brillant«. »Mo« war gerührt.

Am 16. Juli 2012 starb Carl Friedrich Mossdorf. Neun Krankenhausaufenthalte in den letzten vier Jahren und weitere Operationen hatten seine Lebenskräfte aufgezehrt. Schulfreund Egon Bahr kondolierte den Schwestern: »Ich werde Ihren Vater, meinen Klassenkameraden, in guter Erinnerung behalten.« Und Albert Darboven, Kaffee-Großröster, Pferdezüchter und Sponsor des Deutschen Derbys, schrieb: »Herr Mossdorf war für uns und gerade speziell für den Galopp-

Rennsport immer ein besonderer Freund und Helfer ... Seine klare Art und seine Denkweise waren für uns immer ein besonderes Beispiel.«

Mit dem Tod von Rosemarie war die Geschichte der Familie Mossdorf im Haus Prinzregentenstraße 83 beendet. Ihre Cousine Marie-Luise Höltzel hatte Jahre zuvor formuliert, was diese Adresse für die gesamte Verwandtschaft bedeutet hatte:

> *Es ist schwer zu beschreiben, aber die Wohnung in der Prinzregentenstraße 83 war und ist mir immer die Versicherung, dass die Welt an einer Stelle noch auf dem richtigen Platz steht, dass das, was vorher war, doch kein Traum war. Kurz gesagt: es ist ein Stück Heimat.*

STAMMBAUM DER FAMILIEN
KRIEGER, KRAUSE, MOSSDORF, WITT

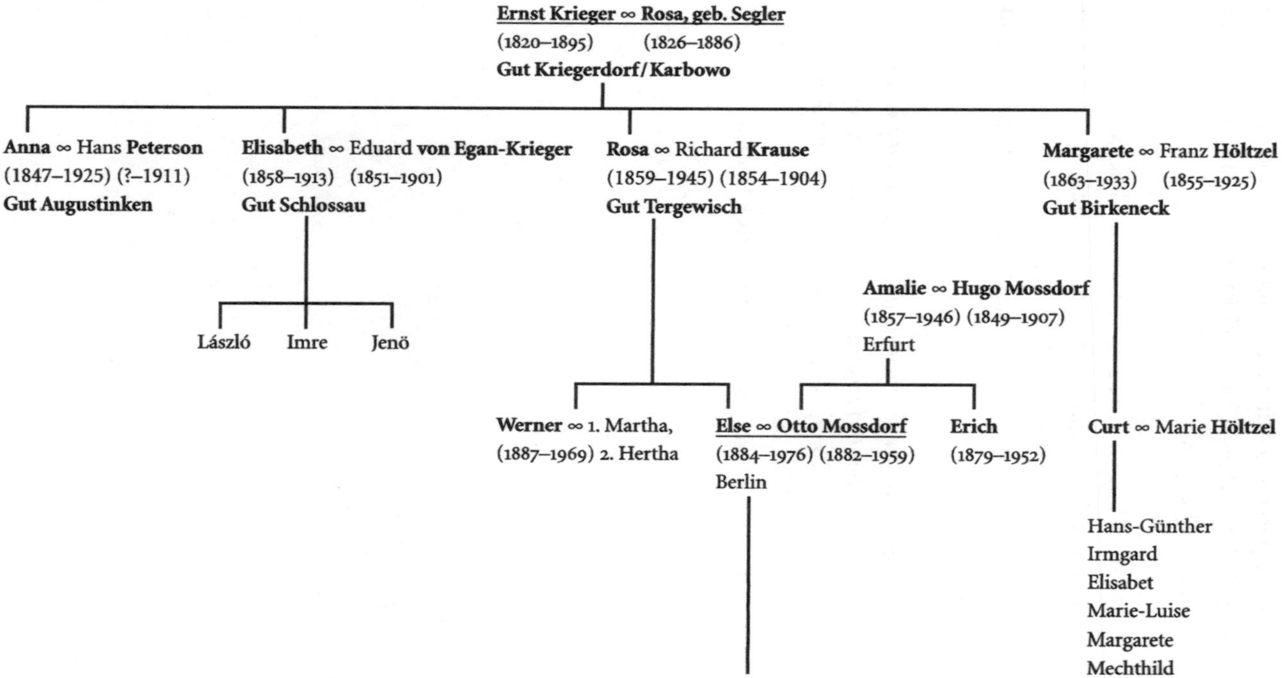

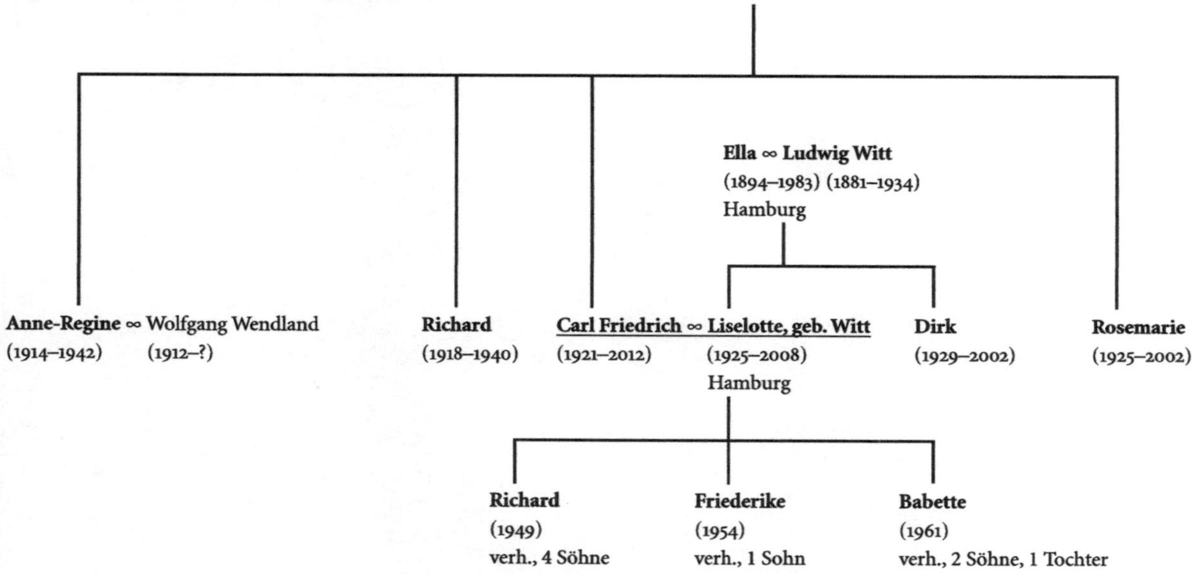
Ella ∞ Ludwig Witt
(1894–1983) (1881–1934)
Hamburg
Anne-Regine ∞ Wolfgang Wendland
(1914–1942) (1912–?)
Richard
(1918–1940)
Carl Friedrich ∞ Liselotte, geb. Witt
(1921–2012) (1925–2008)
Hamburg
Dirk
(1929–2002)
Rosemarie
(1925–2002)
Richard
(1949)
verh., 4 Söhne
Friederike
(1954)
verh., 1 Sohn
Babette
(1961)
verh., 2 Söhne, 1 Tochter

UNSER DANK

Wir Schwestern, die Enkelinnen von Else und Otto Mossdorf, haben das Familienarchiv aufgebaut und waren die Initiatorinnen für dieses Buch. Aber daran, dass aus unserer Idee Realität werden konnte, haben mehrere Menschen Anteil.

Mit Dankbarkeit und großer Freude blicken wir auf die vielen Stunden mit unserem damals fast neunzigjährigen Vater zurück, in denen wir mit ihm in die entferntesten Räume seiner Erinnerung gereist sind. Als letztes noch lebendes Mitglied der Kernfamilie von Otto und Else Mossdorf war Carl Friedrich unsere Verbindung zur Vergangenheit – ein Vierteljahrhundert war die »83« sein Zuhause. In diesen Gesprächen haben wir wohl mehr über Papis Leben erfahren, als in den Jahrzehnten zuvor. Unsere sehr belesene Mutter hat leider nur noch den Beginn unserer Arbeit verfolgen können. Es tut uns sehr leid, dass unsere Eltern das Erscheinen des Buches nicht miterleben konnten.

Auch unserem Bruder Richard sagen wir Dank; er konnte als ältester von uns drei Geschwistern mit Erinnerungen und Erzählungen über unsere Großeltern aushelfen und so manche Lücke schließen.

Wie eine Fügung schien es, dass uns Erich Abramowski und Johannes Henatsch als Zeitzeugen in einer TV-Sendung über Westpreußen begegneten. Ihre Namen waren uns aus diversen Aufzeichnungen der Großeltern bekannt. Wir möchten ihnen für das große Vertrauen und die Herzlichkeit danken, die sie uns entgegenbrachten – es fühlte sich an wie Familie. Sie konnten unsere Recherchen wie kaum jemand anders ergänzen.

Unser Dank gilt aber insbesondere auch den vielen alten und neuen Freunden und Bekannten, die sich einfach etwas Zeit für uns nahmen und uns in verschiedenster Weise unterstützten. Hier ist zunächst unser Freund Burkhard zu nennen, der unser Buchprojekt von Anfang an begleitet hat. Außerdem bedanken wir uns bei Ulrich Habben, Manfred Schwarz, Sven-Felix Kellerhoff, Daniel Müller und Andreas Austilat für die Zusammenarbeit. Unsere Freunde Conny und Thomas aber waren für uns das Quäntchen Glück, das man im Leben häufig braucht – ohne sie hätte das Buch nicht in dieser Form erscheinen können!

Die Erfahrung und Professionalität von Michael Seufert waren überzeugend und machten die Zusammenarbeit mit ihm zu einem Vergnügen. Große Freude machten die äußerst konstruktiven und erfrischenden Gespräche auf Augenhöhe mit unserer Lektorin Dr. Constanze Neumann. Sarah Houtermans und das gesamte Team von Hoffmann und Campe trugen dazu bei, dass aus unserer Idee ein veritables Buch wurde.

Und nicht zuletzt sagen wir von ganzem Herzen unseren Familien *Danke* dafür, dass sie – obwohl sie lange Zeit nicht wirklich an die Realisierung des Buchprojektes glaubten – geduldig ungezählte Familienhistörchen der *Mossdorfs* angehört und alle Entwicklungsphasen mitgetragen haben.

Friederike und Babette
geb. Mossdorf